レジストラー・ブックス147

スポット 戸籍の実務 V

——戸籍の窓口相談から——

木 村 三 男 監修
竹 澤 雅 二 郎 著

日本加除出版株式会社

は　し　が　き

　本書は，平成22年5月に刊行の単行本「スポット　戸籍の実務　Ⅳ」に次いで，その第5巻として刊行されることになったものであり，「戸籍時報」誌（第673号・平成23年9月号以降）の"スポット　戸籍の実務"のコーナーに連載されたものに若干の加筆と修正を加えてまとめたものです。

　市区町村をはじめ法務局の戸籍担当窓口，あるいは公的機関に設けられている相談コーナーには，一般の人々から戸籍及びその周辺に関わる様々な問題についての相談（電話による相談なども含めて）が寄せられています。一方，この4～5年の間に，平成23年には，民法の一部改正による親権・未成年後見制度の改正（平成23年法律第61号・同24年4月1日施行）や，新たな家事事件手続法の立法（平成23年法律第52号・同25年1月1日施行）をはじめとした関係法令の整備がなされ，これらにより家庭裁判所からの嘱託記載が活用されるなど，戸籍実務においても制度の変化に応じた適切な対応が求められることとなりました。さらに直近では，再婚禁止期間の短縮に関する民法733条・746条の改正（平成28年法律第71号・同年6月7日施行）に伴って，前婚の解消又は取消しの日から起算して100日を経過していない女性を当事者とする婚姻の届出の取扱いに関する通達の発出もなされたところです。こうした制度の改変等を含めて，戸籍に関わる様々な問題は多分に専門的であり，関係する法令も多岐にわたりますから，一般の人々にこれを分かりやすく説明し，誤りなく理解してもらうことは，容易でないといえるでしょう。現在，戸籍事務を担当している方はもとより，各窓口で相談業務に携わっている方々にとって，戸籍窓口や相談コーナー等においてこれまで取り扱われた相談（又は問い合わせ）事例は，今後の執務の上で参考になるところが少なくないと

i

思われます。

　本書は，上記のような観点から，これまでの多くの相談事例の中から，特に戸籍実務上，あるいは一般の方々にとって参考となると思われる事例をピックアップしてまとめたものです。特にその編集に当たっては，読者の方々の利用の便を図るために，各相談事例の「説明」の冒頭にその趣旨を数行に要約した上で，具体的な説明を加える形にしています。

　本書が市区町村をはじめ，法務局等の相談コーナー及び受付窓口における相談の対応に際し，前編と同様にお役にたてるところがあれば，望外の幸せです。

　なお，本書の編集に当たり，日本加除出版株式会社常任顧問木村三男氏（元大津地方法務局長）に適切な御指導と監修をいただいたことに対し，ここに特に記して謝意を表します。

　　平成28年10月

著　者

目　　次

はしがき

第1　総　　則

1　戸籍の本籍欄に表示された地番に枝番がある場合に，地番と枝番の間に「の」の記載がある戸籍とその記載がない戸籍とがあるのは！ ………………………………………… 1
2　戸籍法は，日本に在住する外国人にも適用されるか！ ……… 5
3　「親族」の範囲及び親族間に生じる法律上の権利や義務は！ ……………………………………………………………… 9
4　祖父（被相続人）の子が2人とも先に死亡し，直系卑属である孫3人のみが残された場合の相続人とその相続分は！ ………………………………………………………………… 14
5　被相続人の配偶者，直系尊属がなく，婚姻外に出生した子はあるが，父の認知の有無が不明の場合，被相続人の兄弟姉妹が自己の相続権の存否を確認するため，被相続人の戸籍謄本の交付を請求する手続は！ ……………………… 19

第2　戸籍の記載

6　子の名に用いる「常用平易な文字」の範囲は！　また，子の名に制限外の文字を用いることが認められる場合とは！ ……………………………………………………………… 25

第3　届出通則

7　外国人が日本で婚姻，養子縁組等の届出をする場合に必要とされる「要件具備証明」とは！ ……………………………… 31
8　戸籍法第93条で準用する同法第56条の「病院」には，

普通国民健康保険組合が開設する病院も含まれるか！ ………36
　9　15歳以上の未成年者の親権者である母から，その未成
　　　年者本人が意思能力を有しない旨の医師の診断書と母か
　　　らの申立てに基づき家庭裁判所が許可した子の氏変更許
　　　可審判書の謄本を添付して提出された入籍届の受否につ
　　　いて！ ……………………………………………………………40
　10　郵送により発送された婚姻届書が，送付先の本籍地市
　　　役所に到達する前に，当事者の一方が死亡した場合の婚
　　　姻の効力は！ ……………………………………………………45

第4　出　　生

　11　日本人と外国人夫婦間の子又は外国人夫婦間の子が日
　　　本で出生した場合，その出生届は！ …………………………49
　12　嫡出でない子の親子関係の成立について，いわゆる事
　　　実主義とは！ ……………………………………………………54
　13　父母の婚姻後200日以内に出生した子を嫡出子として
　　　出生の届出をすることの可否！ ………………………………58

第5　認　　知

　14　父母の婚姻後200日以内に出生した子につき，妻（母）
　　　が嫡出でない子として出生の届出をし戸籍にその旨記載
　　　された後，夫が認知の届出をしたときは！ …………………63
　15　遺言によって認知する場合の要件と方式は！ ……………69
　16　日本人と婚姻中の韓国人女性の胎児を，他の日本人男
　　　性からする認知の届出は！ ……………………………………79
　17　日本人男性・甲と婚姻中の外国人女性・Ａが，3年前
　　　に夫と別居した後，知り合った他の日本人男性・乙と同
　　　居して2年後に出生した子につき，外国人母からされた
　　　出生届と乙男からの認知届の受否について！ ………………84

目　次

18　死亡した子を認知することができるか。その手続と戸籍の記載は！ ……………………………………………………………… 90

第6　縁　　組

19　協議離婚に際し，15歳未満の未成年の子の親権者を夫，監護者を妻と定めて離婚をした後，夫が監護者である妻の同意を得ないまま，子を他の夫婦の養子とする縁組の代諾をした場合は！ …………………………………………… 97

20　日本人夫と韓国人妻が共同して日本人を特別養子とする縁組をする場合の要件と手続は！ ……………………… 104

21　家庭裁判所において，日本人夫と外国人妻が日本人を特別養子とする縁組が成立した場合，その届出と戸籍の処理は！ ……………………………………………………………… 109

22　妻の15歳未満の嫡出でない子（親権者妻）を夫とともに養子とする縁組の場合，縁組の代諾者は！ …………… 119

第7　離　　縁

23　婚姻外に出生した子が，母の代諾で母とその夫との共同縁組をした後，養父の認知により嫡出子の身分を取得したが，いま，養父母（実父母）と離縁をした場合，その子の離縁後の氏と戸籍は！ ………………………………… 123

24　養親夫婦の離婚後，婚姻の際に氏を改めなかった養父のみと離縁をした養子の氏は！ ………………………………… 128

第8　婚　　姻

25　直系姻族関係にあった当事者が，姻族関係の終了届後にした婚姻は！ ……………………………………………………… 131

26　日本に在住する中国人女性（18歳・本土系）と日本人男性（19歳）の婚姻は！ ……………………………………… 136

27　日本人男性が外国人女性と同女の本国の方式により婚姻をした後，単身で日本に帰国し，他の日本人女性と重ねて婚姻をしたため重婚関係が生じている場合，その重婚の解消方法は！ ·· 140

第9　離　　婚

　28　前夫との離婚後，再婚禁止期間内に他の男性との婚姻届が誤って受理された場合の効力は！　また，再婚後200日後，前婚の解消の日から300日以内に出生した子の父は！ ··· 145
　29　裁判所の関与によって成立する離婚とは！　また，裁判によって離婚の効力が生じる時期に違いがあるのか！ ····· 150
　30　外国に在住する日本人夫との協議離婚届を，日本在住の外国人妻から日本の市区町村長にする届出は！ ············· 155

第10　親権・未成年後見

　31　フィリピン人女性の婚姻外に出生した子が，日本人父に認知された後に父母が婚姻をした場合の子の親権は！その父母の離婚と子の親権の帰属は！ ······························· 159
　32　在日中国（本土系）人夫婦が，所在地の市区町村長にする協議離婚届と離婚後の未成年の子の親権者を妻とする届出は！ ··· 162
　33　在日韓国人女性の婚姻外の子を日本人男性が認知した後，子の親権者を父と定めることは！ ······························· 166
　34　後見に服している未成年の日本人女性が外国人男性と婚姻をした場合，日本人女性の後見は！ ······························· 170
　35　日本に在住するパラグアイ人夫と日本人妻が夫婦間の未成年の子の親権者を妻と定めてする協議離婚届は！ ········ 173
　36　日本人と外国人の夫婦が，夫婦間に出生した嫡出子の

　　　　親権者を外国人と定めて離婚した後，その外国人が死亡
　　　　した場合，未成年の子の親権は！ ……………………………… 176
　　37　未成年後見人は辞任することができるか！　その手続
　　　　と戸籍の記載は！ ……………………………………………… 181

第11　死亡・失踪

　　38　親族との付き合いがない独身の高齢者が自宅で死亡し
　　　　た場合，その後見人等がする死亡の届出は！ …………… 187
　　39　10年来，生死不明の状態にある不在者の配偶者が，他
　　　　男との再婚の届出を認められるには！ …………………… 191

第12　生存配偶者の復氏

　　40　婚姻の際に氏を改めた生存配偶者が，婚姻前の実方の
　　　　氏に復するにつき，その実方の氏が婚姻後に戸籍法第
　　　　107条第1項の規定により変更されている場合に復すべ
　　　　き氏は，変更前又は変更後のいずれの氏か！ …………… 197
　　41　戸籍の筆頭者が失踪宣告を受けた場合，その生存配偶
　　　　者は復氏届をすることができるか。それができる場合，
　　　　家庭裁判所の許可あるいは誰かの同意等を要するか！ ……… 200

第13　推定相続人の廃除

　　42　推定相続人の生前廃除とその手続は！ ……………………… 203

第14　入籍・転籍

　　43　父母の離婚後，再婚した母の後夫の養子となる縁組を
　　　　した子が，養父と実母の離婚後に，養父との縁組関係を
　　　　継続したまま，その氏を実父の氏に変更し，その戸籍に
　　　　入籍することは！ ……………………………………………… 211
　　44　父母の婚姻中に分籍した子が，その後，離婚により婚

　　　　姻前の氏に復し，婚氏続称の届出をした母の氏を称して，
　　　　その戸籍に入籍することは！ ·· 215
　　45　筆頭者の死亡後にする生存配偶者の分籍は！ ················ 220
　　46　親元を離れて自活生活をしている未成年者がする分籍
　　　　届は！ ·· 224

第15　国籍の得喪

　　47　未成年の日本人が外国人夫婦の養子となる縁組をした
　　　　後，養父母の代理申請により同国に帰化した場合の子の
　　　　日本国籍は！ ··· 229
　　48　日本人夫と外国人妻との間の子が，母親の本国で出生
　　　　した場合の子の国籍は！　その子が日本で出生した場合
　　　　は！ ·· 233
　　49　日本国籍を有することを証明する書面は！ ····················· 239

第16　氏名の変更

　　50　日本人男性とタイ人女性がタイで婚姻をしたところ，
　　　　タイ人女性の氏がその本国法に基づく効果として日本人
　　　　夫の氏に変更した場合，日本人夫の戸籍にその変更の旨
　　　　を反映させるには！ ··· 243
　　51　戸籍法第77条の2の届出により離婚の際に称していた
　　　　氏を称している場合に，この氏を婚姻前の氏に変更する
　　　　ことは！ ·· 248
　　52　日本で婚姻をするブラジル人男性が，婚姻後の氏を，
　　　　本国法に基づいて自己の婚姻前の氏に日本人配偶者の氏
　　　　を付加した結合氏に変更するには！ ································· 253
　　53　日本人男性と婚姻をしたフィリピン人女性の氏が，本
　　　　国法に基づいて変更をした場合の戸籍の処理は！ ········· 258
　　54　韓国人父と日本人母の間に出生した子が，その氏を父

目　次

　　　の本国の戸籍上の姓以外のいわゆる通称氏に変更することは！……………………………………………………………… 262

第17　戸籍訂正

　55　日本人男性と中国人（本土）女性の婚姻後200日以内に出生した子が，嫡出子としての出生届により日本人父の戸籍に入籍の記載がされた後，その出生子は同女（母）が日本人前夫との離婚後300日以内に出生していることが判明した場合の戸籍の処理は！…………………… 269

　56　養父母との協議離縁の届出により養子が縁組前の戸籍に復籍した後，その離縁届が受理される前日に養父が死亡していたことが判明したときは！ ……………………… 277

　57　外国人女性の婚姻外の子を日本人夫婦間の嫡出子として虚偽の出生届がされ，夫婦の戸籍に入籍の記載がされている場合の戸籍訂正は！ ……………………………… 282

　58　転籍届に添付した戸籍謄本に在籍者の記載遺漏があったため，転籍後の戸籍に遺漏者が生じているときは！ ……………………………………………………………… 287

　59　戸籍上の父と子との親子関係がない場合，その戸籍を訂正する方法は！ …………………………………………… 292

　60　父母の離婚後300日以内に出生した子につき，母から誤って届出された嫡出でない子としての出生届が受理され，母の離婚後の戸籍に入籍の記載がされている場合の戸籍の訂正は！ ……………………………………………… 299

凡　例

1．本書は，月刊「戸籍時報」誌に同名の題で連載したもののうち，第673号（平成23年9月）から第744号（平成28年9月）までの各編中の重要なものを厳選して，その後の法改正等により変更されているものについては現在のものに書き改めたほか，全般の項目について加筆，修正をしてより分かりやすいものにした。また，項目については体系的に分類整理した。
2．法令，先例及び判例の引用については，次の略記法を用いた。

　　憲……………………日本国憲法
　　通則法………………法の適用に関する通則法
　　国……………………国籍法
　　国規…………………国籍法施行規則
　　民……………………民法
　　民訴…………………民事訴訟法
　　民訴規………………民事訴訟規則
　　戸……………………戸籍法
　　戸規…………………戸籍法施行規則
　　家事…………………家事事件手続法
　　家事規………………家事事件手続規則
　　人訴…………………人事訴訟法
　　昭和56・9・14民二5537号通達 ……昭和56年9月14日付け法務省民二第5537号法務省民事局長通達
　　平成24・6・25民一1550号通達 ……平成24年6月25日付け法務省民一第1550号法務省民事局長通達
　　最判平成9・10・17 ………………最高裁判所平成9年10月17日判決

第1 総 則

第1 総則

> 1 戸籍の本籍欄に表示された地番に枝番がある場合に，地番と枝番の間に「の」の記載がある戸籍とその記載がない戸籍とがあるのは！

[相談事例]

　私は，昭和48年に妻と夫（私）の氏を称して婚姻をしました。その際，婚姻後の夫婦の新しい本籍を私がそれまで在籍していた両親の本籍と同じ場所を選んでいます。この度，父が死亡し，その相続の手続で必要となり，関係戸籍の謄本を取り寄せてみたところ，父の戸籍の本籍欄に表記されている地番が「七番地の壱」とありますが，私の戸籍の本籍欄には「七番地壱」と表記されています。この地番と枝番の間にある「の」の記載の有無はどうして生じたのでしょうか。何か意味があるのですか。

[説　明]

　地番号による本籍の表記は，従来，土地台帳によるべきものとされ，当時は地番と枝番（支号）の間には「の」を記載していたようです。その後，登記簿と土地台帳の一元化が行われ（昭和35年法律第14号），土地登記簿の表題部の「地番」欄は，例えば「七番」，「七番壱」，「七番弐」と記載することに統一されました。したがって，上記の一元化作業が完了した（昭和46年3月）後は，本籍に用いる地番号は，土地登記簿表題部に記載の地番号によることとされており，また，婚姻等の届出によって編製される新戸籍又は入籍戸籍に従前戸籍の表示を記載するときは，すべて「の」の記載は要しないものとして処理するのが相当と解されています。相談の場合も，この取扱い変更後の昭和48年に婚姻により編製された新戸籍であることから，その取扱いの変更

前に編製された両親の戸籍上の表記とに違いが生じたもので，これは単に地番号の表記の違いにすぎません。

1　戸籍の表示

多くの戸籍を特定するには，その表示方法が一定されていることが必要です。戸籍法第9条は，戸籍の表示を「その筆頭に記載した者の氏名及び本籍」によるとして，これを法定しています。戸籍の筆頭に記載した者（筆頭者）とは，戸籍の最初に記載されている者であり，一人戸籍では，その者を意味し，一つの戸籍に数人が記載される場合の記載順序は，同法第14条で法定しています。

(1)　筆頭者

筆頭者については，その氏名が戸籍の表示に利用されるほか，戸籍上必要とされる技術的な面で特殊な取扱い（戸16条1項但書・17条・21条1項但書・107条1項・108条1項・戸規6条・37条等）がされることが少なくありません。しかし，これによって筆頭者が特殊な身分上の地位をもつものではなく，旧法当時の戸主が家族制度上特殊な地位にあったのとは，根本的な性格を異にしています。

(2)　本籍の表示

本籍とは，人の戸籍上の所在場所であり，新戸籍が編製される場合には，必ず本籍が定められます（戸30条）。旧法当時は，戸籍は家の登録であったことから，本籍はその「家」の所在場所を意味していました。また，さかのぼって明治初期の戸口制度の下での本籍は，定住地であるとともに先祖代々の墳墓の地であって特別な縁故のある場所に定められていました。しかし，現在における本籍の表示は，地番号及び住居表示による街区符号の番号によることとされ（戸規3条参照），日本の領土内であれば，どこの場所に本籍を定めても差し支えないし，また，既に他人が本籍を定めている場所や他人所有の土地（場所）で

あっても本籍地とすることは差し支えありません。ましてや，相談者のように婚姻によって新戸籍を編製するに際し（戸16条1項本文・3項本文），その本籍地を実方（父母）の本籍地と同一の場所を選ぶことは，何ら差し支えないことです。

2　地番号による本籍の表示

本籍の表示を地番号による場合は〔注〕，従前は，土地台帳に記載されている地番によるべきであるとされていました（大正4・10・25民1674号回答ほか）。その後，昭和35年法律第14号による「不動産登記法の一部を改正する等の法律」に基づいて登記簿と台帳の一元化が行われ（同法附則2条1項参照），昭和46年3月に一元化作業は終了しました。それまでの間は，相談の場合のように，地番号に支号があるときは，「七番地の壱」というように，地番と支号の間に「の」を記載していました（昭和44・10・15〜18全国連合戸協決参照）。

しかし，現在の土地登記簿の表題部には，地番に支号がある場合でも，「の」は付記されていませんから，本籍を表示する場合（婚姻等の届出による新戸籍又は入籍戸籍に従前戸籍の表示を記載する場合も含めて）も地番に「の」の記載は要しないと解されています。したがって，登記簿と土地台帳の一元化前に編製されたと思われる相談者の実方（父母）の戸籍の本籍欄中，地番に「の」の記載があっても，一元化後の昭和48年に編製された婚姻による相談者夫婦の新戸籍に「の」の記載がされなかったのは，上記の事由によるものと思われます。なお，本籍の表示上，地番と支号間に「の」の記載の有無は，人の身分関係に影響を与えるものでもなく，本籍の同一性が損なわれるものでもないことから，「の」の記載がされているものについては，あえて更正または訂正する必要はないとされています（『設題解説　戸籍実務の処理Ⅱ』58頁第一章第五問4参照）。

〔注〕 本籍の表示方法については，従来から土地の地番号をもって表示すべきものとされていました（明治31・9・19民刑1173号回答，改正前の戸規3条）が，住居表示に関する法律（昭和37年法律第119号）による街区符号の番号を用いて本籍を表示することも認められました（昭和51・11・5民二5641号通達）。

2　戸籍法は、日本に在住する外国人にも適用されるか！

相談事例

　私は、仕事の関係で5年前から日本に在住するペルー人ですが、2週間前に同国人の妻が日本の病院で長男を出産しました。出生した子については、既に駐日ペルー大使館で出生登録を済ませましたが、居住地の区役所へ出生の届出もするようにいわれました。本国の法律に基づく出生届を済ませても、日本法上の届出義務があるのですか。

説　明

　外国人が日本国内で出生（又は死亡）した場合など、人の身分に関する事実が発生したときは、戸籍法の定めに従って、出生届（又は死亡届）をしなければなりません。戸籍法に定める出生（又は死亡）の届出義務者が、相談の場合のように外国人の場合であっても、その外国人が日本の国内に居住しているときは、法定の期間内にその届出をすべき義務が課されています。そして、外国人がその者の属する国の駐日公館に出生の登録した場合でも、戸籍法による届出の義務は免れません。

1　戸籍法の属地的効力

　国の法律は、その国の領土（領海）内で施行されることが原則とされ、法律に特別の定めがない限り、当然にその領土内で施行されることから、このことを法律の属地的効力〔注1〕といいます。この法律の属地的効力により、日本の国内に居住している外国人に対しても、性質上適用されない規定を除き、戸籍法が適用されます。

2　戸籍法が外国人にも適用される理由

　国の法律は，多くの場合，その国の領土内における国民に対し適用されることを予定して規定されています。戸籍制度も日本人についての身分関係を公簿に記録し，これを公証することを目的としており，戸籍法も基本的にはこのための規定です。しかし，国際的な人事の交流が盛んになると，日本国内に居住する外国人も次第に多くなります。これに伴って生ずる日本国内における外国人の出生・死亡等の身分変動の事案が生じたときは，行政的な面から，この事実を把握する必要がありますし，さらに日本国内で生じた身分変動ですから，日本国の機関がその事項を国際的に公証する責任があるといえます。また，日本における日本人と外国人の婚姻や養子縁組等の渉外的身分行為についても，何らかの法的枠組を設けて，これを法律的に有効なものとすることにより，当事者の身分関係の安定を図ることが必要になります。その点，民法や戸籍法には，婚姻や縁組等各種の身分行為の方式が定められており，また，出生や死亡等に関する届出義務も定められています〔注２〕。そこで，性質上相当でないものを除き（後記４），戸籍法を外国人にも適用すれば，外国人の身分行為や身分変動のための特別の立法をしなくても，上記の要請を満たすことができます。そうしたことから，法律の属地的効力（前記１）により，性質上適用されない規定を除いて，戸籍法を外国人にも適用することとされているわけです（渉外戸籍実務研究会『改訂　渉外戸籍実務の処理Ⅰ』20頁）。

3　出生届等報告的届出の義務

　外国人が日本で出生し，あるいは死亡した場合など，身分変動の事実が発生したときは，この事実を把握するために戸籍法に定める一定の資格者に報告的届出の義務を課しています（戸52条・87条，昭和24・3・23民事甲3961号回答）。外国人に関する出生，死亡等の報告的届出については，戸籍法上の届出義務者が日本人あるいは外国人で

あったりする場合があります。相談の場合のように，日本に在住する外国人夫婦間の子が日本で出生したときは，外国人である父又は母が第一順位の届出義務者となります（戸52条1項）。このように届出義務者が外国人の場合であっても，その外国人が日本国内に居住しているときは，正当な理由がなく法定の期間内にその届出をしなければ，戸籍法所定の制裁を受けることになります（戸135条，昭和24・11・10民事甲2616号通達）。また，外国人がその者の属する国の駐日公館に登録した場合であっても，戸籍法による届出義務は免れないとされています（昭和27・9・18民事甲274号回答）。

4　戸籍法が適用されない場合

　戸籍法の規定が事案の性質上適用されない場合として，以下のものがあります。

(1)　戸籍法は，属地的効力により日本に居住している外国人にも適用されますが（前記1），戸籍は日本人についてのみ編製されることから，戸籍制度に特有なもの，例えば，入籍届，分籍届，転籍届，氏の変更届，復籍届，就籍届等は外国人には適用されません。

(2)　特別な身分を有する外国人，例えば，日本国の管轄権に服さない外国の元首，外交官，外交特使，外国の軍人及びそれらの家族については，日本に居住していても原則として戸籍法は適用されません。

〔注1〕　戸籍法は，日本の領土（領海）内の全部に施行されますが（属地的効力），日本人については，これらの戸籍法の施行地域内に居住しているか否かに関わりなく適用されます（属人的効力）。これは，戸籍が日本人の身分関係を登録し，公証するものであり，外国に居住する日本人についても，日本人である限り同一のことをする必要があるからです。

〔注2〕　渉外的身分行為の方式に関する準拠法は，婚姻の場合は婚姻挙行地の法律又は当事者の一方の本国法（通則法24条2項・3項）

とされ，また，その他の身分行為については，その法律行為の成立について適用すべき法又は行為地法（通則法34条1項・2項）とされています。したがって，日本の国内に居住している外国人が日本で身分行為をする場合は，通則法の規定により日本の法律をその方式に関する準拠法とすることができます（南敏文『全訂Q&A渉外戸籍と国際私法』88頁）。

3 「親族」の範囲及び親族間に生じる法律上の権利や義務は！

[相談事例]

　私の郷里で，法事等で集まる「親族」は，昔からの習慣に従って，かなり広い範囲の身内と呼ばれる人々です。これとは別に，法律上「親族」と呼ばれる範囲はどのように定められているのでしょうか。そして，親族間に生じる法律上の権利や義務には，どのようなものがありますか。

[説　明]

　民法が定めている「親族」は，(1)六親等内の血族，(2)配偶者，(3)三親等内の姻族の３種類に限られています。そして，親族間の権利や義務の法律関係については，民法上の主なものとしては，直系血族及び同居の親族は，互いに扶け合わなければならないとか，近親婚について一定の制限があったり，直系血族と兄弟姉妹並びに配偶者には相続権が認められている等があります。また，民法以外でも，刑法上，訴訟法上，その他の法令等でも，一定の親族関係にある者についての定め（3(3)参照）があります。

1　「親族」とは

　戸籍は，人の親族法上の身分関係を登録し，公証するものであるところから，Ａという人とＢという人との間に親族関係があるかどうかを明らかにします。それは，親族関係の形成・消滅の多くが戸籍法上の届出によって行われることによるものです。

　ところで，民法上の親族とは，習俗上のいわゆる「親類」という概

念である血族と姻族とを合わせたものを前提としていると考えられています。また，民法に親族というものを規定した趣旨は，親族の範囲を明らかにしておくことによって，その他の者は他人であることを区別し，親族としての法律上の権利・義務関係の有無を明らかにする便宜があります。また，民法が夫婦，親子，兄弟などの関係を規律する社会秩序維持の基本的な法律であることから，国が親族の範囲を法定することによって近親者間の相互扶助の倫理の確立を期待していることもうかがえます（『最新　体系・戸籍用語事典』92頁）。そのために，民法上，一定範囲の者を親族とし，国はこれらの親族関係にある者を法律上の権利・義務の関係をもって保障していることになります。

　なお，親族関係発生の中心は，慣習上の親類意識が前提ですから，血縁（血のつながり）と婚姻を通じての親族関係（姻族）です。このほかに，血縁ではありませんが，養子縁組により社会生活上は家族として血縁に準じるような深い関係にある者をも親族として認めています。

2　親族の範囲

　習俗上の親類であっても，相談の場合のように，必ずしも法律上の親族ではない例はあります。民法が認めている親族は，民法第725条に定める次の3種類に限られています。⑴六親等内の血族（同条1号）。すなわち，六親等内の尊属と卑属である直系，傍系の血族をいいます（明治31・9・21民刑962号回答）。ただし，特別養子となった者と実方血族との親族関係は終了します。⑵配偶者（同条2号）。⑶三親等内の姻族（同条3号）。すなわち，配偶者の一方と他方の三親等内の血族（明治31・9・21民刑962号回答）です。民法だけでなく，他の法令上で「親族」というときは，常にここに限定された民法上の親族を意味し，親族の法律上の限定は，血族と姻族においては親等によって定まり，親等の計算は，民法第726条に規定されています（戸籍実務六法

所載の「親族・親等図表」参照)。

(1) 血　族

血族は血のつながりのある者(自然血族)と,これに準ずる者(法定血族)との2種類に分けられます。自然血族は,自然の生理による血のつながりのある者,すなわち,直系では親子,傍系では兄弟姉妹が最も近いものです。法定血族は,法律上,自然血族に準ずる取扱いを受ける者,例えば,養子縁組による養親族関係は,縁組の日から血族間の場合と同様に親族関係が生ずるものと法定されています(民727条)。なお,旧民法中は,継親子関係,継母庶子関係に基づくものが法定血族として認められていました(旧民728条)。

(2) 配偶者

婚姻関係にある男女を互いに配偶者といいますが,それは婚姻の成立により発生し,当事者の一方の死亡,離婚又は婚姻の取消しによって消滅します。なお,重婚をした配偶者相互,例えば,夫が重婚をした場合,二人の妻は互いに親族とはならないものと解されます(『注釈民法⑳親族(1)』112頁〔中川高男〕)。

(3) 姻　族

夫婦の一方と他方の血族(法定血族を含む。)との関係は相互に姻族といいます。すなわち,Aという人とその配偶者Bの血族Cとの関係,また,Bという人とその配偶者Aの血族Dとの関係をいいます(明治31・9・21民刑962号回答)が,一方配偶者の血族Cと他方配偶者の血族Dとは相互に親族とは認められません(明治31・10・22民刑915号回答)。

3　親族関係の法律的効果

親族関係から生じる効果は,民法上だけでなく,民法以外にも及んでいます。

(1) 民法（親族法）上の主な効果
　ア　直接に権利義務が認められる場合
　　・　直系血族及び同居の親族間の扶け合う義務（民730条）
　　・　直系血族，兄弟姉妹（例外として三親等内の親族及び配偶者）間の扶養義務（民877条）
　　・　直系血族，兄弟姉妹及び配偶者の相続権（民887条・889条）
　イ　間接的に相手方の親族法上の問題に関する権限が認められる場合
　　・　四親等内の親族（四親等内の血族及び三親等内の姻族）の，後見開始・保佐開始の審判請求権（民7条・11条）
　　・　親族一般の，婚姻・養子縁組の取消請求権（民744条・805条・806条）
　　・　親族一般の，親権・管理権の喪失又はその取消しの請求権（民834条～836条）
　　・　親族一般の，未成年後見人・後見人の選任並びに後見人の解任請求権（民840条・843条・846条・849条）
　　・　死亡した夫の三親等内の血族の，嫡出否認の訴えを提起する権限（人訴41条）
　ウ　消極的な制約が認められる場合
　　・　直系親族（親族であった者を含む。）又は三親等内の傍系血族（近親者間）の，婚姻禁止（民734条～736条）
　　・　配偶者及び直系血族の，後見人，後見監督人，遺言の証人又は立会人としての欠格（民847条・852条・974条）
(2) 民法以外の主な効果
　ア　刑法上の効果
　　・　親族一般の，犯人隠匿・証拠隠滅の罪における刑の免除の可能性（刑105条）

第 1 総則

- 直系血族，配偶者，同居の親族及びこれらの者の配偶者の，盗品等の譲り受け（贓物）に関する罪における刑の免除（刑257条）

イ 訴訟上の効果
- 裁判官が当事者の四親等以内の血族，三親等以内の姻族若しくは同居の親族であるとき，又はあったときは，職務の執行から除斥される（民訴23条1項2号）
- 裁判官が被告人又は被害者の親族であるとき，又はあったときは，職務の執行から除斥される（刑訴20条2号）

(3) その他の法令上の効果
 ア 所得税法第2条第1項（用語の定義）第33号（控除対象配偶者），第34号（控除対象扶養親族・同居の親族）
 イ 地方税法第292条第1項（用語の定義）第7号（控除対象配偶者），第8号（控除対象扶養親族）
 ウ 土地収用法第61条第1項第2号（土地所有者等の配偶者，四親等内の親族，同居の親族である場合の収用委員からの除斥）
 エ 公証人法第22条第1号（公証人は，嘱託人，その代理人又は嘱託事項について利害関係を有する者の配偶者，四親等内の親族であるときは職務を行うことができない。），第34条第3項第6号（公証人又は嘱託人等の配偶者，四親等内の親族は，立会人となることができない。）

等の規定があります。

4 祖父（被相続人）の子が2人とも先に死亡し，直系卑属である孫3人のみが残された場合の相続人とその相続分は！

[相談事例]

　3年前から特別養護老人ホームで過ごしていた父方の祖父が，この度95歳の長寿を全うして亡くなりました。祖母は20年前に既に亡くなっており，祖父の子2人（長男甲，二男乙）も5・6年ほど前にそれぞれ60歳代で亡くなっています。現在は長男甲の子（孫）Aと，二男乙の子（孫）B（私）とC（私の弟）の孫3人が健在です。

　祖父の遺産としては，預貯金が総額で600万円ほどあります。これを相続するのは私たち孫3人と思いますが，その相続分をめぐり私の従兄Aと弟Cとの間で意見が対立し，間に入って私が困惑しています。Aは，「自分の相続分は，亡父甲が相続するはずだった遺産600万円の二分の一（300万円）であり，私と弟（B・C）は，亡父乙が相続するはずだった二分の一（300万円）のそれぞれ150万円ずつに分けて相続することになる。」という主張です。これに対して弟Cは，「祖父の子である甲と乙の2人が既に死亡し，残されたのが孫3人のみとなった場合の各相続分は，孫3人が均等に200万円ずつ相続することになると聞いている。」といって，後に引きません。これは，お互いに知人か友人かに聞いての主張のようですが，どちらが正しいのでしょうか。

[説　明]

　相談事例における被相続人である祖父には，長男甲と次男乙があり，本来その2人が第一順位の血族相続人だったわけですが，その子が2

人とも相続開始以前に死亡したとき（又は相続欠格・相続人の廃除によって相続権を失ったとき）は，相続人である子の子，すなわち相談者を含む３人の孫が全て代襲者として相続をすることになります（民887条２項）。したがって，代襲相続人であるＡは，被代襲相続人である亡父甲の受けるべき相続分である二分の一（300万円）を，また，同じく代襲相続人であるＢとＣが亡父乙の相続分である二分の一（300万円）を各150万円ずつに分けて相続分とする，いわゆる株分け相続をすることになります。したがって，Ａの主張が正しいということになります。

1　子及びその代襲者の相続権

(1)　子の相続権

　被相続人の子は，全て第一順位の相続人です。子であれば実子と養子，嫡出子と嫡出でない子の区別はありません。また，年齢，性別，未・既婚の区別，氏及び戸籍の異同，共同生活の有無，親権の有無，国籍の有無などは，全て相続順位に影響を及ぼさないと解されています。

　養子は，実子と同様に相続します。養子は，養父母に対する第一順位の相続人であると同時に，実父母に対する第一順位の相続人でもあります（ただし，特別養子の場合は，縁組によって実方血族との親族関係が終了しますから（民817条の９），民法上の主要な効果の一つである相互に相続する（民887条・889条）関係は消滅しています。）。

　嫡出でない子については，母との間には分娩の事実によって当然に母子関係を生じ，原則として認知を要しないと解されています（最判昭37・4・27民集16巻7号1247頁）から，母に対して常に第一順位の相続人です。父との間には認知（民779条）を要しますから，認知のない子は事実上の父を相続することはできません。しかし，認知があれ

ば，父と氏・戸籍を異にし，母の親権に服していても父を相続することができます。

(2) 孫の代襲相続

第一順位の相続人である子が，相続開始以前に死亡したとき，又は相続欠格・相続人の廃除によって相続権を失ったときは，相続人である子の子，すなわち孫が，その者（被代襲者）と同一順位で相続人となります（民887条2項）。この代襲相続制度の趣旨は，被代襲者である父（又は母）が祖父の遺産を相続していれば，代襲者である孫がその父（又は母）の死亡によって財産を承継することができたはずであるという代襲者の期待を保護することが，衡平の観念に添うところにあるとされています（中川淳『相続法逐条解説（上巻）』68頁）。

代襲者は，相続人となるべき者，すなわち被代襲者の子でなければなりませんし，被相続人の直系卑属であることを要します（民887条2項）。相続人となるべき子の子であれば，自然血族であると，法定血族であるを問いません。

2　相談事例における代襲相続者

被相続人である祖父には，長男甲と二男乙とがあり，さらに，甲には1人の孫Aが，また，乙には2人の孫B（相談者）とCがいるという家族関係において，通常の相続について考えると，祖父が死亡し，その財産を子・甲と乙が承継し，さらに甲と乙がそれぞれ死亡すると，その財産がAとB・Cに承継されるのが順序といえます。ところが，相談の場合は，祖父より先に子の甲と乙が死亡した場合ですから，祖父の相続については，孫のA・B・Cが相続人になります。この場合の相続については，昭和37年法律第40号による民法の一部改正前においては，①第一順位の相続人は「直系卑属」と規定されていましたので（改正前の民887条），子がいない場合には，A・B・Cが孫として固有の「直系卑属」の資格で相続するという考え方（本位相続）と，

②Aは父甲の受ける相続分を，BとCは父乙の受ける相続分を，それぞれ継承するという考え方（代襲相続）とがありました。これを仮に相談における場合として考えてみると，①の考え方でも②の考え方でも孫A・B・Cは相続人となることはできますが，相続分に関しては差が生じることになります。

　すなわち，祖父の相続財産を600万円として，①の立場によれば，孫3人の相続分は平等に頭割りになりますから，各々200万円ずつ継承することとなります。これに対して，②の立場によると，祖父の相続財産600万円はいずれにしても第一順位の相続人となるべき甲と乙とが各々300万円ずつ分けて，この甲の受けるべき分をAが，また，乙の受けるべき分をBとCが継承（株分け）することになります。したがって，Aは300万円を1人で相続し，BとCは300万円を平等に分けて各々150万円ずつ相続することになります。

3　昭和37年法律第40号による民法の一部改正

　民法の一部改正前は，被相続人の子が全部死亡し，孫以下の直系卑属がある場合の相続関係について，実務上の取扱いは前記2の②の代襲相続説を採っていました（昭和28・7・31民事甲1182号通達，昭和31・3・26家庭甲26号最高裁家庭局長回答，昭和33・12・15民事甲2580号回答など）。他方，孫以下の直系卑属は固有の資格で相続人となるという解釈（前記2の①）も行われ，疑義を生じていました。

　そこで，昭和37年法律第40号による民法の一部改正により，民法第887条第1項で，第一順位の血族相続人は「直系卑属」であったのを「子」と改めたため，孫以下の直系卑属の相続に大きな変化がありました。特に，相談事例におけるように子が相続開始前に全員死亡していた（又は相続権を失っていた）場合に，孫の相続権を本位相続（前記①）とみるか（通説），代襲相続（前記②）とみるかが学説上分かれていましたが，昭和37年の民法改正は，これを立法的に解決し，孫以下

の直系卑属は，本来の相続としてではなく，全て代襲相続として相続するにすぎないことを明らかにしています。
　なお，昭和37年の改正は，代襲相続に関する民法第888条を吸収して，第887条の第2項・第3項としたため，第888条は削除されました。

第1 総則

> 5 被相続人の配偶者,直系尊属がなく,婚姻外に出生した子はあるが,父の認知の有無が不明の場合,被相続人の兄弟姉妹が自己の相続権の存否を確認するため,被相続人の戸籍謄本の交付を請求する手続は！

[相談事例]

　私は5人きょうだい（兄と姉3人）ですが,兄は今年の春に72歳で死亡しました。生前は事情があって法律上の婚姻ではなく,事実上の婚姻生活を続けていた女性がおりましたが,同女は15年ほど前に亡くなっています。したがって,兄の死亡時には父母はもとより,祖父母もいません。ただ,兄と事実婚関係にあった女性との間に生まれた子が1人いるということを,人伝に聞いたことがありますが確認していません。

　そうすると,現在,兄の遺産を相続し得るのは,私達姉妹4人ということになるのかどうかですが,それは婚姻外に生まれた子を兄が認知しているか否かにかかってくることになると思います。それを確認するには,兄の戸籍によることになりますが,兄は昭和46年頃に親の戸籍から分籍届によって新戸籍が編製されていますので,現在,戸籍を異にしている兄弟姉妹が,その兄の戸籍謄本等の交付請求をするのは,容易ではないと聞いています。その請求手続はどのようにしたらよいでしょうか。

[説　明]

　分籍届により戸籍を異にしている兄の戸籍謄本等を,その兄弟姉妹が交付請求をする場合は,戸籍法上は第三者の請求として扱われます（戸10条の2）。すなわち,相談者が第三者請求をするには,(1)自己の

19

権利（相続権）を行使するために被相続人である兄の戸籍の記載事項を確認する必要があること，及び(2)請求するにつき，権利の発生原因及び内容並びにその権利を行使するために戸籍の記載事項の確認を必要とする理由を明らかにすべきこととされています（戸10条の2第1項1号）。

また，戸籍謄本等の交付の請求をする際も，現に請求の任に当たっている者を特定するための方法等が定められています（戸10条の3）。なお，その請求を市区町村の窓口へ出頭してする場合は，運転免許証，写真付き住民基本台帳カード等を提示する方法により，必要な事項を明らかにしなければなりません。

なお，相続開始後に認知（民787条ただし書）により相続人となった子が遺産分割を請求した場合については，後述3を参照願います。

1　相続人

(1)　相続順位

現行の民法では，相続人について「血族相続」と「配偶者相続」の2つが並列されています（民887条・889条・890条）。血族相続には，被相続人と血族関係にある者の中で相続順位が定められ，具体的に相続人を決定することとされています。第一順位が被相続人の子であり，第二順位が直系尊属，第三順位が兄弟姉妹となっており，被相続人の子，兄弟姉妹については，代襲相続が認められています（民887条2項・889条2項）。そして，第一順位者がないときは第二順位者が相続人となり，第一順位者，第二順位者が共にないときは第三順位者が相続人となります。また，血族相続の同順位者が2人以上ある場合は，共同して相続人となります。

したがって，被相続人に子又は直系卑属，直系尊属がなく，兄弟姉妹（その者の子）があれば，その者が相続人となります。

なお，被相続人の配偶者は常に相続人となるので，他に血族相続人があるときは，その者と同順位で相続することになります。

(2)　配偶者のない者が死亡した場合

　相談の事例における被相続人には，法律上婚姻をした配偶者はなく，子又は孫以下の直系卑属があれば，その子又は孫以下の直系卑属が代襲して相続人となります（この場合は，直系尊属，兄弟姉妹は相続人にはなりません。）。また，子又は孫以下の直系卑属がなく，直系尊属があれば，その直系尊属が相続しますから，この場合は兄弟姉妹は相続人にはなりません。

　ところで，相談の事例においては，被相続人である亡兄には配偶者がなく，子又は孫以下の直系卑属，直系尊属がない場合であれば，相談者ら4人の姉妹が共同で相続することになります。しかし，被相続人が生前に事実婚関係にあった女性との間に生まれた子があり，兄がその子を認知している場合には，姉妹の相続権はなく，認知された婚姻外の子が相続人となります。しかし，相談の場合は，その認知があるか否かが不明の状態にありますから，相談者ら姉妹が相続権を行使するには，被相続人の戸籍の記載事項（認知事項の有無）を確認する必要があるということになります。

2　戸籍謄本等の交付請求

(1)　戸籍に記載されている者等による請求

　戸籍法第10条第1項は，戸籍に記載されている者又はその配偶者，直系尊属若しくは直系卑属は，その戸籍の謄本若しくは抄本又は戸籍に記載した事項に関する証明書の交付請求をすることができる，と定めていますが，兄弟姉妹は除かれています。

　また，戸籍法第10条の2（平成19年法律第35号により新設）は，第10条第1項に規定する者以外の者は，戸籍法第10条の2第1項各号に掲げる場合に限り，その理由を明らかにして，戸籍謄本等の交付請求が

できるとされ（戸10条の2第1項），第三者請求の要件がより明確かつ具体化されました。

(2) 第三者請求（戸10条の2）

　戸籍法第10条の2第1項第1号によると，相談の場合は，相談者姉妹が，死亡した兄の遺産相続権を行使するために，被相続人の戸籍の記載事項を確認する必要があることは，前記1の(2)後段のとおりです。すなわち，相談事例の場合に「戸籍証明書の請求書」（平成20・4・7民一1001号依命通知）の（請求の理由）欄に記載する内容（戸10条の2第1項1号）は，以下のようになると考えられます。

（請求の理由）

　　　　①請求者○○○の兄△△△が，平成27年8月9日に死亡した。②被相続人である亡兄には，配偶者，子又はその直系卑属，直系尊属はなく，姉妹である請求者ら4人が相続人ということになる。③しかし，亡兄には生前内縁関係にあった女性との間に婚外子の子1人がおり，その子が亡兄に認知されているか否かは不明である。④その認知の有無により請求者ら姉妹4人の相続権の有無が決定することになる。⑤その婚姻外の子が，亡兄に認知されているか否かを，被相続人である亡兄の戸籍の記載事項によって確認する必要がある。

(3) 本人確認等（戸10条の3）

　戸籍謄本等の交付請求は，現に請求の任に当たっている者が，市区町村長に対して運転免許証，旅券，写真付き住民基本台帳カード等を提示する方法によって，請求の任に当たっている者を特定し，明らかにする必要があります。これにより請求の際の本人確認をし，個人情報の保護及び不正請求の防止が図られることになります。現に請求の任に当たっている者とは，市区町村の窓口に請求のため出頭した者又は郵便請求の場合は，交付請求書に請求者として記載されている者，

あるいは請求者の代理人又は使者がこれに当たります。

なお，送付請求の場合も，明らかにすべき事項は窓口請求の場合と同じですが，詳細は戸籍法施行規則第11条の2第5号及び「戸籍」815号30頁以下を参照願います。

3 相続開始後に認知された子の相続権

被相続人の生前に婚姻外に出生した子が，認知されないまま父が死亡した場合，子は父の死亡後3年以内であれば，認知の訴えを提起することができます（民787条ただし書）。

そこで，相続の開始後，認知によって相続人となった子が，遺産分割の請求をしようとする場合に，他の共同相続人が既に分割その他の処分をしたときは，価額のみの支払請求権が認められています（民910条）。

認知の効力は，出生の時に遡ってその効力を生ずるものとされている（民784条本文）ので，認知された子は父の相続人となります。

この認知が遺産分割前であれば，子（被認知者）は当然にその分割に参加することができますから，相談の事例においては，姉妹は相続人としての立場から外れることになります（前記1(1)参照）。しかし，遺産の分割後の場合に，子を含めて再分割しなければならないことになると，法律関係を複雑にし，取引の安全を害するおそれがあります。

そこで，民法は，遺産分割その他の処分が既になされているときは，価額のみによる支払請求を認めることとして，分割のやり直しを避け，分割の効力を維持する（遺産分割安定性）とともに，子（被認知者）の利益との調整が図られています（民910条，中川淳『相続法逐条解説（上巻）』343頁）。すなわち，「認知は，出生の時にさかのぼってその効力を生ずる。」とされており（民784条本文），生まれた時から子（被認知者）は相続人であったものとして扱われます。したがって，その者を除外してなされた遺産分割は効力をもたないはずですが，民法第784

条ただし書は「第三者が既に取得した権利を害することはできない」として，認知の遡及効を制限しています。そうすると，遺産分割が既に終了していた場合には，分割によって取得した他の相続人の権利は害されないことになりそうです。その不都合を救済するために，民法第784条ただし書の例外として，民法第910条の「価額請求」によって解決を図ったとされています（なお，詳細については『新版　注釈民法⑵相続(2)』400頁以下参照）。

第2 戸籍の記載

> 6 子の名に用いる「常用平易な文字」の範囲は！
> また，子の名に制限外の文字を用いることが認められる場合とは！

相談事例

　近々，私共夫婦に第一子が誕生する予定です。子の命名には，使用文字の制限があるそうですが，現在，子の命名に用いることができる文字の範囲は，どのように定められているのでしょうか。また，制限外の文字を使うことができる場合があるとのことですが，それはどのような場合ですか。

説　明

　子の名に用いる文字は，常用平易なものでなければならず，その常用平易な文字の範囲は，戸籍法施行規則で具体的に示されています。しかし，既に社会に広く通用している人の名は，変更しない方が本人の同一性を確認するのに役立ち，社会にとっても，また，本人自身にとっても利益があることから，例外として制限外の文字を用いて差し支えないとされる場合もあります（もっとも，相談の場合のように生まれたばかりの子の命名の場合は対象外です。詳細は，後記2参照）。

1　子の名に用いる文字の制限

(1)　取扱いの変遷

　現行戸籍法の施行前（「大正3年戸籍法」施行当時）は，子の名に用いる文字の制限に関しては特別の規定がなく，届書及び戸籍の記載について「略字・符号を用いることなく，字画明瞭に」すべきことが定められているだけでした（旧戸28条1項・55条）。また，先例によって

ローマ字等の外国文字の使用を認めなかった（大正12・2・6民事328号回答）ほか，歴代天皇の御諱・御名を禁止することにとどまっていました（明治6年太政官布告第118号）。そのため，その当時は，子の名に用いられる漢字には難解なものが多く，日常の社会生活に支障が生じることが多かったようです。

　そこで，昭和21年に「当用漢字表」が制定されたことを契機として，現行戸籍法において「子の名には，常用平易な文字を用いなければならない。」と規定され，常用平易な文字の範囲は，命令（平成11年法律第160号により「法務省令」と改正されています。）で定めるものとされました（戸50条）。その具体的な文字の範囲として，「当用漢字表」に掲げる漢字及び片仮名又は平仮名（変体仮名を除く）と規定されました（戸規60条）。その後，子の名に用いる漢字の範囲の拡大を求める要望に応えて，「人名用漢字別表」（昭和26年内閣告示第1号）で92字が，さらに「人名用漢字追加表」（昭和51年内閣告示第1号）で28字が追加されました。なお，昭和24年に「当用漢字字体表」（内閣告示第1号）が制定され，当用漢字表に掲げる漢字について字体の標準が示されましたが，戸籍の実務においては，この「字体表」の字体も「当用漢字表」に掲げる漢字に含まれるものとして取り扱われました。

(2)　現行法における取扱い

　　ア　漢字の字種と字体　　昭和56年に国語審議会は，当用漢字表に代わる「常用漢字表」を作成して，当時の文部大臣に答申しましたが，従来，同審議会が関与していた「子の名に用いる漢字」の取扱いについては，法務省に委ねることとされました。

　　　そこで，同審議会の審議と並行して，昭和54年1月以来，子の名に用いる漢字について審議していた民事行政審議会（法務大臣の諮問機関）は，昭和54年5月に法務大臣に対し戸籍法施行規則第60条の取扱いについて答申しています。この答申を受

けて，昭和56年10月に規則第60条が改正され，常用平易な文字の範囲は，①常用漢字表に掲げる漢字（括弧書きが添えられているものについては，括弧の外のものに限る。），②別表第二（人名用漢字別表）に掲げる漢字，③片仮名又は平仮名（変体仮名を除く。）とされ，さらに改正省令の附則第2項において，附則別表（人名用漢字許容字体表）に掲げる漢字の字体を当分の間用いることができるとされました。

　なお，人名用漢字表については，その後，平成2年以来，数次にわたって改正されましたが，最近では，平成22年11月30日に「常用漢字表」（平成22年内閣告示第2号）の告示により196字が常用漢字表に追加される一方，5字（勺，匁，脹，錘，銑）が常用漢字表から削られる改正が行われました。これに伴い，同日付けで法務省令第40号により，①戸籍法施行規則別表第二の一の表に掲げられている漢字のうち，新しい常用漢字表に追加された漢字129字は，重ねて規則別表第二の一の表に掲げておく必要がないことから削除されました。②常用漢字表から削られた前記の5字は，引き続き当該漢字を子の名に用いることができるようにしておくのが相当であることから，規則別表第二の一の表に追加されました。③「弥」，「曽」及び「痩」が新しい常用漢字表に追加されたことから「弥-彌」「曽-曾」「痩」が規則別表第二の一の表から削られ，「彌」「曾」「瘦」が第二の二の表に追加されました。

　その後，平成27年1月7日の戸籍法施行規則の改正により別表第二の一の表に「巫」の一字が追加されました。

　その結果，現在は，子の名に使える常用漢字2,136字，規則別表第二の一の表に掲げる漢字650字，並びに第二の二の表に掲げる漢字（常用漢字の異字体）212字とされています。

また，子の名に用いる漢字の字体については，原則として一字種につき一字体とされ，例外として「常用漢字表」及び「規則別表第二（漢字の表）」に掲げられた漢字のうち一定の字体については，一字種につき二字体を用いることが認められています。この一字種につき二字体を用いることが認められた理由について，子の名に用いる文字の取扱いに関する民事行政審議会の答申（昭和56・5・4）では，次のように述べられています。
　「一字種一字体に定めた方が社会生活上便利であり，ひいては戸籍事務の円滑適正な処理に資することにもなる。しかし，国民の漢字使用の実情に照らすと，現在用いることができる字体を，この際，一気に否定することは問題であるとして，結論としては，当分の間これを引き続き認めるべきであるという意見が多数を占めた。」

イ　片仮名及び平仮名　片仮名及び平仮名を子の名に用いることができますが，変体仮名を用いることはできません。なお，「ヰ・ヱ・ヲ」又は「ゐ・ゑ・を」の旧仮名は，片仮名又は平仮名に含まれますので，これを用いることができます（昭和56・9・14民二5536号通達一の4）。また，名の表示方法として，長音符号「ー」については，直上の音を引き延ばす場合に限り用いることができます。また，同音の繰り返しに用いる「ゝ・ゞ」及び同字の繰り返しに用いる「々」についても，直上の文字の繰り返しに用いる場合に限り用いることができます（前記通達一の5）。

2　子の名に制限外の文字の使用が認められる場合

(1)　子の名に用いる文字の原則

　前述1のとおり，子の名に用いる文字については，常用平易なものであること（戸50条），その常用平易な文字の範囲は，戸籍法施行規

則第60条で具体的に示されています。しかし，次の(2)に掲げる届出については，社会に広く通用している名は変更しない方が本人の同一性を確認するのに役立ち，また，社会にとっても本人自身にとっても利益があることから，例外として制限外の文字を用いて差し支えないとされています（昭和56・9・14民二5537号通達）。

(2) 例外的取扱いが認められる場合

　子の名に制限外の文字を用いることが認められるのは，次の4つの場合であり，出生したばかりの子の命名の場合は，対象になりません。

　ア　親子関係存否確認等の裁判が確定し，先にされていた出生の届出は，届出義務者以外の者がした無効のものであることが裁判の理由によって明らかになったため，戸籍訂正の申請によって消除された場合は，その子について改めて出生の届出をすることになります。このような場合は，従前の名の文字が制限外のものであっても（従前の名の文字が誤字であるときは，それを正字に訂正したものに限られます。），これを出生の届出をする際に用いて差し支えないとするものです（昭和56・9・14民二5537号通達一。なお，この通達は平成13・6・15民一1544号通達により，戸籍法第3条第1項の処理基準とされています。）。

　イ　出生後長年経過し，相当の年齢に達した者について，卒業証書，保険証書等により社会に広く通用していることを証明することができる名を記載して出生の届出をする場合は，その名の文字が制限外のものであっても（従前の名の文字が誤字であるときは，それを正字に訂正したものに限られます。），これを用いることができます。この場合は，前述アの場合と異なり，従前の戸籍上の名はないので，制限外の文字を用いることが認められるには，①出生後長年経過し，相当の年齢に達していること，及び②卒業証書等によって，社会に広く通用していることが証

明できることの2つの要件が必要です。

ウ　就籍許可の審判の主文には，就籍後の戸籍の記載事項である本籍，氏名，出生年月日，父母の氏名，父母との続柄が記載されるのが通常です。その就籍許可の審判において制限外の文字を用いた氏名による就籍が許可され，その氏名を用いた就籍の届出がなされたときは，受理されます。これは，通常，その氏名が就籍者の通称名であると考えられること，また，その氏名を用いることの必要性等については，審判をした裁判官の判断に委ねられていること等から，このような場合は，制限外の文字を用いても差し支えないとされたものと考えられます。

　なお，家庭裁判所が名の変更許可の審判をする場合に，戸籍法第107条の2にいう「正当な事由」の有無を判定するに当たっては，「新たな名は，戸籍法第50条の規定の趣旨に鑑み，同条にいう平易な文字を用いているものであること」を参酌すべきものとされています（昭和23・1・13民事甲37号最高裁事務総局回答）が，審判例の中には制限外の文字を用いた名に変更を認めた例もあります（東京家審昭和35・10・31家月13巻3号152頁）。

第3 届出通則

7 外国人が日本で婚姻，養子縁組等の届出をする場合に必要とされる「要件具備証明」とは！

[相談事例]

　私は，この度，タイ人女性（6年前に渡日）と，婚姻をすることになりました。また，婚姻後に同女は，私の先妻との間に出生した長女（7歳）を養子とする縁組をする予定です。市役所の窓口で，これらの届出をする場合には，本国・タイの権限ある官公署で発行する「要件具備証明書」が必要であるといわれました。それはどのようなものですか。

[説　明]

　外国人が日本で婚姻や養子縁組をするに当たって，その身分行為の成立について適用する法律（これを準拠法といいます。）が，当事者の本国法が準拠法とされる場合には，当事者の身分関係事実を明らかにして，本国法上の要件を備えていることを，本国の権限ある官憲が証明した書面をいいます。

1　外国人当事者の身分関係の審査

(1)　渉外的婚姻，養子縁組の成立要件

　日本に居住する外国人同士又は日本人と外国人が日本で婚姻や養子縁組を成立させるには，挙行地である日本の方式（手続）を踏むこと，すなわち戸籍事務管掌者である市区町村長に届出をすることが必要です（通則法24条2項・34条，民739条・799条）。そして，その届出がされた場合，戸籍事務管掌者である市区町村長は，その身分行為の成立のために必要な準拠法が指定する形式的成立要件（方式）及び実質的

成立的要件を備えているかどうかを審査する必要があります。このうち，形式的成立要件については，挙行地・行為地である日本法が定める婚姻届書や養子縁組届書に所定の事項が記載され，当事者及び証人の署名，押印等，戸籍法の定める方式に従った届出（通則法24条2項・34条2項，民739条・799条）がされているかどうかを審査すれば足ります。

一方，実質的成立要件は，婚姻については，各当事者についてその本国法に定める要件を備えていることを要し（通則法24条1項），また，養子縁組については，各当事者については縁組の当時における養親となるべき者の本国法に定める要件を備えているとともに，養子となるべき者の本国法が第三者の承諾等を縁組の要件（保護要件）としているときは，その要件をも備えなければならないとされています（通則法31条1項）。したがって，日本人とタイ人が婚姻をするときは，日本人である相談者については日本の民法の規定が，タイ人女性については，その本国法であるタイ民法典の規定がそれぞれ適用されることになります。また，この婚姻が成立した後に予定されているタイ人女性が相談者の連れ子（先妻との間の嫡出子）を養子とする縁組をするときは，まず，当事者双方が縁組の当時における養親となるべき者の本国法，すなわち，タイ民法典が定める要件を満たしていることが必要です。

(2) 実質的成立要件の審査

戸籍事務管掌者である市区町村長（戸1条）は，通則法の指定により外国法が準拠法として適用される場合には，これらの外国の法律に基づく実質的成立要件が満たされているかどうかを審査した上で，受否の決定をすることになります（民740条・800条）。相談の場合のように，日本人と外国人との婚姻の届出においては，日本人については日本民法を，外国人については，その属する国の法律をそれぞれ適用し

て実質的成立要件の具備の有無を審査することになります。そして、この場合、日本人については、本人の戸籍謄本等によって審査することができますが、外国人については、その身分行為に対する本国法の規定内容と本人の具体的な身分関係事実（年齢、独身であること、意思能力、婚姻能力があること等）を審査する必要があります。しかし、韓国等一部の外国を除いては、我が国の戸籍のような一つの身分登録簿によって全ての身分関係事実を明らかにする制度を有する国が少ないため、その確認ができない場合が生じます。戸籍事務管掌者である市区町村長は、日本の法令はもとより、通則法が準拠法として指定する外国法の規定内容も法律事項として原則的に承知しているものとされているため、その外国法が判明しないときは、市区町村長は、いったん届書等を受領し、管轄局の長に対し受理、不受理について照会をして、その指示を得て処理することとされています（戸3条2項、標準準則23条1項）。なお、管轄局においても、その規定内容が判明しないときは、法務省から外務省を経由し、外交ルートによってその外国法の調査をすることになります。

2 要件具備証明書

(1) 要件具備証明書の必要性

個々の届出等について、上記のような処理をすることは事実上困難であるため、渉外的な戸籍の届出においては、原則として届出人が自分の本国法の定める婚姻等身分行為の要件を具備していることを、市区町村長に対して立証するという取扱いがされています（大正8・6・26民事841号回答、大正11・5・16民事3471号回答）。その立証方法として本国の権限を有する官憲が、本人の身分関係事実と本人がその本国法上必要な要件を具備している旨を証明した書面、いわゆる「要件具備証明書」を届書に添付する取扱いがされています（昭和24・5・30民事甲1264号回答、昭和26・6・21民事甲1289号回答）。

市区町村長は，届書に添付された「要件具備証明書」により要件を審査することになりますが，これは個々の届書等について前記のような処理をすることが困難であること，また，本人の身分関係事実は，本人しか知り得ないものであること，さらに市区町村長が職権で本国法の規定内容を調査するよりも，届出人が自らこれらの要件の具備を証明する方が事務の早期処理が可能となり，それがひいては本人の利益につながることにもなるからです。
(2)　要件具備証明書の内容
　この証明書の内容は，本人の本国法上婚姻や養子縁組等その身分行為の実質的成立要件を一般的に証明するものでは足りず，本人がこれらの要件を具体的に具備していることを証明するものであることを要します。もっとも，本国法に定められている個々の要件を挙げて，それぞれの要件を具備していることを証明したものである必要はなく，届出によって成立させようとする婚姻等の身分行為について，本国法上何ら障害がない，という全要件を一括して満たしていることを証明する形式のものでも差し支えないとされています（昭和30・2・24民事甲394号回答）〔注〕。
　しかし，例えば，婚姻要件の中には，当事者の一方のみに関係し，その一方当事者のみが具備していれば足り，他方当事者にはその要件の具備まで要求しない婚姻適齢や父母の同意等の一方的要件と，一方のみでは足りず相手方当事者との関係でも具備すべき近親婚や待婚期間などの双方要件とがあります。その点「婚姻要件具備証明書」は，本国官憲が自国民に対して自国の法律上の婚姻要件を具備していることを認定した場合に発給するものですから，自国民についての一方的要件のみの証明であり，両当事者の双方的要件についてまで証明しているものではありません。したがって，外国人についての「要件具備証明書」が提出されたとしても，当事者の双方的要件については，そ

れぞれの審査では足りず，両当事者のそれぞれの本国法における双方的要件の審査が必要となります（南敏文『全訂　Q＆A渉外戸籍と国際私法』103頁）。

(3)　権限のある本国官憲

「要件具備証明書」は，その国の身分登録・公証制度に対応するものですから，これを発給する権限のある官憲も国によって異なります。例えば，裁判官，人口統計登録官，弁護士，在日大使・公使又は領事等の場合もあり，また，公証人，牧師，警察署長，市役所の戸籍・登録担当官等である場合もあります。証明書の性質上，官公庁又はこれに準ずる職にある者が発給する公文書又は証明書等，できるだけ客観的な信頼のおける書面であることを要します。

〔注〕　例えば，外国人当事者の本国官憲が発給する要件具備証明書に「甲国人であるAは日本人Bと婚姻をするについて，本国法上何ら障害のないことを証明する」とあれば，A自身の婚姻要件に関する身分関係事実（国籍，氏名，生年月日，配偶者の有無など）だけでなく，甲国の婚姻法の規定内容も一括して証明しているものとみることができます。

8 戸籍法第93条で準用する同法第56条の「病院」には，普通国民健康保険組合が開設する病院も含まれるか！

相談事例

　私の友人が，半年ほど前から国民健康保険組合が開設する病院に入院していましたが，昨日，その病院で死亡しました。その友人は，長年一人暮らしであり，親族もいないといっておりましたが，この場合に死亡の届出をするのは，誰でしょうか。

　友人が死亡した病院は，国民健康保険組合が開設する公的な病院であることから，私の知人の中には，戸籍法第93条で準用する同法第56条の規定により，その病院長に死亡の届出義務があるのではないかという意見もありますが，いかがでしょうか。

説　明

　戸籍法第93条で準用する同法第56条の「病院，刑事施設その他の公設所」とは，国又は公共団体等が設置した公の施設のみを指し，同条にいう「病院」には，私立病院はもとより，普通国民健康保険組合等が開設する病院は含まれないと解されています。したがって，相談の場合は，死亡の届出義務者としての同居の親族，その他の同居者がいない場合ですから，その病院の管理人としての院長が，戸籍法第87条第1項の規定中，第三順位の届出義務者として死亡の届出をすることになります。

1　死亡の届出義務者

　死亡届は，戸籍法第87条第1項第一ないし第三の者の順位で届出の義務を負います。第一と第二の「同居」とは，死亡当時を標準として

定め（大正3・11・17民1110号回答八），第三は，死亡の場所である土地又は家屋の所有者又は管理人をいいます（昭和11・5・4民事甲361号回答）。同順位の届出義務者が複数あるときは，そのうちの一人から届出があれば，他の者は届出義務を免れますが，誰も届出をしないときは，全ての者が届出懈怠の責め（戸135条）を負うべきことになります。

　この届出義務者の順序は，前順位者がある場合でも，後順位者からの届出は有効として受理され，戸籍の記載がされます。しかし，届出懈怠の責めは先順位者が負うべきですから，後順位者の届出が届出期間の経過後にされたからといって，後順位者を処罰すべきでないとされています（大正3・12・28民1192号回答）。なお，死亡の届出は，同居の親族以外の親族（昭和51年法律第66号により追加。），後見人，保佐人，補助人及び任意後見人も（平成19年法律第35号により追加。），これをすることができるとされました（戸87条2項）。ただし，これらの同居していなかった親族等は，届出の資格を有しますが，届出の義務を負いませんから，届出懈怠の処罰を受けることはありません。

2　公設所に該当する病院

　死亡届の届出義務者については，前記1の戸籍法第87条のほかに同法第93条で準用する同法第56条の規定があります。すなわち，「病院，刑事施設その他の公設所」で死亡があった場合に，戸籍法第87条の規定による一般の届出義務者がないか，又は届出ができないときは，これらの公設所の長又はその管理人に死亡の届出義務を負わせています。つまり，第一次的な死亡の届出人である同居の親族，その他の同居者等に代わる届出義務を課する規定ですから，これを拡張して義務者を拡大するのは相当でないと考えられます。この点，公の施設の長又は管理人は公務員ないしこれに準ずる立場にあるものですから，このような届出義務が課されても差し支えないであろうというのが，法の趣

旨と解されます。したがって，公設所に該当する病院には私立病院が含まれないのは当然です（『設題解説　戸籍実務の処理Ⅱ』第二章・第一の六・問20参照）。

　ところで，相談における普通国民健康保険組合が開設する病院の長からの死亡届を公設所の長からの届出として処理することになるのかどうかです。

　この点に関して昭和50年9月25日民二第5667号回答は，戸籍法第93条で準用する同法第56条に定める「病院，刑事施設その他の公設所」の「病院」とは，国，公共団体等が設置した公の施設をいうものと解され，医療法第31条〔注1〕に規定する厚生大臣の定める者（昭和26年厚生省告示167号に定める2号以下の者）が開設した施設〔注2〕は含まれないとされています。したがって，相談者の友人が死亡した病院は，公設所には該当しませんから，当該病院の長は前記1で述べた戸籍法第87条第1項の第三順位の届出義務者として死亡届をすることになります。

　　〔注1〕
　　医療法（昭和23年法律第205号）
　　　第31条　公的医療機関（都道府県，市町村その他厚生労働大臣の定める者の開設する病院又は診療所をいう。以下この節において同じ。）は，地域医療対策の実施に協力するとともに，第30条の18の規定により協力を要請されたときは，当該要請に応じ，医師の確保に関し協力しなければならない。
　　〔注2〕
　　医療法第31条に規定する公的医療機関の開設者
　　　　　　　　　　　　　　　　　　（昭和26年厚生省告示第167号）
　　　医療法（昭和23年法律第205号）第31条に規定する公的医療機関の開設者を次のように定める。

一　地方自治法（昭和22年法律第67号）第284条第1項に規定する地方公共団体の組合
二　国民健康保険法（昭和33年法律第192号）第83条に規定する国民健康保険団体連合会及び国民健康保険法施行法（昭和33年法律第193号）第2条の規定により国民健康保険法の施行後も引き続き国民健康保険を行う普通国民健康保険組合
三　日本赤十字社
四　社会福祉法人恩賜財団済生会
五　全国厚生農業協同組合連合会の会員である厚生（医療）農業協同組合連合会
六　社会福祉法人北海道社会事業協会

9　15歳以上の未成年者の親権者である母から，その未成年者本人が意思能力を有しない旨の医師の診断書と母からの申立てに基づき家庭裁判所が許可した子の氏変更許可審判書の謄本を添付して提出された入籍届の受否について！

[相談事例]

　私は，昨年2月に夫と協議離婚をし，婚姻前の実方の氏「乙原」に復しました。離婚に際し，夫との協議で未成年者である長女（16歳）の親権者及び監護すべき者を母と定め，現在，私は娘と一緒に生活しています。しかし，娘は父の戸籍に在籍したまま「甲野」の氏を称し，私と氏を異にしていることから，日常生活に何かと不便を来しています。そこで，娘を私が離婚により復氏した「乙原」の戸籍に入籍させるための手続を進めているところです。ところが，娘は15歳以上の未成年者ですが，重度の知的障害により意思能力を有しない旨の医師の診断を受けている事情があるため，親権者である私からの申立てに基づいて，この度，住所地の家庭裁判所で「子の氏の変更許可審判」を得ることができました。ついては，住所地の市役所に「母の氏を称する入籍届」を親権者である私が娘に代わってすることができるでしょうか。

[説　明]

　民法第791条第1項の規定による「母の氏を称する入籍の効果」は，戸籍法の定めるところの創設的届出であり，届出自体が民法上も身分行為に当たります。しかし，同条第3項が「子が15歳未満であるときは，その法定代理人が，これに代わって，前二項の行為をすることが

できる。」としていることから，**本人が15歳以上である相談の場合に，親権者が法定代理人として届出をすることは，法令上の根拠を持たないので，認められないことになります**。

1　子の氏変更の許可

　(1)　嫡出である子は，父母が婚姻により称している共通の氏（民750条）を称して，その戸籍に入籍します（戸6条・18条）。しかし，その後に父又は母と氏を異にするようになっても，当然に子の氏が変わることはありません。相談の場合のように，母が離婚をして実方の氏「乙原」に復しても，子の氏に当然に変動を生ずることはなく，子は父の氏「甲野」にとどまりますから，母と氏を異にすることになります。そのため，母と子が共同生活をしているようなときには，生活上の利便等から子の氏を変更して母と同一にすることを求める場合が，しばしば生じ得るところです。このように，「子が父又は母と氏を異にする場合」には，「子は，家庭裁判所の許可を得て，……その父又は母の氏を称することがでる」とする途が開かれています（民791条1項）。

　(2)　氏変更の要件として，①氏を変更する法律的な主体は，子自身であることです（ただし，子が15歳未満であるときは，その法定代理人が，これに代わって申立て等の法律行為をすることができます（民791条3項））。また，氏を変えることができるのは，未成年の子に限らず成年の子も含まれます。そして，②変更できるのは子の氏であって，例えば，子が，氏を異にする母を引き取って共同生活をする場合に親子同氏になるために母の氏を変更することはできません。また，③現に生存中の父母がその氏を称していることを要します。このように子の氏変更の制度は，専ら現実に生活を共にする親子の間では，同一の氏を称し，また，称させたいという国民感情をも考慮して設けられたものであり，

その立法趣旨から既に父母が死亡してしまった後にまで，このような氏の変更を認める必要性は乏しいと考えられるからです（昭和23・7・1民事甲1676号回答）。

(3) 子の氏の変更許可審判は，民法第791条第1項の規定による申立てに基づいて開始します（家事39条別表第一の60項）。申立人は，氏を異にする父又は母（相談の場合は母）の氏に変更しようとする子（子が15歳未満であるときは，その法定代理人（民791条3項））であり，その住所地の家庭裁判所に申立てをすることになります（家事160条1項）。家庭裁判所においては，法律上の父子関係又は母子関係の存否，父又は母との間の氏が異なっているかどうか，その父又は母が生存しているか否か及び子の氏変更の必要性について審理するだけでなく，関係人の意向や利害を考慮して審判がなされます。関係人の意向等が考慮されるのは，子の氏変更及びこれに伴う戸籍の変動は，親族・相続法上の権利・義務に影響を及ぼすものではありませんが，氏や戸籍を同じくすることが子をとりまく関係人にとっても関心事となる場合が多いことからです。

この申立てについて，却下の審判に対しては申立人から即時抗告をすることができます（家事160条3項）が，許可審判に対しては即時抗告はできません。

2 入籍の届出

(1) 民法第791条第1項の規定に基づく入籍の場合は，家庭裁判所の氏変更の許可審判を得たとしても，それのみによって効力を生ずることはなく，戸籍法第98条の規定に基づく入籍の届出によってはじめて効力が生じます。したがって，この届出は，いわゆる創設的届出に属するので，届出期間の定めもなく，届出をしない限り入籍の効力は生じません。

この入籍の届出人は，氏を変更しようとする子（入籍者，子が15歳

未満であるときは,その法定代理人)であり,届出事件の本人も事柄の性質上入籍者のみということになります。

(2) 相談の事案は,民法第791条第1項による民法上の氏の変更を伴う身分行為ということになります。民法では,親権者が未成年の子の法定代理人として,財産上の行為についての包括的な代理権及び同意権を有することが明文により規定されています(民824条)が,子の身分上の行為についての包括的な代理権及び同意権を認める明文の規定はありません。通説・判例は,意思能力がある限り本人がすべきであり,代理に親しまないことを理由に,法令で個別にこれを認める規定がない限り,身分行為の代理は認められないと解しています(我妻栄『親族法』333頁,於保不二雄・中川淳『新版 注釈民法㉕』64頁,於保不二雄『注釈民法㉓』52頁)。

親権者が子の身分行為を代理又は代行し得るとして,民法が個別的に規定しているのは,①嫡出否認の訴訟の応訴(民775条),②認知の訴え(民787条),③15歳未満の子の氏変更許可の申立て(民791条3項),④15歳未満の子の養子縁組の代諾(民797条),⑤養親が未成年の場合の縁組の取消し(民804条),⑥15歳未満の子の離縁の代諾(民811条2項),⑦15歳未満の子の離縁の訴え又は応訴(民815条),⑧子が未婚の未成年の場合のその子に対する親権の代行(民833条)の各場合があります。このように身分行為の代理又は代行は,法令に特別の規定がある場合に限って認められており,親権の一般的な効力として認められるものではありません。したがって,上記の③④⑥⑦については,15歳未満の未成年者についてのみ親権者が本人を代理して身分行為をすることができるということになります。

3 相談の場合の届出

相談の場合における届出も,民法第791条第1項の規定に基づく「母の氏を称する入籍」の効果を生じさせる「戸籍法に定めるところ」

の創設的な届出であり，届出そのものが民法上の身分行為に該当しますが，同条第3項に「子が15歳未満であるときは，その法定代理人が，これに代わって，前二項の行為をすることができる。」と規定されています。したがって，本人が15歳以上である場合に，親権者が法定代理人として，この届出をすることは，法令上の根拠を持たないことになり，認められません（平成13・7・19民一1766号回答）。

参考先例

◎　15歳以上の未成年者の法定代理人が，民法791条の氏変更の許可を得たが，これに基づき子から入籍の届出がなされた場合，本案は本人自らが氏変更許可審判の申立てをすべきところ，法定代理人がこれに代わって申立てをし，許可されたものである。しかし，本人がこの許可に基づいて届出をしていることは，法定代理人による申立てによって許可されたことを是認しているとされるので受理相当とされた。

（昭和24・7・19民事甲1648号回答）

◎　15歳以上の未成年者について親権を行う父母が子に代わって養子縁組の届出をし，これが誤って受理された場合において，本人から自ら届出をする旨の追完届があれば，この縁組は有効と解して差し支えない。

（昭和29・8・20民事甲1721号回答）

◎　15歳以上の者の父母の氏を称する入籍につき，年齢を誤算し親権を行う父母からの入籍届出を受理し，入除籍した事例につき，昭和29・8・20民事甲1721号回答に準じて取り扱って差し支えない。

（昭和30・10・31民事甲2290号回答）

〔注〕　相談の場合において，仮に子本人が意思能力を回復し，本人自身から入籍届がされた場合は，市区町村長としては，上記参考先例（昭和24・7・19民事甲1648号回答）の趣旨により受理するほかないと考えます。

第3　届出通則

> 10　郵送により発送された婚姻届書が，送付先の本籍地市役所に到達する前に，当事者の一方が死亡した場合の婚姻の効力は！

相談事例

　私は先月初めに，婚約中の男性・甲男と10日間の日程で，ヨーロッパへ婚姻前の旅行に出掛けました。帰国する3日前に滞在中のフランスの首都パリから日本の本籍地であるA市役所にエア・メールで二人の婚姻届書を発送したのですが，その翌日，甲男は心臓発作で急死してしまいました。諸手続を何とか済ませて3日後に帰国し，その後1週間ほど経過した頃に，A市役所から私と死亡した甲男宛に二人の婚姻届が○月○日付けで受理された旨の書面が郵送されてきました。
　外国から発送した婚姻届が婚姻当事者の一方である甲男の死亡後に，本籍地のA市役所に到達した場合でも，婚姻は有効に成立する取扱いがされるものなのでしょうか。

説　明

　届出人の生存中に郵送された婚姻の届出は，その死亡後であっても，市区町村長はこれを受理しなければならず，届出が受理されたときは，届出人の死亡の時に届出があったものとみなされます。したがって，相談の場合には，当事者の一方である甲男の死亡の時に相談者との婚姻は成立したこととなり，そして同時にその婚姻は甲男の死亡によって解消することになります。

1　郵送による婚姻の届出
　(1)　戸籍の届出については，いわゆる当事者出頭主義がとられてい

45

ないので，届出人本人が何らかの都合で出頭できないときは，必ずしも市区町村の窓口に出頭して届書を提出する必要はありません（明治31・7・26民刑569号回答）。すなわち，他人（第三者）を使者として届書を持参（提出）させることもできますし，また，郵送によって提出することもできます（戸47条）。それは報告的届出（出生，死亡等）の場合はもとより，相談の場合のような婚姻等の創設的届出であっても差し支えないとされています（明治31・9・28民刑975号回答，大阪控判大正5・11・6新聞1187号26頁）。

(2) 戸籍の届出を郵送する方法によってする場合，通常は届書が市区町村長に到達した時に届出があったものとみなされます。すなわち，平成26年1月22日に届書を作成して，その翌日にこれを滞在する外国からエア・メールで郵送に付し，翌2月の3日に本籍地の市区町村長に到達したときは，その届出は2月3日に届出があったことになります。

ところが，相談の場合のように，外国で婚姻届書を発送した後，それが送付先の市役所に到達する前に届出人の一方が死亡した場合は，理論的には，その届出は，届出人死亡後の届出として，本来その効力は否定されるべきものとなるでしょう。しかし，このように解すると届出人である婚姻の当事者に極めて大きな不利益を与え，妥当を欠くこととなるため，市区町村長はこのような届出であっても，これを受理すべきものとされています（戸47条1項参照）。そして，その届出が受理されたときは，届出人の死亡の時に届出があったものとみなされることになります（同条2項，大正7・10・10民1791号回答参照）。したがって，相談における婚姻の創設的届出にあっては，届出人の一方の死亡の時に届出事項である婚姻という身分関係の効力が発生したこととなり，そして，同時に一方当事者の死亡によりその婚姻は解消したものと解することになります。

しかし，届出人が届書作成後発送前に既に死亡していたときは，たとえ，その届出が受理されて戸籍に記載されたとしても，その届出の効果は否認され，かつ，その戸籍の記載については，戸籍訂正の手続によって消除されることになります（昭和22・7・18民事甲608号回答）。

　(3)　郵送による届出の場合には，前述のとおり，その届書の発送と届出人の死亡の時期の前後は，届出の効力を左右し，さらには相続権の有無等の権利の存否・利害に重大な影響を及ぼすことになるので，その認定の資料である届書封入の封筒については，市区町村において所要の記載をして届書に添付し，保管することとされています（昭和28・4・15民事甲597号通達，昭和33・4・26民事二発203号回答，昭和39・2・13民事甲317号回答，平成16・4・1民一850号通達，標準準則27条）。

2　創設的届出における本人確認

　(1)　届出によって効力を生じる婚姻等の届出に際しては，法務省令（戸籍法施行規則（昭和22年司法省令第94号））で定めるところにより，市区町村の窓口に出頭した人に対して，その人を特定するために必要な氏名等，省令で定める事項を示す運転免許証その他の資料の提供又は説明を求めるものとされています（戸27条の2第1項）。これは，婚姻等の届出については，身分行為の当事者である届出事件本人の意思が重要であるため，届出事件の本人から届書の提出を頼まれた第三者による届出については，端的に窓口に出頭した人が届出事件の本人であることの確認ができない場合として扱い，その権限の確認はできません。

　また，郵送の方法による届出についても，「窓口に出頭した人が届出事件の本人であることの確認ができない場合」として扱うことになります（「戸籍法の一部改正に伴う省令の解説」「戸籍」814号14頁以下参照）。

(2) 窓口に出頭した人が届出事件の本人であることの確認ができなかった場合，その確認ができなかった届出事件の本人（郵送の場合は，届出事件の本人全員）に対して，婚姻等の届出が受理されたことを通知することとされており，その具体的な通知方法については，法務省令に委任されています（戸27条の2第2項）。これを受けて戸籍法施行規則第53条の3は通知の方法について，届出をした事件本人の戸籍の附票又は住民票に記載された現住所に，転送不要の郵便物又は信書便物として送付することとしています。相談の場合において，相談者及び死亡した当事者（甲男）宛にA市役所から郵送された書面は，この取扱いによるものと解されます。

第4・出生

第4 出生

> 11 日本人と外国人夫婦間の子又は外国人夫婦間の子が日本で出生した場合，その出生届は！

相談事例

　私は5年前に母国・タイから渡日し，以来，日本で生活していますが，2年前に職場で知り合った日本人女性と結婚しました。来月には子が生まれる予定ですが，その出生の届出はどのようにすればよいですか。また，3年前に同国人の夫と共に渡日した私の妹も，日本で生活していますが，その夫婦間の子が数か月後に生まれる予定です。この場合の出生の届出はどのようにすればよいですか。

説　明

　いずれの場合も，出生地である日本の戸籍法により出生の届出が義務づけられています。届出義務者である父又は母は，子の出生後14日以内に，その所在地の市区町村長（日本人親の場合は，その本籍地の市区町村長でも可能です。）に，法定の様式により，出生証明書とともに出生届をすべきことになります。

1　日本国内で出生した子の出生届

　戸籍法は，人の身分関係の登録と公証を目的とする行政法規としての実質を有します。つまり，同法は，日本国内で発生した人の身分に関する事項について適用され，性質上適用されない規定を除き，日本に在住する外国人についても，等しく適用されます。したがって，日本国内で子が出生したときは，生まれた子の国籍に関係なく，戸籍法に従って出生届をしなければなりません。

　渉外的要素をもった出生届については，父母が誰であるか，嫡出子

か嫡出でない子かの別等はもとより，生まれた子が日本国籍を有するか否かは重要な問題となります。日本国籍を有する場合は，その子を戸籍に記載して日本国民であることを登録・公証しなければならないと同時に，日本の国籍を有しない者を戸籍に記載することがあってはならないからです。

2　出生届の方法

(1)　日本人と外国人夫婦間の子が日本で出生した場合

　我が国の国籍法は，子が出生した時に父又は母のいずれか一方が日本国民であるときは，子は出生により日本国籍を取得するという父母両系血統主義を採っています（国2条1号）。ここでいう父又は母とは，出生時における法律上の父又は母を指します。相談事例の子が出生によって日本国籍を取得するかどうかについては，日本人母との母子関係の成立によることになります。すなわち，母が日本人の場合，母子関係については，分娩の事実により法律上当然に出生時から発生（成立）するものとされています（最判昭和37・4・27民集16巻7号1247頁）。子が日本の国籍を取得する場合は，子は父又は母から戸籍法の定めに従って出生の届出をすることにより，日本人母の戸籍に入ります（民790条，戸18条）。

　　ア　届出義務者は，父又は母であり，両者は同順位で届出義務を負います。なお，子の出生前に父母が離婚をした場合には，母のみが届出義務者となります（戸52条1項）。

　　イ　届出すべき事項は，戸籍届書の通則的記載事項（戸29条）並びに戸籍法第49条第2項及び戸籍法施行規則第55条等に規定する事項です。

　　　　また，父母の一方が外国人である場合に，届書に記載する①父母の氏名は，届出当時のもの（例えば，父母が子の出生後その届出前に養子縁組等によって氏を改めた場合は，変更後の氏）を記

第 4 出 生

載します。外国人父（又は母）の氏名が，日本人母（又は父）の戸籍の婚姻事項に記載されている配偶者の氏名と異なる場合は，現に称している氏名についての資料（公的な証明書，パスポート等）を提示し，又はその写しを提出しなければなりません。②本籍は，日本人父（又は母）の本籍地と筆頭者の氏名を記載し，その余白に外国人母（又は父）の国籍を記載します。

　ウ　届出期間は，子の出生した日から起算して14日以内とされ（戸49条1項），正当な理由がなく期間内に届出をしなかった者は，過料に処せられます（戸135条）。この届出期間は，初日不算入という民法の原則（民140条）によるのではなく，初日を算入して計算しますが（戸43条1項），届出期間が経過した後の届出であっても，市区町村長はこれを受理しなければなりません（戸46条）。

　エ　届出地については，届出地の一般原則である事件本人の本籍地又は届出人の所在地（戸25条）のほか，子の出生地においてもすることができます（戸51条1項）。

　オ　添付書類は，出産に立ち会った医師，助産師又はその他の者が，この順序に従いそのうちの1人が作成する出生証明書です（戸49条3項）。証明書の様式・記載事項等については，戸籍法第49条第3項の規定に基づく「出生証明書の様式等を定める省令」（昭和27年法務省令・厚生省令第1号）によって定められています。

(2)　外国人夫婦間の子が日本で出生した場合

　ア　戸籍法は，その施行区域内にある外国人に対しても原則として適用があるので（いわゆる属地的効力），日本国内で出生した外国人についても，戸籍法上の届出義務者から出生の届出をしなければなりません（昭和24・3・23民事甲3961号回答，昭和

51

24・11・10民事甲2616号通達，戸49条・52条）。

　もっとも，外国人について出生の届出があっても，これによって戸籍の記載はされませんが，届出を受理した市区町村長は，出生に関する公証の資料として，その届書を受理した翌年から10年間保存することとされています（戸規50条2項）。

イ　届出の方法は，前記(1)の場合とほぼ同じですが，「届出地」については，外国人は本籍地がないので，本籍地に届け出るということはあり得ません。そのため，外国人に関する届出は，届出人の所在地ですることとされています（戸25条2項）。なお，子の出生地でも届出をすることができます（戸51条1項）。

　また，届出に際して出生届書に記載する国籍，氏名及び生年月日については，次の点に留意する必要があります。

① 　国籍　届書の(6)本籍欄には，本籍の表示に代えてその国籍を記載することになります。この場合，国名は正式名称で記載するのが原則ですが，これを一般名称で記載しても差し支えないとされています（昭和49・2・9民二988号回答，平成2・12・3民二5452号通知）。

　　※国名の正式名称及び一般名称については，外務省作成の「国名表」（「戸籍実務六法」）参照。

② 　氏名　外国人の出生届書に記載する子の氏名は，氏・名の順序により片仮名で表記し，その下にローマ字を付記することとされていますが，その付記がない場合でも便宜その届出を受理して差し支えないとされています（昭和56・9・14民二5537号通達二の前段，平成24・6・25民一1550号通達）。また，出生した子が朝鮮人等，本国において氏名を漢字で表記する外国人の場合には，出生の届書に記載する文字は，その氏名を正しい日本文字としての漢字を用いるときに限り，片仮名

で表記する必要はありません（前掲5357号通達二の後段）。

③　生年月日　戸籍の届書に外国人の生年月日を記載する場合には，西暦で記載します。これは，当事者の一方を外国人とする婚姻，養子縁組等の届出があり，日本人当事者の戸籍の身分事項欄に外国人当事者を特定するために記載する生年月日は，西暦で記載するものとされている（法定記載例74ないし77参照）こと等から，外国人については西暦で記載するのが妥当と考えられているからです。

12 嫡出でない子の親子関係の成立について，いわゆる事実主義とは！

相談事例

　私は，仕事の関係で知り合った在日のフィリピン人男性と２年ほど前から交際をしていますが，この度，私は同男性との間に婚姻外の子を出産しました。生まれた子は，出生届により私の戸籍に入籍していますが，父の名は空欄になっています。
　フィリピンでは，婚姻外に生まれた子についての親子関係については，日本のような認知の制度ではなく，「事実主義」が採られているとのことですが，それはどのような制度なのですか。

説　明

　嫡出でない子と父又は母との親子関係の成立について，血縁上の親子関係がある場合には，事実として親子関係（血縁関係）の存在が確認されれば，法律上の親子関係を認めようとするものであり，事実主義又は血縁主義といわれる法制です。日本の法制のように，認知という特別の確認行為ないし手続を経ることによって法律上の親子関係が発生する認知主義と対比される法制です。

1　婚姻外に出生した子の法律上の親子関係

　婚姻関係にない父母間に出生した子の法律上の親子関係については，各国の立法により，認知による親子関係の成立だけでなく，出生の事実に基づいて成立する婚姻外に出生した子の親子関係，いわゆる事実主義も含まれます。この事実主義とは，事実としての親子関係（血縁関係）の存在が確認されれば，認知を要することなく，法律上も親子

関係を認めようとするものです。しがたって，子を認知する旨の親の意思表示は，認知主義の下では重要な要件事実となりますが，事実主義の下では法律要件ではなく，親の確定に当たっての一資料にすぎないということになります。

　我が国の民法上は，婚姻外に出生した子の父子関係の成立については，認知主義によっておりますが（民779条・787条），母子関係については分娩という事実があれば法律上の親子関係を認めるものと解されていることから（最判昭和37・4・27民集16巻7号1247頁，大正7・5・30民1159号回答，大正11・5・16民事1688号回答三），母子関係の成立は事実主義によっているということができます。

2　渉外的な親子関係の成立

　相談事例のように，外国人父と日本人母間に出生した婚姻外の子の親子関係の成立については，どこの国の法律を適用すべきかが問題となります。この点に関して通則法は，父との関係では，子の出生当時の父の本国法，母との関係では子の出生当時の母の本国法によることとしており（通則法29条1項），この規定は，認知主義による父子関係の成立のほか，事実主義による父子関係の成立についても適用するものとしています（平成元・10・2民二3900号通達（以下「基本通達」という。）の第3）。

　事実主義の法制においては，生理上の父子関係の存在という事実だけで法律上の親子関係が成立することになりますが，多くの国では，父と子の間に父子関係があると認めるに足りる客観的な一定の事実が必要とされることが多いようです（『新版　実務戸籍法』295頁参照）。

3　相談事例の場合

　相談の事例は，フィリピン人父と日本人母との間の婚姻外の子の場合であり，母子関係については，母の本国法である日本の法律が準拠法となりますから，前述のとおり分娩の事実によってその法律上の親

子関係が認められます。他方，父子関係については，父の本国法であるフィリピン家族法（1988年政令第209号・同第227号）によると，父母の婚姻外に出生した嫡出でない子の親子関係は，同法第172条の嫡出子と同様の方法と証拠により親子関係を生ずるものとされています（同法175条）。すなわち，同法第172条は，第1項において「嫡出子の父子関係は以下のことにより生ずる。⑴登録所で出生登録をすること，または確定判決。⑵公文書または父母が署名した私文書で嫡出親子関係を自認すること。」とし，第2項で「前項に掲げる証拠がない場合は，嫡出親子関係は以下により証明する。⑴公然と継続的に嫡出子の地位を有し続けていること。⑵裁判所法その他の特別法に認められた，その他のあらゆる手段。」と定められ，事実主義の法制が採られています（なお，1988年の法改正により，従来のフィリピン民法典（1941年法律第386号）中，認知手続に関する第276条〜第289条は，全面削除されています。）。

　我が国の戸籍実務の取扱いでは，事実主義による父子関係の成立を認めて出生子の戸籍に父の氏名を記載するには，出生届の父欄に氏名の記載があり，「その他」欄に父の本国法が事実主義を採用している旨の記載があり，かつ，父の国籍証明書，父の本国法上事実主義が採用されている旨の証明書及びその者が事件本人の父であることを認めていることの証明書（父の申述書，父の署名ある出生証明書等）を提出することが必要とされています（基本通達第3の2⑵ア）。

　なお，相談事例のように，日本人母からの出生届に基づいて既に子が母の戸籍に入籍している場合は，母から上記の証明書を添付して父の氏名を記載する旨の出生届の追完届をすることにより，同様に父の氏名が記載される取扱いが認められています（基本通達第3の2⑵イ）。この場合の戸籍の記載（子の身分事項欄）は，次の例（参考記載例14）によってなされます。

第4 出生

◎ 戸籍記載例
「平成弐拾七年六月五日父(国籍フィリピン共和国西暦千九百八拾弐年六月弐日生)の氏名追完母届出㊞」
◎ コンピュータシステムによる証明書記載例

出　　生	【出生日】平成２７年５月１０日 【出生地】東京都千代田区 【父の国籍】フィリピン共和国 【父の生年月日】西暦１９８２年６月２日 【届出日】平成２７年５月１６日 【届出人】母
追　　完	【追完日】平成２７年６月５日 【追完の内容】父の国籍，生年月日 【届出人】母 【記録の内容】 　　【父の国籍】フィリピン共和国 　　【父の生年月日】西暦１９８２年６月２日
追　　完	【追完日】平成２７年６月５日 【追完の内容】父の氏名 【届出人】母 【記録の内容】 　　【父】アーティアート，サムエル

13 父母の婚姻後200日以内に出生した子を嫡出子として出生の届出をすることの可否！

相談事例

　私は、勤務する会社の同僚（女性社員）のＡ女と３年前から交際を始め、今年の５月に婚姻の届出をしたところです。その間、２年前の４月に私はタイ国に新設されたバンコク支店に２年間の予定で転勤を命じられ、２年を経過した今年の４月に日本の本社勤務に復帰したところです。タイ国勤務の間、私と交際中のＡ女は、年末・年始と夏季の休暇を利用して日本とタイを交互に訪れて数日間ずつ一緒に過ごしてきました。そして、今年の４月に私が帰国して間もなく、Ａ女が懐胎しており、７月初旬に出産の予定であることを知らされました。そこで、生まれてくる子のことを考えて、急きょ私とＡ女との婚姻届を済ませることとしたのです。

　ところで、出産予定が７月とすると、子は婚姻してから200日以内に出生することになり、民法上、嫡出子の推定は受けないことになるようですが、嫡出子としての出生届は受理されない、ということでしょうか。

説　明

　夫婦の婚姻後200日以内に出生した子は、民法第772条の嫡出の推定を受けない子ですが、夫から嫡出子として出生届があった場合はもとより、仮に夫が嫡出子出生届を拒んでいるとき、又は婚姻届出後19日にして夫が死亡し、その後26日で出生した子の場合でも、母から嫡出子として出生届があった場合は、いずれもこれを受理すべきものとされています。

第4 出 生

1 出生子の身分関係について
(1) 嫡出子

　嫡出子は、正当な婚姻関係において出生した子であり、そうでない子は嫡出でない子ですが、婚姻関係により生まれた者か否かの認定は必ずしも容易ではありませんから、民法はその認定について規定しています。すなわち、妻が婚姻中に懐胎した子を夫の子と推定し（民772条1項）、さらに懐胎時期の立証が困難な場合に備えて、婚姻成立の日から200日後又は婚姻の解消・取消しの日から300日以内に生まれた子は、婚姻中に懐胎したものと推定すると定めています。これは、医学上の統計を基礎として、懐胎期間の最低は200日、最長は300日（通常は280日）としたものといわれています。

　この嫡出の推定は、一応の法律上の推定ですから、その推定が事実に反するときは、反対の事実を主張してこれを否定し得ることはいうまでもありません。しかし、これを覆すには、夫が（民774条）、子の出生を知ったときから1年以内に（民777条）、嫡出否認の訴えを提起して（民775条）、これをしなければならないとされています。

(2) 婚姻成立後200日以内の出生子

　ア　婚姻成立後200日以内に出生した子は、民法第772条の嫡出の推定を受けない子ですが、このような出生子であっても、その性質上当然に嫡出子としての身分を取得するとの昭和15年1月13日大審院民事連合部判決以来、戸籍事務の取扱いにおいても、婚姻後の出生子は一様に嫡出子として取り扱うべきものとされています（昭和15・4・8民事甲432号通牒）。

　　　したがって、上記出生子について、夫から嫡出子として出生届があった場合はもとより、仮に夫が嫡出子出生届を拒んでいるとき、又は婚姻の届出をして19日後に夫が死亡し、その後26日で出生した子の場合でも、母から嫡出子として出生届があっ

た場合は，いずれもこれを受理すべきものとされています（昭和26・6・27民事甲1332号回答，昭和27・1・29民事甲82号回答，昭和30・7・15民事甲1487号回答）。

　しかし，先例は，上記の出生子について，仮に妻から嫡出でない子として出生届があった場合でも，その受理を拒否すべきでないとしています（昭和26・6・27民事甲1332号回答）。これは要するに，婚姻成立後200日以内の出生子については，それが夫によって懐胎された場合であれば「嫡出子」であり，夫以外の男子によって懐胎された場合であれば「嫡出でない子」であると解されるからにほかならないと考えられます。

イ　婚姻成立後200日以内の出生子について注意を要することは，父の認知との関係についてです。

　すなわち，前記出生子の身分関係については，その父が母の夫であるか，又は夫以外の男子であるかによって，嫡出子又は嫡出でない子のいずれかに決定されるわけです。したがって，仮に，その出生子の父が母の夫以外の男子である場合であれば，母から嫡出でない子として届け出られ，戸籍にも嫡出でない子と記載されます。その後，その父（すなわち夫以外の男子）から認知の届出があれば，当然にこれを受理しなければなりません。しかし，これとは逆の場合，すなわち，子の父が母の夫である場合であれば，たとえ母から嫡出でない子として出生届がなされ，戸籍にもその旨の記載がされたとしても，その子は元々生来の嫡出子としての身分を取得するものですから，夫がその子を認知するということは考えられないわけです。したがって，もしも右母の夫である父から認知の届出があった場合には，市区町村長は，これを認知届として受理することなく，子の戸籍を生来の嫡出子の記載に訂正する旨の申出書として取

り扱うとともに，本籍地市区町村長は，管轄局の長の許可を得て職権で下記振合いの記載により，その子の父欄に父の氏名を記載し，父母との続柄欄を訂正すべきものとされています〔注〕。

◎ 戸籍記載例

「父の申出により平成　年　月　日許可　月　日父欄記載父母との続柄訂正㊞」

◎ コンピュータシステムによる証明書記載例

記　　録	【記録日】平成○年○月○日 【記録事項】父の氏名 【記録事由】父の申出 【許可日】平成○年○月○日 【関連訂正事項】父母との続柄 【従前の記録】 　　【父母との続柄】長男（長女） 【記録の内容】 　　【父】甲野義太郎

〔注〕父母の婚姻後200日以内の出生子について母から嫡出でない子の出生届があった後，父母婚姻後に父から認知届があった場合は，父からの認知届を母のした嫡出でない子の出生届を嫡出子に訂正する申出と解し，戸籍法第24条第2項の規定により管轄局の長の許可を得て，職権で父の氏名を記載し，父母との続柄を訂正する。また，既に父の認知届により戸籍に記載されているときは，管轄局の長の許可を得て，父子双方の認知事項を消除する〔参考：本件通達による取扱いは，昭和15・1・23大審院判決，昭和15・4・8民事甲432号通牒の趣旨に由来するものである〕（昭和34・8・28民事甲1827号通達）。

第5章 認　知

第 5 認 知

14 父母の婚姻後200日以内に出生した子につき，妻（母）が嫡出でない子として出生の届出をし戸籍にその旨記載された後，夫が認知の届出をしたときは！

[相談事例]

　私は1年ほど前から同棲関係にあった男性との間に子を懐胎したのを機に婚姻届をしました。それから3か月後に女の子を出産しましたので，出生の届出をするにつき友人に相談をしたところ，「父母が婚姻の届出をしてから200日後に生まれた子でないと「嫡出子」としての出生届はできないと思うから，まず母親が嫡出でない子として出生届をし，その後で父親が認知の届出をすればよい。」と教えられました。夫と相談の上，友人の教えに従って届出の手続を進め，認知の届出をする段階に至って夫が市役所に出向いたところ，窓口で「前に母親がした嫡出でない子の出生届は，結局誤りだったことになるから，この届出を認知届として受理することはできないので，現在，嫡出でない子として記載されている子の戸籍を生来の嫡出子の記載に訂正する旨の申出書として取り扱うことになる。」との説明を受けて帰ってきました。それはどうしてでしょうか。

　市役所でいわれる戸籍の訂正の処理自体はありがたいことなのですが，戸籍に訂正の痕跡が残ることは，娘の将来を考えると不安が残ります。何か良い対応策はないものでしょうか。

[説　明]

　父母の婚姻成立後200日以内に出生した子は，法律上の嫡出性の推定は受けませんが，母の夫によって懐胎した子であれば，生来の当然の嫡出子となります。したがって，そのような子は父の認知を得るま

63

でもなく，推定を受けない「嫡出子」として出生届をすることができます。もっとも，母の夫ではなく他男によって懐胎した子であるときは，母から嫡出でない子として出生届をすることにより，その子は母の戸籍に入籍の記載がされることになります。

　相談の場合は，嫡出子としての出生届をすべきところ，届出人が届出内容を間違えて嫡出でない子としての出生届をしたことになるので，この届出による戸籍の記載を訂正する必要があります。相談のように母の夫である父から認知の届出があった場合には，市町村長は，これを認知届として受理しないで，子の戸籍を生来の嫡出子の記載に訂正する旨の申出書として取り扱うとともに，本籍地の市区町村長は，管轄法務局の長の許可を得て職権で訂正することになります。

　また，相談者夫婦がこの戸籍に訂正事項の痕跡を残したくない場合には，本籍地の市区町村長に戸籍の再製の申出をすることができ，市区町村長は，管轄法務局の長の許可を得て再製することになりますから，再製後の戸籍は，訂正事項が残らない戸籍になります。

1　嫡出の推定を受ける出生子
　(1)　民法第772条の規定により嫡出の推定を受ける子は，まず，第一に父母が婚姻関係にあることですが（同条1項），それは父母の戸籍の婚姻事項の記載によって確認することができます。第二は母がその夫によって懐胎した子であることを要しますが，それは容易に判断できることではありませんから，同条第2項は「婚姻の成立の日から200日を経過した後又は婚姻の解消若しくは取消しの日から300日以内に生まれた子は，婚姻中に懐胎したものと推定する。」とされています。この規定に該当する出生子を「推定を受ける嫡出子」といっています。
　(2)　この嫡出の推定は一応の法律上の推定ですから，実際には母の

夫によって懐胎したものではない場合もあり得ることです。その場合は，反対の事実を主張して嫡出性の推定を覆す必要がありますが，それには父と推定された者，すなわち，夫が子の出生を知った時から1年以内に，嫡出否認の訴え（民774条）を提起しなければなりません（民777条）。また，夫が子の出生後，嫡出であることを承認したときは，否認権を失います（民776条）。

(3) ところで，嫡出の推定に関する民法第772条は，夫婦が正常な婚姻関係にある場合における子の懐胎の蓋然性を基に設けられた規定です。したがって，夫の外国滞在，行方不明又は事実上の離婚等長期にわたっての別居生活中に妻が他男との間に出生した子であり，しかも，その事実が確定判決や家事審判書の理由等から確認できる場合は，戸籍実務上，特に前記(1)・(2)の原則に対する例外的な取扱いが認められています（その場合の主要な先例については，木村三男・神崎輝明『改訂　戸籍届書の審査と受理』176頁～178頁を参照してください。）。

2　推定を受けない嫡出子

(1)　父母の婚姻成立の日から200日経過後の出生子は，前記1(1)で述べたとおり法律上嫡出性の推定を受けます。これに対して婚姻成立後200日以内の出生子は法律上の嫡出性の推定は受けませんが，母の夫によって懐胎された子であれば，生来の嫡出子です（大判昭和15・1・23民集19巻54頁）。このような出生子を「推定を受けない嫡出子」といい，父の認知を得るまでもなく嫡出子としての出生届をすることができるとされています（昭和15・5・8民事甲432号通牒）。したがって，この出生子について夫から嫡出子として出生届があった場合はもとより，仮に夫が嫡出子出生届を拒んでいるとき，又は婚姻届出後19日で夫が死亡し，その後26日で出生した子の場合でも，母から嫡出子として出生届があったときは，いずれもこれを受理すべきものとされています（昭和26・6・27民事甲1332号回答，昭和27・1・29民事甲82号

回答，昭和30・7・15民事甲1487号回答）。また，戸籍先例は，この出生子について仮に妻から嫡出でない子として出生届があった場合でもその受理を拒否すべきでないとしています（昭和26・6・27民事甲1332号回答）。これは要するに，父母の婚姻成立後200日以内の出生子であれば，それが夫によって懐胎された場合であるときは「嫡出子」であり，夫以外の男性によって懐胎された場合であるときは「嫡出でない子」というように，その事実関係に基づいていずれの出生届もあり得るということです。

　なお，父母の婚姻後200日以内に出生した場合でも，相談事例のように婚姻前に内縁関係があって，その内縁成立の日から200日後に出生した子は，嫡出の推定を受けるという見解もありますが（我妻栄『親族法（法律学全集23）』216頁，中川善之助『新訂　親族法』359頁・363頁），判例はこれを否定しています（最判昭和41・2・15民集20巻2号202頁）。

　(2)　ところで，相談の事例は，父母の婚姻後200日以内に出生した子について，母から嫡出でない子の出生届をした後，母の夫から認知届があった場合です。この場合における従前の取扱いは，母の夫がその子を認知することができるとされていました（昭和26・6・27民事甲1332号回答）が，その後，この取扱いは昭和34年8月28日民事甲第1827号通達によって変更されました。

　すなわち，父母の婚姻後200日以内の出生子について母から嫡出でない子として出生届がなされ，戸籍にその旨記載された後，母の夫である父から認知届があった場合，市区町村長はこれを父からの認知届として受理することなく，子の戸籍を生来の嫡出子の記載に訂正する旨の申出書として取り扱うこととされました。この度，相談者の夫が子を認知する届出に出向いた市役所の窓口で説明を受けたことは，この取扱いに関する趣旨と解されます。

(3) 前記の昭和34年民事甲第1827号通達による取扱い変更後の戸籍の処理は，本籍地の市区町村長が管轄法務局の長の許可を得て職権で下記の記載により，子の父欄に父の氏名を記載し，父母との続柄欄を嫡出子としての続柄に訂正すべきものとされています〔**注**〕。

◎ 戸籍記載例

「父の申出により平成弐拾六年五月拾四日許可同月拾六日父欄記載父母との続柄訂正」

◎ コンピュータシステムによる証明書記載例

記　　録	【記録日】平成２６年５月１６日 【記録事項】父の氏名 【記録事由】父の申出 【許可日】平成２６年５月１４日 【関連訂正事項】父母との続柄 【従前の記録】 　　【父母との続柄】長女 【記録の内容】 　　【父】甲野義太郎

3　申出による戸籍の再製

(1) 平成13年頃から，当事者の知らない間に偽造の婚姻届書等が提出され，戸籍に不実の記載がされる事件が相次いで発生・発覚しました。これを契機に被害者や関係自治体等から戸籍の原状回復を求める要請が高まったことを背景にして，「申出による戸籍の再製制度」を創設するための「戸籍法の一部を改正する法律（平成14年法律第174号）」及びこれに伴う「戸籍法施行規則の一部を改正する省令（平成14年法務省令第59号）」が共に平成14年12月18日に公布・施行されました。

(2) 新設された「申出による戸籍の再製」に関する戸籍法第11条の

2の規定によると，相談の事例は，相談者がした嫡出でない子の出生届が，同条第1項の錯誤による届出による場合，すなわち「届出人が真実の届出事項を確知していなかったために，真実と異なることを認識しないでされた届出」に該当するものと解されます（平成14・12・18民一3000号通達第2の1⑴イ）。したがって，その戸籍に記載されている相談者又は夫から本籍地の市長に対して，前記2⑵・⑶の訂正事項の記載がない戸籍に再製の申出をすることができるものと解されます（戸11条の2第1項）。再製の申出を受けた市区町村長は，管轄法務局の長の許可を得て再製することになります（同通達第6）。

〔注〕 従前の取扱いにより既に母の夫である父の認知届を受理して，父欄と子の戸籍に認知の記載がされ，子の父欄の記載及び父母との続柄の訂正がなされている場合には，本籍地の市区町村長は，発見の都度管轄法務局の長の許可を得て，父子双方の戸籍の認知事項の記載のみを職権で消除することとされていました（前記昭和34年民事甲1827号通達㈡）。

第5 認知

15 遺言によって認知する場合の要件と方式は！

相談事例

　私には妻子がありますが，数年前に知り合った女性と交際を続けているうちに，同女は，昨年私の子を出産しました。私は，生まれた子の認知届をしなければならないと考えているうちに，体調に不具合が生じ病院で診察を受けたところ，肝臓に悪性の腫瘍が発生しているとの診断があり，現在，入院加療中です。子の認知については，私が生前に認知届をするのは，家族や親戚等にはばかる事情もあるため，遺言で認知したいと思っています。遺言の内容を生前は秘密にしておきたい場合のために「秘密証書遺言」という手続があると聞いていますが，その要件や方法はどのように定められていますか。また，それが戸籍にはどのように記録されますか。

説　明

　認知は，嫡出でない子と父との事実上の親子関係を，法律上の親子関係とする方法ですから，認知する相談者は事実上の父であること，認知される子は他人に認知されていない嫡出でない子であることを要します。また，遺言による認知も任意認知の一つですから，父本人の自由意思によってすることを要しますが，認知される子が，認知の届出の際に未成年であるときは，子本人はもとより，その法定代理人や親族等の同意は要しません。

　遺言者が，生前は遺言の内容を秘密にしておきたい場合にするのが，「秘密証書遺言」ですから，その方法は，まず遺言者が①遺言書を書いて署名・押印し，②その証書を封印します。次いで遺言者は，③遺言書の入っている封書を，公証人一人及び証人二人以上の面前に提出

し，それが自分の遺言書である旨，並びにその証書を書いた者の住所氏名を述べます。④公証人は，その証書を提出した日付及び遺言者が申述したことを封紙に記載した後，遺言者及び証人と共にこれに署名・押印します。遺言の効力発生及び遺言認知の執行等については，後述4・5のとおりです。

1 遺言認知

　婚姻関係にない男女間に出生した子は，母の嫡出でない子といいます。母と嫡出でない子との親子関係は，原則として，母の認知をまたず，分娩の事実によって当然に発生します（最判昭和37・4・27民集16巻7号1247頁）が，父との関係については，血縁上の父は存在しても法律上の父は存在しません。自分の子であることを承認することによって子と父との間に法律上の親子関係を成立させる行為が認知であり，これを身分法上の法律行為として成立させるのが認知制度です。我が国は，この認知制度を採用しており，嫡出でない子との父子関係は，父の認知によって成立するとしています（民779条）。認知には，父が自らの意思で進んでする「任意認知」と，父が任意に認知しない場合に，子の側から認知の訴えによってする「強制認知（裁判認知）」があります。遺言認知は，父が遺言の方式に従って遺言をし，その効力発生（遺言者の死亡）後，遺言執行者が遺言書の謄本を添付して，戸籍の届出（報告的届出）によってする任意認知の一つです（民781条2項，戸64条）〔注1〕。遺言の方式に従ってされた認知は，遺言者の死亡の時に効力が生じますから（民985条1項），この届出は報告的届出ということになります。

2 秘密証書遺言による認知

　秘密証書遺言は，遺言の効力が発生するまでは，その内容を秘密にしつつ遺言書自体の存在を明確にしておこうとする普通方式の遺言で

あり，一般的に自筆証書遺言と公正証書遺言とを折衷した遺言の方式といわれています（中川淳『相続法逐条解説（下巻）』92頁）。

　この秘密証書遺言は，自分の氏名を書くこと（署名）ができれば，他の文字を書くことができなくても作成できる遺言書ですが（後述(2)参照），紛失・毀損等のおそれがないわけではありません。遺言の内容については，公証がなされていないため，方式の不備や内容の不明確が生じて争いが起きることもあり，これを防ぐために，公正証書遺言を除くほかの遺言書と同じように，家庭裁判所での検認手続が必要とされています（後述4(2)参照）。民法第970条第1項に定められている秘密証書遺言の方式は，以下のとおりです。

(1)　遺言者の署名・押印

　遺言者が，遺言書に署名し押印をすることが要件とされています（民970条1項1号）。署名については，自署することを要しますから，他人に代署させることはできないし，公正証書遺言の場合と異なり，公証人の代署も許されていません（長崎控判大正8・11・27法律新聞1638号15頁）。したがって，自署できない者が秘密証書遺言をすることは，できないことになります。このように自署が要求されるのは，遺言者が誰であるかを明らかにするとともに，筆跡の特徴は容易に他人の模倣を許さないことから，遺言の内容が本人の真意に基づくものであることを明確にできるからです。

　押印する印は，実印はもとより，認印（いわゆる三文判），指印でも差し支えなく，また，押印は遺言者が自らこれをする必要もないし，本人が他人に押印させても差し支えないとされています（自筆証書遺言に関する大判昭和6・7・10民集10巻736頁参照）。

(2)　遺言証書の自書

　民法第970条第1項第1号は，遺言者の署名・押印のほかは，遺言証書の作成手続について何ら規定していないことから，遺言の全文は，

自筆証書遺言（民968条）のように，必ずしも自書する必要はないので，他人に筆記させることも妨げないし，筆記者の署名・押印も不要と解されています。ただし，遺言者は公証人及び証人の前に遺言書を提出した際に，遺言全文の筆者の氏名・住所を申述しなければならない，とされています（民970条1項3号，後述(4)）。

(3) 証書の封入・封印

遺言者は，遺言書を封じて，証書に用いた印章をもって封印することが要件とされています（民970条1項2号）。これは，遺言証書が遺言者の遺言であることを担保するとともに，自筆証書遺言のように全文自書でない遺言書を，公証力のある手続により自ら封じることによって，真正に成立した遺言書であることを明確にするためです。

遺言書を「封じる」方法としては，特に規定はなく，市販の封筒を用いて封入するのが通常のようですが，紙を折り曲げて包み込む方法でも差し支えないと解されています（『注釈民法(26)』88頁）。封入は，遺言者が自らするのが原則ですが，遺言者の面前で第三者に命じて封じさせることは妨げないと解されています（中川善之助ほか編『註釈親族法・下』31頁）。

封印についても同様ですが，封印に用いられる印は，必ず証書に用いた印と同一の印章でなければならないとされ（同条1項2号），異なる印章を用いた場合は，秘密証書遺言の効力はないと解されています。

(4) 封書の提出・申述並びに公証人の記載と公証人等の署名・押印

遺言者は，公証人一人及び証人〔注2〕二人以上の前に封書を提出して，自分の遺言である旨並びにその筆者の氏名と住所を申述しなければなりません（同条3号）。この封書の提出と申述に立ち会った公証人・証人は，遺言者に人違いがないこと等を確認した後，公証人が証書を提出した日付及び遺言者の申述を封紙に記載して，遺言者及び証人とともにこれに署名・押印することが要件とされています（同条

4号）。

　遺言者の署名は，本人自らこれをしなければならず，公正証書遺言の場合（民969条4号）のように，公証人がその事由を付記して署名に代えることはできませんから，封紙に遺言者の署名のない遺言書は無効とされています（長崎控判大正8・11・27法律新聞1638号15頁）。

3　秘密証書遺言の効力

(1)　公証力

　秘密証書遺言は，公証人が封紙の記載・押印をすることが要件とされており（民970条1項4号），封紙の記載によって証書は公正証書となると解されています。しかし，封書内の遺言書自体は，公証力をもつものではありませんから，その内容について利害関係人が争うことは妨げられません。ただ，遺言書は，遺言者自身から出たものであることは公証人の記載によって証明されますから，利害関係人がこれを否認するには，反対の立証をする必要があると解されています（中川淳『相続法逐条解説（下巻）』99頁）。

(2)　方式違反がある場合

　秘密証書遺言は，その方式（要件）が備わっている以上，仮に遺言の内容が外部に漏れることがあっても，遺言書として真正に成立したこととなります。しかし，その要件を欠く場合は無効となりますが，秘密証書遺言の遺言者が，自筆証書遺言として要件を備えている場合には，自筆証書遺言〔注3〕としての効力が認められます（民971条）。いわゆる無効行為の転換の問題です。この規定は，遺言者の最終的意思をできる限り尊重し，実現しようという趣旨に基づくものです。

4　遺言の効力発生時期とその執行

(1)　効力発生時期

　遺言は，遺言者が生前に法定の方式に従って遺言書を作成した時に成立し，遺言者が死亡した時から「その効力が生ずる」と定められて

います（民985条1項）。もっとも，遺言者は，遺言に関して自由意思が保障されており，遺言が効力を生ずるまでは，いつでもこれを撤回することができるし，しかも遺言の撤回の自由を放棄することはできないとされています（民1022条）。

(2) 遺言書の検認・開封

遺言書がある場合には，遺言者の最終の意思を確実に保持するとともに，利害関係人に影響を与えることになることから，公正証書遺言〔注4〕を除くほかの遺言を家庭裁判所に提出すべきことを定め，その内容を記録し，以後の遺言書の滅失・毀損がないようにするとともに，偽造・変造を防ぎます（民1004条）。

遺言書の保管者は，相続開始の事実を知った後，遅滞なく遺言書を家庭裁判所に提出し，検認を請求しなければなりません（同条1項）。その時期は，「遅滞なく」と規定され，検認を請求する家庭裁判所は，相続開始地の家庭裁判所です（家事209条，民883条）。

遺言書の提出・検認義務者は，一次的には遺言書の保管者ですが，保管者がいない場合には，相続人です。保管者は，遺言者から委託された者だけではなく，事実上の保管者も含まれます。提出義務者が遺言書の提出を怠り，検認を経ないで遺言を執行した場合には，過料の制裁があります（民1005条）。また，相続人が遺言書を隠匿したときは，相続能力及び受遺能力を失います（民965条・891条）。遺言書の保管者，又は遺言書を発見した相続人が，遺言書の提出・検認を怠っている場合に，遺言の利害関係人（少なくとも相続人）から提出・検認を請求し得るかについては，否定する理由はないと解されています（『注釈民法(26)』233頁）。

封印のある遺言書は，勝手に開封することは許されず，必ず家庭裁判所において，相続人又はその代理人の立会いの下に，開封しなければならないとされています（民1004条3項）。封印のある遺言書とは，

封に押印のある遺言書のことであり，単に封入されている遺言書は含まれません。相続の場合の秘密証書遺言は，封印することが要件とされていますから（民970条），常に封印のある遺言に該当します。

(3) 遺言の執行

遺言は，遺言者が死亡した時に効力が発生し（民985条1項），その遺言の内容を実行するための手続をするのが遺言執行者です。遺言認知の場合は，効力の発生した認知の報告的届出をするのが遺言執行者であり，就職の日から10日以内に，認知に関する遺言の謄本を添付して届出をすることになります（戸64条）。

遺言執行者には，①遺言者が遺言で指定した者又はその指定を第三者に委託し，委託された者が指定した者（民1006条1項・2項）と，②利害関係人の申立てによって家庭裁判所が選任した者（民1010条）の二つがあります。遺言執行者に指定された者は，指定によって当然に遺言執行者になるのではなく，その者の承諾によって就職することになります。もちろん承諾しないこともできますが，承諾した場合は，承諾の日が就職の日です（民1007条）。また，指定された者が承諾の諾否を明確にしない場合は，相続人その他の利害関係人は，指定された遺言執行者に対し相当の期間を定め，その期間内に就職を承諾するかどうかを催告し，回答しないときは，就職を承諾したものとみなされます（民1008条）。

利害関係人の請求によって，裁判所が選任した遺言執行者は，当然に就職する義務を負うものではありませんが，選任する家庭裁判所では，遺言執行者となるべき者の意見を聴いた上で選任しますから（家事210条2項），特別の事情がない限り就職を承諾しないということはありません。選任は審判によってなされ（家事39条・別表第一の104項），告知することによって審判の効力は発生します（家事74条）が，就職の日は承諾の日です。

遺言執行者がいつ就職したかについては，認知届書の「認知の種別」欄に就職の年月日を記載することになっていますので，それによって判断します。

5　戸籍の届出

遺言による認知（民781条2項）は任意認知ですが，遺言が効力を生じた時，つまり遺言者の死亡の時に効力を生じますから（前述4⑴），届出義務者である遺言執行者（民1006条・1010条）は，就職した日（民1007条・1008条，前述4⑶参照）から10日以内に，届出人の所在地のほか，認知者である遺言者及び被認知者である子のいずれの本籍地においても届け出ることができます（戸25条・64条）。

届書の記載事項は，一般的記載事項のほか，遺言者死亡の日をも明らかにすべきです（青木義人・大森政輔『全訂　戸籍法』308頁）。

添付書類としては，認知に関する遺言の謄本を添付するほか，認知者が死亡したときに認知される子が成年に達していたときは，子の承諾を証する書面の添付又は子の承諾の旨の付記を要します（中川淳『改訂　親族法逐条解説』217頁）。

なお，遺言による認知届の戸籍記載例は，次のとおりです。

◎　戸籍記載例
父の身分事項欄
　「平成六年参月弐拾日京都市上京区小山初音町十八番地乙野梅子同籍光造を認知同月参拾日遺言執行者丙原仁助届出㊞」
子の身分事項欄
　「平成六年参月弐拾日東京都千代田区平河町一丁目四番地亡甲野義太郎認知同月参拾日遺言執行者丙原仁助届出同年四月壱日同区長から送付㊞」

第5 認知

◎ コンピュータシステムによる証明書記載例
父の身分事項欄

認　　知	【認知日】平成6年3月20日 【認知した子の氏名】乙野光造 【認知した子の戸籍】京都市上京区小山初音町18番地　乙野梅子 【届出日】平成6年3月30日 【届出人】遺言執行者　丙原仁助

子の身分事項欄

認　　知	【認知日】平成6年3月20日 【認知者氏名】亡　甲野義太郎 【認知者の戸籍】東京都千代田区平河町一丁目4番地　甲野義太郎 【届出日】平成6年3月30日 【届出人】遺言執行者　丙原仁助 【送付を受けた日】平成6年4月1日 【受理者】東京都千代田区長

〔注1〕　遺言の方式には，普通方式として，①自筆証書遺言（民968条），②公正証書遺言（民969条），③秘密証書遺言（民970条）の3種類があります。このほかに，特別の方式による遺言として，遺言者が死亡の危急に迫った場合の危急時遺言（民976条）等4種類の方式があります（伝染病隔離者遺言：民977条，船舶在中者遺言：民978条，難船危急時遺言：民979条）。

〔注2〕　民法第974条において，遺言の証人となることができない者として，①未成年者，②推定相続人及び受遺者並びにこれらの配偶者及び直系血族，③公証人の配偶者，四親等内の親族，書記及び使用人が挙げられています。

〔注3〕 自筆証書遺言は，遺言者が遺言の全文，日付及び氏名を自書し，これに印を押す方法です（民968条1項）。遺言の全てを自書することが，この方式の要点であり，日付，氏名，押印のいずれか一つを欠いても無効であり，遺言に加除その他の変更を加えて訂正する場合について，極めて厳格な形式が要求されています（同条2項）。

〔注4〕 公正証書遺言については，遺言書の提出・検認の手続が免除されています（民1004条2項）。これは，公正証書遺言が公証人役場において保管され，また，偽造・変造のおそれがないとされるからです。

第5 認知

> 16 日本人と婚姻中の韓国人女性の胎児を，他の日本人男性からする認知の届出は！

相談事例

　私は，2年前に知り合った在日の韓国人女性と同棲生活を続けていますが，同女は現在私の子を懐胎中であり，3か月後には出産の予定です。しかし，同女は私と知り合う3年ほど前に当時婚姻中だった日本人夫との間に不和が生じ，以来，事実上の離婚状態で現在に至っていることを打ち明けられました。そうすると，3か月後に生まれてくる子は，母親と3年来離別している日本人夫との子として，その戸籍に入籍するということになってしまうので，子が生まれる前に私が胎児認知の届出をすることによって，生来の私の子として誕生を迎えることはできないでしょうか。

説　明

　日本人男性と婚姻中の韓国人女性の胎児は，その出生により母の夫の本国法である日本法上，母の夫の嫡出推定を受けることになるので，他の男がその胎児を認知する届出は不適法であり，受理されません。ただし，相談事例のような渉外的な胎児認知の届出があった場合には，その届出が適法かどうかを問わず，市区町村の窓口ではいったんその届書及び添付書類は受領され，届書にその受付年月日が記載された上で不受理処分がされる等，平成11年11月11日民二・民五2420号通知による後記3の取扱いがされることになります。

1 日本人男性と婚姻中の韓国人女性の胎児を他の日本人男性が認知する届出

(1) 胎児認知の可否

相談の場合における胎児認知は，日本人男性による認知であり，認知者の本国法である日本民法によると，他男の嫡出子として推定を受ける子については，認知することは認められません（民779条）。そのため，認知される胎児が出生後に他男の嫡出推定を受ける子となるか否かを明らかにすることが必要です。

相談の場合の胎児の母は韓国人ですが，その夫は日本人ですから，まず，母の夫の本国法である日本民法の規定によりその嫡出性を判断するのが相当です（通則法29条）。日本民法の第772条によると，相談事例における胎児が出生したときは，その子は母の夫の嫡出推定を受けることになると解されます。したがって，韓国人女性の本国法を調査するまでもなく，同女の胎児を，他の日本人男性が認知する届出は不適法であり，受理されません。

(2) 胎児認知された子の国籍

日本人男性が外国人女性の胎児を認知した場合には，その後に出生した子は，生来的に日本国籍を取得するという効果が生じます（国2条1号）。

相談における胎児は，韓国人母の夫である日本人男性の本国法によれば，出生により夫婦の嫡出子としての身分を取得するとともに（民772条，韓民844条），父が日本人であることから日本国籍を取得することになります（国2条1号）。しかし，仮に出生後に日本人夫との嫡出性が裁判によって否定されたときは，その子は日本の国籍を取得しないことになります。このような点に配慮して，相談事例のような場合に，他の日本人男性から外国人母の胎児について認知の届出があった場合には，後記2の取扱いをすることとされています。

2 渉外的胎児認知届の取扱い

(1) 最高裁判所の判例とその判決を踏まえた通達

　日本人男性と婚姻中の外国人母から出生した子について，母の夫以外の日本人男性が認知の届出をした事案について，平成9年10月17日最高裁判所第二小法廷は「戸籍の記載上嫡出の推定がされなければ，日本人である父により胎児認知がされたであろうと認めるべき特段の事情があるときは，国籍法第2条第1号により子は生来的に日本国籍を取得する。」とする判決（民集51巻9号3925頁参照）を下しました。

　この判決の趣旨を踏まえて，この種の事案における国籍事務の取扱いの基準を示す次のような趣旨の法務省民事局長通達（平成10・1・30民五180号）が発出されました〔注〕。

　　ア　外国人母の夫（外国人男を含む。）の嫡出推定を受ける子について，その出生後遅滞なく（3か月以内）その推定を排除する裁判（母の夫との間の「親子関係不存在確認」又は「嫡出否認」の裁判）が提起されること

　　イ　その裁判確定後速やかに（14日以内）母の夫以外の日本人男性から認知の届出があったこと

　　ウ　上記ア，イの要件を満たす場合には，戸籍の記載上の母の夫の嫡出推定がされなければ胎児認知がされたであろうと認めるべき特段の事情があるものと認定し，この認定の妨げとなる事情がうかがわれない限り，子は出生により日本国籍を取得したものとして処理すること

とされました。これにより，上記の対象となり得る認知の届出等を受けた市区町村長は，その処理につき管轄法務局の長の指示を求めることとされています。

(2) 通達の再確認

　前記(1)の通達の趣旨及び渉外的胎児認知届の取扱い等について再確

認するための通知・平成11年11月11日民二・民五第2420号が発出されています。その内容は，次のとおりです。
  ア 相談があった場合
      日本人男性から，外国人女性の胎児を自分の子として認知したい旨の相談があった場合には，外国人女性が婚姻中であるか否かにかかわらず，胎児認知の届出の手続があることを説明する。
  イ 胎児認知の届出があった場合の手続
    ① 届書等の受付
        胎児認知の届出があった場合には，その届出が適法かどうかを問わず，いったん届書及び添付書類を受領（受付）し，その受付年月日を届書に記載する。この受付をした後に民法及び戸籍法等の関連する法規に照らして，届出の審査をする。
    ② 届出の不受理処分及び撤回
        届出を適法なものと認めたときは，これを受理し，その旨を受附帳に記載する。
        また，届出を不適法なものと認め，不受理としたときは，戸籍発収簿に発収年月日，事件の内容及び不受理の理由（被認知胎児が婚姻中の外国人母の夫の嫡出推定を受けるため）を記載した上で，届出人に届書等を返戻する。その際に，届出人に対し，子の出生後に外国人母の夫の嫡出推定を排除する裁判等が確定した旨の書面を添付して，返戻された届書によって届出をすれば，不受理処分を撤回し，当初の届書等の受付の日に届出の効力が生ずる旨を説明する。

3 相談における胎児認知届の処理
  相談の場合には，前記2の(2)の趣旨等により，次のような手続を行

うことが必要と考えます。

　①韓国人女性（母）の胎児について相談者からひとまず胎児認知の届出をして，届出地の市区町村長から不受理の処分を受けておくこと，②その後に胎児が出生したときは，速やかに母の夫と当該子との間の嫡出推定を排除する裁判（相談の場合は，親子関係不存在確認の裁判）を得ること，③その上で，当該裁判の確定を証する書面を添付して，相談者から改めて胎児認知の届出をすること（この場合，届出は，先に返戻された胎児認知届書によって行う。届出の効力は，当初の届出の受付の日から生ずる。），次いで，④当該出生子（出生子は，相談者からされた胎児認知届の効力により生来的に日本国籍を取得する（国2条1号）こととなる。）について母から嫡出でない子として出生の届出をします（届出に際しては，子につき氏及び本籍を定め，これを出生届書の「その他」欄に記載して届け出る。）。この届出に基づいて当該子につき日本人として新戸籍が編製されることになります（戸22条）。なお，当該子が相談者の戸籍に入籍するには，家庭裁判所の氏変更許可を得て入籍の届出をすることが必要です（民791条，戸98条）。

　〔注〕　参考・外国人母の嫡出でない子が，出生後に日本人男性から認知された場合の日本国籍の取扱いについて，平成15年6月12日最高裁判所第一小法廷の判決（家月56巻1号107頁）がありました。この判決で示された新たな判断を踏まえて，同年7月18日付け民一2030号法務省民事局長通達が発出され，平成10年1月30日民五第180号通達の記2に，次の(3)が追加されています。

　　(3)　母の離婚後に子が出生し，胎児認知の届出が受理され得るにもかかわらず，同届出がされなかった場合には，同届出がされなかった事情についての関係資料を添付して，その処理につき当職に指示を求める。

17　日本人男性・甲と婚姻中の外国人女性・Ａが，3年前に夫と別居した後，知り合った他の日本人男性・乙と同居して2年後に出生した子につき，外国人母からされた出生届と乙男からの認知届の受否について！

相談事例

　私（乙）は，勤務している会社に2年ほど前に就職してきた外国人Ａ女と交際するようになり，間もなく同居生活をするようになりました。そして，今年の6月3日にＡ女が私の子を出産しました。Ａ女は日本人夫・甲との離婚の話合いがつかず，未だに形式上は婚姻中であるということでしたので，私としては子が生まれる前に胎児認知をしたかったのですが，それができないまま出産を迎える結果になったものです。生まれた子については，何とか日本国籍を取得させ，いずれは私と同じ戸籍に入籍させたいと考えていますので，市役所で定期的に開かれる法律相談で相談をし，その際の説明に従い，子が生まれた翌月の7月下旬（25日）に住所地の家庭裁判所で，子の母の夫・甲男との親子関係不存在確認の調停を申し立てたところ，10月の中旬（12日）にその審判が確定しました。確定した日の一週間後（同月19日），住所地の市役所に右審判書謄本と確定証明書を添付して，母親である外国人Ａ女から子の出生届をし，また，父親である私が認知届を済ませたところです。

　この届出により，子の戸籍はどのように処理されるのでしょうか。

説　明

　相談の事例は，外国人母の夫の嫡出推定を受ける子（以下「事件本人」という。）について，事件本人の出生後遅滞なくその推定を排除

する裁判（親子関係不存在確認の裁判）が提起され，その裁判確定後速やかに母の夫以外の日本人男性（相談者）から認知の届出がされた場合です。この場合，嫡出推定がされなければ実父からの胎児認知がされたであろうと認めるべき特段の事情があるものと認定し，その認定の妨げとなる事情がうかがわれない限り，事件本人は出生により日本国籍を取得したものとして処理されることになると考えられます。

　その対象となり得る認知の届出等を受けた市区町村長は，その処理につき管轄法務局の長の指示を求めるものとされており，管轄法務局等の長は，事件本人が出生してから嫡出推定を排除する裁判が提起されるまでに要した期間及びその裁判が確定してから認知の届出がされるまでに要した期間を確認した上，後記2(2)のとおり取り扱うこととされています（平成10・1・30民五180号通達，なお，「戸籍の処理」については，後記3を参照）。

1　事件本人の日本国籍の取得について

　事件本人は，婚姻中の外国人母から出生した後に，夫以外の日本人父から認知されていますが，この場合に，その出生とともに日本国籍を取得したかどうかが問題となります。日本人父又は母の認知による日本国籍の取得について規定する国籍法第3条は，出生後に日本国民から認知された子は，父母の婚姻の有無を問わず所定の条件を備えるときは，法務大臣に届け出ることによって，その届出の時に日本の国籍を取得できるものとされています（平成20年法律第88号により，従前「父母の婚姻及びその認知により嫡出子たる身分を取得した子」という国籍取得の要件は，「父又は母が認知した子」に改められました。）。なお，同条第2項は，日本国民から認知された者が，法務大臣に国籍取得の届出をした時に日本の国籍を取得するものとされていますから，同法において改正前と同様に，認知の遡及効は認められていないと解され

ます。

　ところで、相談の事例のように、日本人男性と婚姻中の外国人女性から出生した子について、母の夫との間の親子関係不存在確認の審判が確定した後に、母の夫以外の日本人男性が認知の届出をすることにより、生来的な日本国籍の取得が認められるか否かが争われた事案がありました。この事案において、最高裁第二小法廷平成9年10月17日判決（民集51巻9号3925頁）は、「客観的にみて、戸籍の記載上嫡出の推定がされなければ日本人である父により胎児認知がされたであろうと認めるべき特段の事情がある場合には、右胎児認知がされた場合に準じて、国籍法2条1号の適用を認め、子は生来的に日本国籍を取得すると解するのが相当」としています。また、「特段の事情があるというためには、母の夫と子との間の親子関係の不存在を確定するための法的手続が子の出生後遅滞なく執られた上、右不存在が確定されて認知の届出を適法にすることができるようになった後速やかに認知の届出がされることを要すると解すべきである。」と判示し、この判決の事案については、子の出生の3か月と3日後に母の夫と子との間の親子関係の不存在を確認するための手続がとられ、その不存在の判決が確定してから12日後に認知の届出がされていることから、前記の「特段の事情があるというべきであり、このように認めることの妨げになる事情はうかがわれない。」として、国籍法第2条第1号を適用し、生来的な日本国籍の取得を認めています。

　相談事例における親子関係不存在確認の審判においても、前記平成9年の最高裁第二小法廷判決の趣旨に準じて審判がなされているものと解されます。

2　管轄法務局における取扱い

　(1)　上記の平成9年10月17日最高裁第二小法廷判決を踏まえて発出された平成10年1月30日民五第180号民事局長通達（以下「180号通達」

という。）によると，前記1の対象となり得る認知の届出等を受けた市区町村長は，その処理について管轄法務局若しくは地方法務局又はその支局（以下「管轄局」という。）の長の指示を求めることとされています（180号通達記1）。

　指示を求められた管轄局の長は，子が出生してから嫡出推定を排除する裁判が提起されるまでに要した期間及びその裁判が確定してから認知の届出がなされるまでに要した期間を確認した上，「子の出生後3か月以内に嫡出推定を排除する裁判が提起され，その裁判確定後14日以内に認知の届出等がされている場合には，嫡出推定がされなければ胎児認知がされたであろうと認めるべき特段の事情があるものと認定し，この認定の妨げとなる事情がうかがわれない限り，子は出生により日本国籍を取得したものとして処理するよう指示する」（180号通達記2(1)）とされています。

　なお，認定の妨げとなる事情がうかがわれる場合や，母の離婚後に子が出生したにもかかわらず胎児認知の届出がされなかった場合等には，その処理につき法務省民事局長の指示を求めるものとされています（180号通達記2(2)・(3)）。

　(2)　そこで，相談の事例が前記の平成9年の最高裁判決及び平成10年の180号通達の対象内にあるものとして，事件本人が出生により日本国籍を取得したものと認めることができるかどうかです。①事件本人は婚姻中の外国人母から出生した子であること，②嫡出推定を排除する裁判の提起（相談の事例は，親子関係不存在確認の調停申立て）が，事件本人の出生から1か月と22日後にされており，出生後遅滞なく手続がとられていること，③事件本人と母の夫との親子関係不存在確認の審判確定の日（10月12日）から7日後（10月19日）に他の日本人父（相談者）から事件本人の認知の届出がされています。つまり，親子関係不存在確認の裁判が確定して認知の届出を適法にすることができ

るようになった後速やかに認知の届出がされたものということができると考えられますから，事件本人について，前記の特段の事情があるものと認められ，他にこの認定の妨げとなる事情はうかがわれません。したがって，事件本人は，胎児認知がされた場合に準じて，出生により日本国籍を取得したものとして取り扱って差し支えないものと考えられます。

3 戸籍の処理について

　事件本人について，管轄局の長から，出生により，日本国籍を取得したものとして処理するよう指示がされたときは，事件本人について新戸籍が編製され，当該戸籍の身分事項欄に出生事項と認知事項が，また，父である乙男（相談者）の戸籍の身分事項欄に認知事項（「平成弐拾七年拾月拾九日〇〇を認知届出㊞」）が記載されることになります。

　なお，相談事例における事件本人の戸籍の記載については，子の戸籍に通常の出生事項と認知事項を記載した場合，生後認知だけでは子が日本国籍を取得し得ないことから，戸籍の記載を見る限り，処理の誤りではないかとの疑念を抱かれかねません。そこで，事件本人の身分事項欄に，「平成弐拾七年六月参日〇〇で出生同年拾月拾九日母（国籍△△共和国西暦千九百八拾七年壱月五日生）届出（平成弐拾七年拾月拾弐日〇〇との親子関係不存在確認の裁判確定）同年拾壱月八日入籍㊞」の振り合いで出生事項を記載した後に，「平成弐拾七年拾月拾九日〇〇認知届出（胎児認知に準ずる届出）同年拾壱月八日記載㊞」の振り合いで認知事項を記載するのが相当とされています（平成11・2・9民二250号回答，「戸籍」687号67頁参照）。

◎コンピュータシステムによる証明書記載例

出　　生	【出生日】平成２７年６月３日 【出生地】○○ 【母の国籍】△△共和国 【母の出生年月日】西暦１９８７年１月５日 【届出日】平成２７年１０月１９日 【届出人】母 【入籍日】平成２７年１１月８日 【特記事項】平成２７年１０月１２日○○との 　　　　　親子関係不存在確認の裁判確定
認　　知	【認知日】平成２７年１０月１９日 【認知者氏名】○○○ 【認知者の戸籍】○○○○○ 【記録日】平成２７年１１月８日 【特記事項】胎児認知に準ずる届出

18 死亡した子を認知することができるか。その手続と戸籍の記載は！

> 相談事例

　私には婚姻外に生まれた娘（45歳）がありましたが、先月、夫と2人の子（20歳の長男と16歳の長女）を残して急死しました。これまで私は事情があって娘を認知することもできず、また、親として扶助を尽くし得なかったことを悔やんでいます。ついては、その償いとして2人の残された孫に、私がこれまで築いてきた財産を承継させるために、亡き娘を認知したいのですが、それは可能でしょうか。可能とすれば、その手続と戸籍の記載は、どのようになりますか。

> 説　明

　死亡した子を認知できるのは、相談事例のように、その子に直系卑属があるときに限って認められています。なお、死亡した子の直系卑属が成年者であるときは、その者の承諾を得なければなりませんが、未成年者についての承諾は不要です。
　死亡した子を認知する方式も戸籍上の届出又は遺言によってすることになりますが、認知の届書には一般記載事項のほか、認知される子の死亡年月日等（戸60条2号）の記載及び成年の直系卑属が認知を承諾する旨の署名・押印が必要です。

1　死亡した子の認知

　死亡した子の認知ができるのは、その子に直系卑属があるときに限られています（民783条2項）。直系卑属があるときは、死亡した子を通じて認知者と直系卑属との間に法律上の血縁関係が生じ、認知者の

遺産等を相続する利益を，その直系卑属に与えられることから認められています。これに対して，死亡した子に直系卑属がないときは，認知する実益はありませんから，認知は認められません。仮に死亡した子に直系卑属がないにもかかわらず，認知の届出が受理されたとしても，認知の効力は生じません（大正10・3・18民事1051号回答）。また，直系卑属のある死亡した子を認知しても，その後に死亡した子と直系卑属との間に親子関係不存在確認の裁判が確定し，被認知者に直系卑属がいない状態になった場合は，認知は無効となります（昭和30・5・11民事甲908号回答）。

2 直系卑属が成年者である場合

死亡した子を認知する場合に，その直系卑属が成年者であるときは，その者の承諾が必要です（民783条2項後段）。この場合の成年者には，婚姻によって成年に達したものとみなされている者（民753条）も含まれます。また，直系卑属に数人の成年者があるときは，その認知を承諾した者についてのみ認知の効力が生じ，承諾をしない者には認知の効力は生じません。承諾をしなかった者が後日になって承諾したときは，追完の届出によって行うことができますが，その場合は，追完届がされたときに認知の効力が生じるものとされています（昭和7・6・4民事甲250号回答）。

成年の直系卑属の承諾を要するとされている理由は，民法第782条の成年の子の認知に関する規定と同じ趣旨であり，親からの扶助を必要とする未成年であった当時には認知しないで，子がようやく成人して独り立ちして生活能力が備わるようになってから，認知者が一方的に認知して，親としての権利を主張するということになれば，子の親に対する扶養義務の発生など子の不利益が生じることから，認知の成否を子の側の意思に委ねたものと解されます（『新版　注釈民法(23)』349頁）。

3 死亡した子の直系卑属からの認知の訴え

　父が任意に認知しない場合は，裁判による強制認知が認められます（民787条）。子の直系卑属からの訴えができるのは，子が死亡した場合のみと解されています（民783条2項）。認知の訴えの相手方は父です（人訴42条）が，子が死亡後にその直系卑属である孫から認知の訴えをする場合であれば，子の父すなわち祖父が相手方ということになります。もし，その相手方が死亡している場合は，検察官が相手方になります（人訴42条1項）。この訴えを提起する時期は，父の生存中は制限がありませんが，父の死亡後はその死亡の日から3年以内に限られています（民787条ただし書）。その出訴期間については，やむを得ないと認められる事情の下では，父の死亡が客観的に明らかになったときから起算すべきであるとする最高裁判決があります（最判昭和57・3・19民集36巻3号432頁）。

4 認知届書及び戸籍の記載

　(1)　死亡した子に対する認知も，戸籍上の届出又は遺言によってすることができます（民781条）が，相談事例の場合は，相談者からの認知届によってすることになるでしょう。その場合，届書には一般記載事項（戸29条）のほか，「その他」欄に，認知される子の死亡年月日，死亡した子の直系卑属の氏名・生年月日及び本籍を記載します（戸60条，次頁「届書記載例」参照）。相談事例のように死亡した子に成年の直系卑属がある場合の承諾の方式について，戸籍法は届書に承諾を証する書面を添付するか，又は成年の子が承諾の旨を付記して署名・押印した届書を提出すべきものと規定しています（戸38条1項）。相談事例のように直系卑属が2人いる場合，未成年者の承諾は不要ですが，仮に，成年の直系卑属が承諾しないときは，未成年者に対してのみ認知の効力が生じることになります。

第 5 認 知

認 知 届

平成28年7月5日届出

東京都台東区 長殿

| 受理 | 平成28年7月5日 第 457 号 |
| 送付 | 平成28年7月7日 第 654 号 |

発送 平成28年7月5日

東京都台東区 長印

| 書類調査 | 戸籍記載 | 記載調査 | 附票 | 住民票 | 通知 |

	認知される子		父母との続き柄	認知する父	
（よみかた）	おつの	うめこ		こうの	ゆきお
氏名	乙野	梅子	☐男 ☑女 長	甲野	幸雄
生年月日	昭和46年2月15日			昭和22年6月7日	
住所（住民登録をしているところ）		番地 番 号		東京都台東区台東 1丁目6	番地 番 3号
	世帯主の氏名			世帯主の氏名 甲野 幸雄	
本籍（外国人のときは国籍だけを書いてください）	東京都目黒区目黒本町 1丁目26	番地 番		東京都台東区台東 1丁目6	番地 番
	筆頭者の氏名 乙野 太郎			筆頭者の氏名 甲野 幸雄	
認知の種別	☑任意認知 ☐遺言認知（遺言執行者		☐審判 年 月 日確定 ☐判決 年 月 日確定 年 月 日 就職）		
子の母	氏名 丙川 夏子			昭和28年8月9日生	
	本籍 埼玉県上尾市本町3丁目15			番地 番	
	筆頭者の氏名 丙川 夏子				
その他	☐未成年の子を認知する ☐成年の子を認知する ☑死亡した子を認知する ☐胎児を認知する 被認知者 乙野梅子の死亡年月日 平成28年6月10日 被認知者の子の表示及び承諾 戸籍の表示 東京都目黒区目黒本町1丁目26番地 乙野太郎 住 所 同所9番10号 父 乙野太郎 母 梅子 長男 乙野広雄 平成7年10月1日生 長女 乙野美佐 平成12年6月9日生 この認知の届出を承諾する。 乙野広雄 ㊞				
届出人	☑父 ☐その他（ ）				
	住所 東京都台東区台東1丁目6			番地 番 3号	
	本籍 東京都台東区台東1丁目6		番地 番	筆頭者の氏名 甲野 幸雄	
	署名 甲野 幸雄 ㊞			昭和22年6月7日生	

93

(2) 戸籍の記載は，参考記載例24・25のとおりですが，認知された子の死亡事項が記載されている戸籍の身分事項欄に認知の記載をし，父欄にも父の氏名を記載します。しかし，従前の戸籍に遡って記載する必要はありません。

なお，認知事項の末尾に括弧書きした直系卑属の氏名は，成年者にあっては承諾のあった者に限り記載されることになります。

〔注〕 被認知者について記載すべき認知の記載は，子の直系卑属の身分事項欄にし，死亡した子の身分事項欄には何も記載しない取扱いでしたが（昭和33・12・2民事甲2435号回答），昭和45年7月1日（昭和45・6・5民事甲2667号通達）から，子の直系卑属の身分事項欄には記載しないで，死亡した子の身分事項欄に記載することとされ，同欄に子の認知の効力が及ぶ直系卑属の氏名も記載することに改められました（平成2・3・1民二600号通達〔参考記載例25〕）。

◎ 戸籍記載例
父の戸籍
「平成弐拾八年七月五日東京都目黒区目黒本町一丁目二十六番地亡乙野梅子を認知届出㊞」
死亡した子の除かれた戸籍
「平成弐拾八年七月五日東京都台東区台東一丁目六番甲野幸雄認知届出同月七日同区長から送付（直系卑属乙野広雄，同乙野美佳）㊞」

◎　コンピュータシステムによる証明書記載例
父の戸籍

| 認　　知 | 【認知日】平成28年7月5日
【認知した子の氏名】亡　乙野梅子
【認知した子の戸籍】東京都目黒区目黒本町一丁目26番地　乙野太郎 |

死亡した子の除かれた戸籍

| 認　　知 | 【認知日】平成28年7月5日
【認知者氏名】甲野幸雄
【認知者の戸籍】東京都台東区台東一丁目6番　甲野幸雄
【送付を受けた日】平成28年7月7日
【受理者】東京都台東区長
【直系卑属氏名】乙野広雄
【直系卑属氏名】乙野美佳 |

第6・縁 組

19　協議離婚に際し，15歳未満の未成年の子の親権者を夫，監護者を妻と定めて離婚をした後，夫が監護者である妻の同意を得ないまま，子を他の夫婦の養子とする縁組の代諾をした場合は！

[相談事例]
　私は，昨年，夫との話合いで3歳になる長女の親権者を夫と定め，私を子の監護をすべき者と定めて協議離婚をしました。最近，必要があって離婚当時の戸籍の全部事項証明書を取り寄せてみたところ，私の知らない間に長女が親権者である元夫の代諾で他人夫婦の養子となる縁組がされていました。娘を現に養育監護している私に何の相談もなく，知らない夫婦の養子となる届出には同意できませんので，元夫に抗議の電話をしましたが，親権者の権限であると主張して，相手にしてくれません。この縁組を撤回させる手続はないものでしょうか。

[説　明]
　15歳未満の者が養子となる場合は，その法定代理人が養子となる者に代わって縁組を承諾することとされています。しかし，法定代理人のほかに，父母が協議離婚をする際にその協議により，又は家庭裁判所の審判により子の監護をすべき者と定められた父又は母があるときは，その者の同意を得た上で代諾縁組の届出をしなければなりません。その同意のない縁組が仮に受理された場合は，縁組に同意していない監護者（相談の場合は，母である相談者）は，裁判所に縁組の取消しを請求することができますが，調停前置主義により，まず，家庭裁判所に調停の申立てをして，手続を進めることになります。そして，縁組取消しの裁判が確定すると，取消しのときから将来に向かって縁組不

97

存在の効果が生じます。

1 離婚後の子の監護者

(1) 監護者の決定

　未成年の子を有する父母が協議離婚をする場合には，父母の協議でその一方を親権者と定めなければならないとされ（民819条1項），協議によって定めることができないときは，協議に代わる家庭裁判所の審判によって定めることとされています（同条5項）。子の監護は，親権の主たる作用であり（民820条），子の監護権は，原則的には親権者に属するといえます。父母が婚姻中は，親権は父母双方に平等に帰属し，共同してこれを行使します（民818条）ので，子の監護者を特に定める必要はありません。しかし，父母が離婚すると，共同して親権を行使することは事実上困難となることから，父母のいずれか一方を親権者と定めることが要求され（民819条），離婚後は，親権者と定められた父又は母が単独で親権を行使し，子の身上についての監護・養育及び子の財産を管理することになります。しかし，離婚の際に，親権者を父母の一方と定めた上で，必要な場合は，親権のうちの身上監護権のみを有する子の監護者を協議によって定め，協議をすることができないとき，又は協議が調わないときは，家庭裁判所がこれを定めることとされています（民766条）。この監護者が定められなかったときには，親権者が単独で親権を行使し監護を行うことになります。

(2) 監護の範囲

　監護者が定まれば，監護者が子の監護をしますが，ここにいう監護が親権の内容としての「監護及び教育」（民820条）のうち，「監護」のみをいうのか，「教育」をも含むのかという点では積極説（我妻栄『親族法（法律学全集23）』143頁ほか）と消極説（中川善之助『親族（民法演習Ⅴ）』128頁ほか）があります。親権の内容としての監護と教育

とは，観念的には区別することができても，両者は事実上密接に関連しています。特に，相談の場合のような幼児のときには，両者を分離するのは不可能といえますから，監護・教育の遂行に必要な居所の指定・職業許可，不法に子を抑止する者に対する引渡し請求なども含むと解するのが妥当と考えられます（中川淳『改訂　親族法逐条解説』150頁）。

なお，「監護と費用の負担」については，前掲の我妻栄『親族法』146頁を参照願います。

2　15歳未満の子に監護者がいる場合の縁組の同意

(1)　同意を得ることを要する監護者

15歳未満の子が養子となる縁組は，その法定代理人が養子となる者に代わって縁組を承諾することとされていますが，昭和62年法律第101号による民法等の一部を改正する法律（昭和63年1月1日施行）により，法定代理人のほかに養子となる者を監護すべき父又は母があるときは，その者の同意を得ることも縁組の成立要件とされました（民797条2項の新設）。なお，養子となる者の父母で，親権を停止されているものがあるときも，同様とされています（平成23年法律第61号による民法の一部改正により，同条2項の後段として追加）。

ここでいう「同意を得ることを要する監護者」とは，親権者である父母の協議又は家庭裁判所の審判によって子の監護をすべき者と定められた者をいい（民766条），この手続によって定められていない者は，現実に子の監護をしていても，その者の同意を得ることを要しないし，また，父母以外の第三者が監護者（施設を含む。）である場合にも，その同意を得る必要はありません。

(2)　監護者の同意を要するとされた理由

監護者の同意を要するとされた理由は，父母の一方が親権者で，他方が監護者とされている場合に，親権者の代諾のみによって縁組をし

てしまうと，その養子の身上監護権を含む親権は養親が行使することになり，監護者はその意思にかかわりなく，子に対する監護権を失ってしまうことになるからです。つまり，監護者のうち同意を得ることを要するのを父又は母に限ったのは，相談者のように親として手許で養育監護している者の意思を顧慮することなく，親権者の意思だけで監護権を喪失させ，また，子の監護に関する父母の合意を変更するのは相当でないことによるものです（「改正民法・戸籍法の解説㈠」「戸籍」526号27頁）。

　もし，同意を得なければならない監護者が，その意思を表示することができない場合は，その者の同意を得ることを要しない旨等の規定がないので，このままでは縁組をすることができないことになります。このような場合には，民法第766条第3項の規定によって家庭裁判所の審判により，監護権を喪失させて代諾縁組をするか，監護者の変更をし，変更後の監護者が父又は母であるときは，その者の同意を得て代諾縁組をすることになります。

(3)　監護者の同意を欠く縁組の効力

　法定代理人が代諾縁組をするについて，監護者の同意が要件とされている場合に，その同意のない縁組届を受理することはできません（民800条）。相談の場合のように，その同意のない届出が受理された場合は，縁組に同意していない監護者である母（相談者）は，家庭裁判所にその縁組取消しを請求することができます（民806条の3第1項）。

　監護者の同意を得ない縁組も取り消されるまでは有効なものとされ，その取消権は，取消しを請求することができる者（相談者）が追認をし，又は養子が15歳に達した後6か月を経過し，若しくは追認をしたときは消滅します（同条1項ただし書）。なお，この追認は相手方に対する意思表示をすれば足り（民123条参照），追認の性質を有する追完届をする必要はないとされています（前掲「戸籍」526号28頁）。

100

3 戸籍の取扱い

(1) 市区町村における戸籍上の審査方法

代諾による養子縁組の届出については，まず，監護者の同意を得ることを要する届出であるか否かを確認し，その同意を得ることを要する届出の場合は，その同意を得ていることを確かめた後でなければ受理することはできません（民800条）。そこで，昭和62年法律第101号による民法の一部改正により同法第797条に第2項が追加されたことに伴い，養子縁組の届書の標準様式には，「監護をすべき者の有無」欄が設けられ，その欄に届出人のチェックを求めることとされています。すなわち，15歳未満の養子となる者に代わって法定代理人が届出をする場合に，同意を得ることを要する監護者がいるときは，「□届出人以外に養子になる人の監護をすべき□父□母□養父□養母がいる」欄の所定の箇所にチェックを，そのような監護者がいないときは，「□上記の者はいない」欄にチェックすることが求められています。この同意の手続，及び同意を要する者が証人として署名押印し，又は配偶者として同意している場合の同意の要否については，配偶者のある者が縁組をする場合の配偶者の同意の場合（民796条）と同様です。

なお，監護者の同意を要するか否かについての市区町村長の審査は，届書，特に「監護をすべき者の有無」欄の記載によって審査すれば足り，他に同意を要する監護者の有無を調査する必要はないとされています（前掲「戸籍」526号29頁参照）。

(2) 戸籍の記載例

監護者の同意を得てする代諾縁組の記載例は，通常の代諾縁組の場合の記載例と異なるところはありませんが，昭和62年の法改正により，新たな受理要件に関わるものであることから，参考記載例33から35までの記載例が示されています。なお，改正法施行前における監護者の権限は，身上監護という事実上のものであって，公証を要する法律上

の権限はありませんでしたが，法改正によって同意権という法律上の権利がある場合が生じたことから，戸籍上の記載事項とすることも考慮されたようです。しかし，この監護権者の同意権は，親権者のほかに父又は母が監護者と定められているときに，15歳未満の子が養子となる場合という極めて限られた範囲で問題となるに過ぎないし，また，監護者が定められ，それが戸籍に記載されたとしても，家庭裁判所の審判に限らず，父母の協議によっていつでも変更することができる（中川淳『改訂　親族法逐条解説』150頁，東京家審昭和37・7・23家月14巻11号143頁）こと等もあり，従前のとおりとされ，記載事項とはされませんでした。

4　監護者の同意を欠く縁組の取消し

　縁組の取消しは裁判所に請求することを要します（民804条）。取消しの訴えは，全て人事訴訟法の規定に従って行われなければなりません（人訴2条3号）が，家事事件は調停前置主義がとられていますから（家事244条・257条），まず，家庭裁判所に家事調停の申立てをします。調停において，縁組の取消しに関して当事者間に合意が成立し，取消しの原因の有無について争いがない場合には，家庭裁判所において必要な事実を調査した上，当該調停委員会を組織する調停委員の意見を聴き，正当と認めるときは，縁組の取消しに関し，合意に相当する審判をすることができます（家事277条）。この審判に対して利害関係人（当事者は合意しているから異議申立てはできません〔注〕）から，当事者が審判の告知を受けた日から2週間以内に異議の申立てがなければ，その審判は確定し，確定判決と同一の効力を有します（家事279条・281条）。しかし，適法な異議の申立てがあったときは，審判はその効力を失い，当事者には裁判所からその旨の通知がされます。当事者は，その通知を受けた日から2週間以内に訴えを提起したときは，調停の申立てをした時に，その訴えの提起があったものとみなさ

れ（家事280条4項・5項），時効その他法律上期間遵守の効果が維持されます。

縁組取消しの裁判が確定すると，縁組関係は将来に向かって消滅し，縁組の際に氏を改めた養子は縁組前の氏に復します（民808条・748条・816条）。縁組の取消しを請求した者は，取消しの裁判が確定した日から，10日以内に，裁判書の謄本を添付して，事件本人の本籍地又は届出人の所在地の市区町村長に届出をしなければなりません（戸69条・63条1項・25条）。

なお，縁組が取り消されると，戸籍は，原則として縁組前の状態に復しますが，戸籍の処理の方法は離縁の場合と同様です（『改訂第2版注解コンピュータ記載例対照戸籍記載例集』100頁【41】参照）。

〔注〕 当事者からの異議の申立ては，合意の不存在又は無効を理由とする場合は認められます（最決昭和44・11・11民集23巻11号2015頁）。

20 日本人夫と韓国人妻が共同して日本人を特別養子とする縁組をする場合の要件と手続は！

> 相談事例

　私は韓国人の妻と3年前に婚姻しましたが、1年前に私の妹が婚姻外に出産した子を生後間もなく引き取り、養育を続けています。私共夫婦には、未だ子ができないため、1年間育ててきた妹の子が実の子のような思いを抱くようになりました。そこで、妹と話し合った結果、今後は私共夫婦の子として養育することになりました。ついては、特別養子縁組の制度があると聞きましたが、それはどのような制度ですか。

> 説　明

　特別養子は、実親との関係を消滅させ、養親との間に実の親子と同様の関係を形成させる養子制度であり、家庭裁判所の審判によって成立させるものです。

　渉外的な養子縁組においては、養親となるべき者の本国法が準拠法となりますが、通常、特別養子縁組の場合には、夫婦共同縁組が必要であり、夫婦のいずれの本国法においても特別養子縁組又は断絶型の養子制度があることを要し、また、養子となるべき者は、その本国法上の保護要件を満たすことを要します。相談の場合の特別養子縁組の手続と戸籍上の処理は、後述のとおりです。

1　特別養子縁組

　我が国の特別養子縁組は、父母に養育の意思があっても正常な家庭環境でないことなど、特別な事情がある場合に、原則として6歳未満

の子について，その子の利益のために特に必要があるときに認められます。その成立については，普通養子縁組が縁組当事者間の身分契約としての合意とその届出によって成立する（民799条で準用する民739条）のに対して，特別養子縁組（昭和62年法律第101号の民法の一部改正により新設・昭和63・1・1施行）は，家庭裁判所の審判により成立するものとされています（民817条の2）。

　縁組成立の要件も，普通養子縁組は，養親となる者が成年に達していること（民792条），養子となる者が養親となる者の尊属又は年長者でないこと（民793条），配偶者の未成年の嫡出でない子を養子とするには，夫婦共同縁組が強制されること（民795条）等以外は，比較的緩やかな要件が定められています。これに対して特別養子縁組は，養親となる者が夫婦であって，原則として25歳以上であること（民817条の3・817条の4），養子となる者が原則として6歳未満であること（民817条の5）等の要件があり，しかも，縁組成立のためには，申立てに基づいて6か月以上の試験養育期間の養育状況をみて（民817条の8）審判によって成立させる，という厳格な要件が求められています。

　縁組の効果においても，普通養子縁組の場合は，縁組により養子と養親及びその血族との間には，血族間におけるのと同一の親族関係が生じますが（民727条），実方の父母その他の親族との法律上の親族関係は存続します。したがって，養子にとっては，実父母と養父母との2組の父母が存在することになります。他方，特別養子縁組の場合は，縁組により養子と実方の父母その他の親族との法律上の親族関係は，婚姻障害を除いて終了し（民817条の9），養子にとっては，養父母のみが法律上の父母となります。

　なお，特別養子縁組の場合は，普通養子縁組のように協議又は訴訟による離縁はできず，養親による虐待等，養子の不利益を著しく害す

る事由がある等の場合に限り，家庭裁判所が審判により離縁させることができるにとどまります（民817条の10）。

2　渉外的な特別養子縁組

　渉外的な養子縁組とは，日本人同士が日本国内で縁組をする場合以外の養子縁組を指します。相談の事例のように，日本人夫と韓国人妻が共同して，戸籍を異にする日本人を日本の家庭裁判所において特別養子とする縁組を成立させる場合も，渉外的な特別養子縁組ということになります。

　渉外的な特別養子縁組が我が国で有効に成立するには，法の適用に関する通則法（平成18年法律第78号，以下「通則法」といいます。）に定める養子縁組に関する準拠法の要件，すなわち，養親となるべき者の本国法上の要件及び養子となる者の本国法上の保護要件を具備することが必要です。その要件の中には，裁判所による養子決定を含みます。

(1)　実質的成立要件

　相談の場合は，渉外的な婚姻をした夫婦が共同で養親となる縁組をする場合ですから，その実質的成立要件は，日本人養父と養子間については日本民法が，また，韓国人養母と養子間については韓国民法がそれぞれ適用されます（通則法31条1項前段）。そして，日本民法上の特別養子縁組は，夫婦共同縁組を原則としていますから（民817条の3第1項），日本人夫が日本人を特別養子とするためには，韓国人妻の本国法においても断絶型養子縁組〔注〕の制度が存在することが必要です。

　韓国民法では，2005年3月31日法律第7427号により「親養子縁組」の制度が新設されています（第4編第4章第2節第4款・908条の2〜908条の8。なお，2012年2月10日法律11300号により全面改正）。同法は「親養子縁組」の要件として，3年以上婚姻中である夫婦が家庭法院に親養子縁組の請求をすることができること（韓民908条の2第1項1

号),「親養子」となる者は未成年者であること（同項2号），等が規定され，また，家庭法院は親養子となる子の福利のため，その養育状況，縁組の動機，養親の養育能力等を考慮し，親養子縁組が適当でないと認められる場合は請求を棄却することができるとされています（同条3項）。

この縁組の効果としては，親養子を養親夫婦の婚姻中の出生子とみなすものとされ（韓民908条の3第1項），また，親養子の縁組前の親族関係は，親養子縁組の請求による縁組が確定したときに終了する（同条2項），いわゆる断絶型養子縁組とされています。

このように，韓国人妻の本国法上，断絶型の養子制度が存在するときは，日本人夫については，民法第817条の2以下の規定に従い，また，韓国人妻については，韓国民法第908条の2以下の親養子に関する規定に従って特別養子縁組をすることができます。なお，この場合に注意を要するのは，養子の年齢等については，事実上，重複的な適用となり，双方の法律の要件を満たしていることを要します。つまり，夫婦共同縁組については，それぞれの関係についてそれぞれの本国法を適用するわけですが，夫婦が共同して特別養子縁組をするためには，より厳しい方の要件を満たしていなければ，それを課されている配偶者が縁組をすることができないからです（『設題解説　渉外戸籍実務の処理Ⅵ』284頁参照）。養子の年齢について，日本民法第817条の5は，特別養子となる者の年齢を，原則として6歳未満としていますが，韓国民法第908条の2第1項第2号は，親養子となる者の年齢を未成年者としています。もっとも，相談の事例で養子となる者の年齢は1歳ですから，この点の問題はありません。

なお，これらの点に加えて，相談の場合のように，養子が日本人の場合は，民法第817条の2以下に定める保護要件を満たす必要があります。

(2) 形式的成立要件

　養子縁組の形式的成立要件（方式）についての準拠法を定めた通則法第34条の規定は，特別養子縁組についても適用されています。相談の場合のように日本の家庭裁判所で審判がなされる限り，同条第2項の行為地法による方式であることは明らかです。

　我が国における特別養子縁組は，前述のとおり家庭裁判所の審判によって成立します（民817条の2，家事39条・別表第1の63頁）。特別養子縁組が成立したときは，戸籍への届出を要しますが，この届出は，性質上報告的届出ということになります（戸68条の2）。そして，その届出がされたときは，日本人養子についてはまず，日本人養父の氏を称して（民810条），いったん新戸籍を編製した上（戸20条の3第1項本文）養父の戸籍に入籍します（戸18条3項）。

　〔注〕　戸籍の実務では，「特別養子」とは，民法第817条の2以下の規定により成立した縁組における養子を指し，「断絶型養子」とは，縁組により養子とその実方の血族との親族関係が終了する養子縁組における養子一般を指すものとしています。また，「完全養子」とは，縁組により養子とその実方の血族との親族関係が終了するだけでなく，養親の親族との間にも血族関係が生じる縁組における養子をいいます。

第6　縁　組

> 21　家庭裁判所において，日本人夫と外国人妻が日本人を特別養子とする縁組が成立した場合，その届出と戸籍の処理は！

相談事例

　5年前に韓国籍の女性と婚姻をしましたが，子ができないため，知り合いの日本人女性の婚姻外の女児（3歳）を，夫婦共同で特別養子とする縁組の審判を請求していたところ，この度，家庭裁判所の審判により縁組が成立しました。この特別養子の縁組について戸籍の届出をする場合，届書はどのように記載しますか。また，この届出によって，私と養子の戸籍はどのように記載処理されますか。

説　明

　戸籍届書の記載及び戸籍の編製及び記載は，後述のとおりです。

1　戸籍届書の記載方法

　戸籍の届出は，特別養子縁組の審判が確定した日〔注〕から10日以内に，審判を請求した養父又は養母から，審判書謄本及びその確定証明書を添付してすることとされています（戸68条の2で準用する戸63条1項）。なお，養母は外国人であるため，その国籍を証する書面（旅券等）が必要ですが，審判書中に，国籍，氏名及び生年月日等が明らかにされている場合は，添付を省略することができます。

　届書の記載は，戸籍法第29条による一般的な事項のほか，相談の場合の当事者は，養父が日本人，養母が韓国人，そして日本人養子ですが，養子は養父と戸籍を異にしています。この場合は，特別養子縁組の届出により，養子については特別養子縁組の成立によって実方の父

109

母及びその血族との親族関係は終了していますから（民817条の9ただし書），養父の氏によって，まず従前の本籍地に単独の新戸籍を編製し，直ちにその新戸籍から養子を養父の戸籍に入籍させることになります。この場合に，養子の実父母の氏は，縁組後の戸籍で明らかにならないようにします（戸20条の3第1項・18条3項・30条3項）。

届書の「入籍する戸籍または新しい本籍」欄は，「□(3)の本籍と同一の場所に新戸籍をつくった後下記養親の現在の戸籍に入る」欄にチェックをし，同欄の下部に入籍すべき「養親の戸籍」を記載します。また，「養親の本籍」欄は，養父についてはその本籍を，韓国人養母についてはその国籍（韓国）を記載します。そして，「その他」欄には，添付書類として「審判書の謄本及び確定証明書を添付した。」旨を記載します。（後掲①参照）

2　戸籍の編製及び記載

戸籍の処理は，養父及び特別養子が日本人であり，養子は養父の氏を称することになりますから（民810条），結果的には日本人同士が養子縁組をした場合と同じような処理がされることになります。すなわち，前述1のとおり，まず，養子について，日本人養父の氏で，従前本籍と同一の場所を本籍地として新戸籍が編製されるため，養子の従前の戸籍について「法定記載例34」の例による記載（後掲④参照）をして除籍されます。そして，養子について新戸籍が編製されるとともに，「法定記載例32・33」の例による記載（後掲③参照）をした上で，同戸籍は除籍され，その戸籍から直ちに養父の戸籍に，「法定記載例31」の例による記載（後掲②参照）をして入籍の記載がされます（戸20条の3第1項・18条3項・30条3項，昭和62・10・1民二5000号通達第6の1(2)ア(イ)）。

この場合の縁組事項は，養子の身分事項欄にのみ記載され，養父の身分事項欄には，その記載はされません（戸規35条3号の2）。また，

縁組後の戸籍への養子の出生事項の移記に当たっては，出生によって入籍した当時の従前の記載のとおり移記されます。そして，父母欄には養父母の氏名が記載され，父母との続柄欄は，養父母との続柄を子の出生の前後に従い，「長女」（又は「二女」）等と嫡出子の例により記載されます（前掲5000号通達第6の1⑵ウ(ウ)）。

相談事例のように日本人夫と韓国人妻の夫婦が断絶型の共同縁組をした場合，日本人夫との関係では民法上の特別養子縁組が成立し，韓国人妻との関係では韓国民法上（908条の2以下）の断絶型養子縁組（「親養子縁組」）が成立します。

なお，この場合における戸籍実務の取扱いとしては，できる限り養父母双方との関係が特別養子縁組が成立した場合と同様に，身分事項欄の記載等を行うものとしています（平成4・3・26民二1504号回答・「戸籍」591号62頁以下，平成6・4・28民二2996号通達，『新版2訂　初任者のための渉外戸籍実務の手引き』98頁）。

　　〔注〕　**審判の確定**　特別養子縁組を成立させる審判は，即時抗告期間内に即時抗告がなされなかった場合には，審判はその期間が満了したときに確定します（家事74条2項ただし書）。即時抗告の期間は，申立てを認容する審判に対しては，養子となる者の父母及び未成年後見人等（家事164条8項）が特別養子縁組を成立させる審判の告知を受けた日から2週間とされ（家事85条・86条1項），また，告知を受けない者については申立人が審判の告知を受けた日から，それぞれ進行するとされています（家事86条2項）。

①特別養子縁組届

特別養子縁組届

平成 25 年 3 月 8 日 届出

東京都新宿区 長 殿

受理 平成25年3月8日 第 761号	発送 平成 年 月 日 第 号	長 印
送付 平成 年 月 日 第 号		
書類調査 戸籍記載 記載調査 附 票 住民票 通 知		

		養子になる人
(1)	(よみかた) 氏 名	おつかわ / えいこ 乙川 英子
	生年月日	平成 22 年 5 月 7 日
(2)	住 所 (住民登録をしているところ)	東京都新宿区若松町6 番地 9号 世帯主の氏名 甲野義太郎
(3)	本 籍 (外国人のときは国籍だけを書いてください)	東京都新宿区大久保1丁目5 番地 筆頭者の氏名 乙川夏江
(4)	父母の氏名 父母との続き柄	父 母 乙川夏江 続き柄 □男 ☑女 長
(5)	審判確定の年月日	平成 25 年 3 月 5 日
(6)	養父母との続き柄	男 長 女
	入籍する戸籍または新しい本籍	☑ (3)の本籍と同一の場所に新戸籍をつくった後下記養親の現在の戸籍に入る □ 養子の戸籍に変動がない □ 下記のとおり 養親の戸籍 東京都新宿区西新宿3丁目4 番地 筆頭者の氏名 甲野義太郎

第6　縁組

記入の注意

鉛筆や消えやすいインキで書かないでください。
本籍地でない役場に出すときは、2通または3通出してください（役場が相当と認めたときは、1通で足りることもあります。）。また、そのさい戸籍謄本も必要です。
特別養子縁組についての家庭裁判所の審判書の謄本と確定証明書が必要です。
筆頭者の氏名欄には、戸籍のはじめに記載されている人の氏名を書いてください。

(よみかた)	養親になる人	
	養父氏　こうの　名　よしたろう	養母氏　　　名
氏　　名	甲野　義太郎	李　光淑
生年月日	昭和 50 年 8 月 2 日	西暦 1978 年 6 月 4 日
住　　所 (住民登録をしているところ)	東京都新宿区若松町6	番地 9 号
	世帯主の氏名　甲野　義太郎	
本　　籍 (外国人のときは国籍だけを書いてください)	東京都新宿区西新宿3丁目4	番地
	筆頭者の氏名　甲野　義太郎　　養母国籍　韓国	

そ の 他

添付書類　審判書の謄本及び確定証明書

届出人署名押印	養父　甲野　義太郎　㊞	養母（サイン）李　光淑　印

113

②養父の戸籍（法定記載例31）

本籍	東京都新宿区西新宿三丁目四番地
氏名	甲野 義太郎

平成弐拾参月拾七日編製㊞

（出生事項省略）
平成弐拾年参月七日国籍韓国李光淑（西暦千九百七拾八年六月四日生）と婚姻届出東京都千代田区平河町一丁目七番地甲野和夫戸籍から入籍㊞

父	甲野 和夫
母	春子
夫	義太郎
生出	昭和五拾年八月弐日
長男	

平成弐拾弐年五月七日横浜市中区で出生同月拾五日母届出入籍㊞
平成弐拾五年参月五日民法八百十七条の二による裁判確定同月八日父母届出東京都新宿区大久保一丁目五番地甲野英子戸籍から入籍㊞

父	甲野 義太郎
母	李 光淑
	英子
生出	平成弐拾弐年五月七日
長女	

③特別養子の新戸籍
（法定記載例32・33）

本籍	東京都新宿区大久保一丁目五番地
氏名	甲野 英子

平成弐拾五年参月八日編製㊞
平成弐拾五年参月八日消除㊞

平成弐拾弐年五月七日横浜市中区で出生同月拾五日母届出入籍㊞
平成弐拾五年参月五日甲野義太郎同人妻国籍韓国李光淑（西暦千九百七拾八年六月四日生）の特別養子となる縁組の裁判確定同月八日父母届出東京都新宿区西新宿三丁目四番地甲野義太郎戸籍から入籍につき除籍㊞同区大久保一丁目五番地に入籍㊞

父	甲野 義太郎
母	李 光淑
	英子
生出	平成弐拾弐年五月七日
長女	

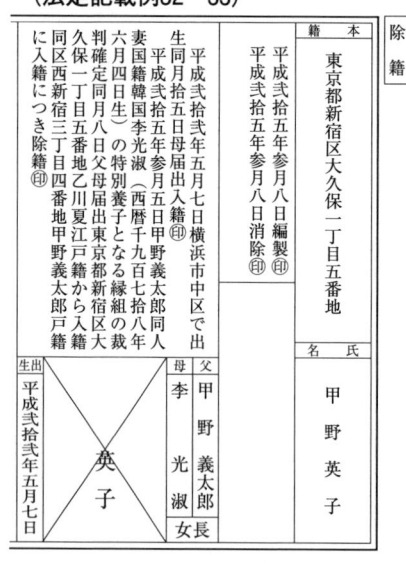

④特別養子の従前の戸籍
（法定記載例34）

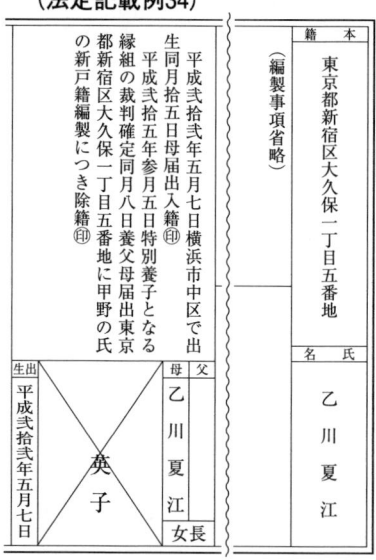

本籍	東京都新宿区大久保一丁目五番地
氏名	乙川 夏江

（編製事項省略）

除籍

平成弐拾弐年五月七日横浜市中区で出生同月拾五日母届出入籍㊞
平成弐拾五年参月八日特別養子となる縁組の裁判確定同月八日養父母届出東京都新宿区大久保一丁目五番地に甲野の氏の新戸籍編製につき除籍㊞

父	
母	乙川 夏江
	英子
生出	平成弐拾弐年五月七日
長女	

114

第６　縁　組

②養父の戸籍（法定記載例31）

	（２の１）	全部事項証明

本　　籍	東京都新宿区西新宿三丁目４番地
氏　　名	甲野　義太郎
戸籍事項 　　戸籍編製	【編製日】平成２０年３月１７日
戸籍に記録されている者	【名】義太郎 【生年月日】昭和５０年８月２日　　【配偶者区分】夫 【父】甲野和夫 【母】甲野春子 【続柄】長男
身分事項 　　出　　生 　　婚　　姻	（出生事項省略） 【婚姻日】平成２０年３月１７日 【配偶者氏名】李光淑 【配偶者の国籍】韓国 【配偶者の生年月日】西暦１９７８年６月４日 【従前戸籍】東京都千代田区平河町一丁目７番地　甲 　　野和夫
戸籍に記録されている者	【名】英子 【生年月日】平成２２年５月７日 【父】甲野義太郎 【母】李光淑 【続柄】長女
身分事項 　　出　　生	【出生日】平成２２年５月７日 【出生地】横浜市中区 【届出日】平成２２年５月１５日 【届出人】母

		(2の2)	全 部 事 項 証 明
民法８１７条の２	【民法８１７条の２による裁判確定日】平成２５年３月５日 【届出日】平成２５年３月８日 【届出人】父母 【従前戸籍】東京都新宿区大久保一丁目５番地　甲野英子		
			以下余白

発行番号

第6　縁組

③特別養子の新戸籍（法定記載例32・33）

除　　籍	（1の1）	全部事項証明
本　　籍	東京都新宿区大久保一丁目５番地	
氏　　名	甲野　英子	
戸籍事項 　　戸籍編製 　　戸籍消除	【編製日】平成２５年３月８日 【消除日】平成２５年３月８日	
戸籍に記録されている者 　除　　籍	【名】英子 【生年月日】平成２２年５月７日 【父】甲野義太郎 【母】李光淑 【続柄】長女	
身分事項 　　出　　生 　　特別養子縁組	【出生日】平成２２年５月７日 【出生地】横浜市中区 【届出日】平成２２年５月１５日 【届出人】母 【特別養子縁組の裁判確定日】平成２５年３月５日 【養父氏名】甲野義太郎 【養母氏名】李光淑 【養母の国籍】韓国 【養母の生年月日】西暦１９７８年６月４日 【届出日】平成２５年３月８日 【届出人】父母 【従前戸籍】東京都新宿区大久保一丁目５番地　乙川夏江 【入籍戸籍】東京都新宿区西新宿三丁目４番地　甲野義太郎	
		以下余白

発行番号

④特別養子の従前の戸籍（法定記載例34）

（1の1） 全部事項証明

| 本　　籍 | 東京都新宿区大久保一丁目5番地 |
| 氏　　名 | 乙川　夏江 |

| 戸籍事項
　　戸籍編製 | （編製事項省略） |

戸籍に記録されている者 除　　籍	【名】英子 【生年月日】平成22年5月7日 【父】 【母】乙川夏江 【続柄】長女
身分事項 　　出　　生	【出生日】平成22年5月7日 【出生地】横浜市中区 【届出日】平成22年5月15日 【届出人】母
特別養子縁組	【特別養子縁組の裁判確定日】平成25年3月5日 【届出日】平成25年3月8日 【届出人】養父母 【新本籍】東京都新宿区大久保一丁目5番地 【縁組後の氏】甲野
	以下余白

発行番号

> 22　妻の15歳未満の嫡出でない子（親権者妻）を夫とともに
> 　　養子とする縁組の場合，縁組の代諾者は！

相談事例

　私には現在7歳になる婚姻外に生まれた娘があります。昨年10月にその子を連れて交際中の男性と婚姻しました。最近，夫からその子（娘）を養子とする縁組の届出をしたいと申出がありました。私は，娘の将来のためにも賛成していますので，夫と娘の養子縁組届を，夫と子の親権者である私が代諾者として届出をしたところ，届出をした市役所の窓口で，夫との単独縁組ではなく，母親である私と娘との縁組の届出も共同でするよう指導を受けました。どうして実の母と子が縁組をしなければならないのでしょうか。また，その届出をする場合，その子の縁組の代諾者は誰になるのですか。

説　明

　夫婦の一方が他方の未成年の嫡出でない子を養子とする場合は，夫婦共同縁組（民法795条）の原則に従うことになります（趣旨は，解説の1(3)を参照願います。）。また，この場合，その子と親権者である母との縁組については，特別代理人の選任を要しない取扱いとされています（昭和63・9・17民二5165号通達）。したがって，子の親権者である母が，その子との縁組届出の代諾者となります。

1　夫婦共同縁組

　(1)　配偶者のある者が未成年者を養子とする場合には，配偶者とともに養子縁組をすることが必要とされています（民法795条本文，昭和62年法律第101号の本条改正による。）。未成年者を養子とする場合には，

養親の要件として，夫婦共同縁組が要求されており，その一方のみが養親となることは認められません。養子となる者が成年者である場合とは，満20歳に達している場合（民法4条），婚姻をしている場合（民法753条）をいい，この場合は養子となる者との夫婦共同縁組は強制されません（ただし，一方配偶者の同意が必要です（民法796条本文）。）。

（2）この夫婦共同縁組の原則に対しては，二つの例外規定があり（本条ただし書），一つは夫婦の一方が他方の嫡出子を養子とする場合であり，もう一つは，他方配偶者がその意思を表示することができない場合です。これらの場合には，夫婦共同縁組をする必要はなく，夫婦の一方のみで養子縁組をすることができます。配偶者の未成年の嫡出子又は養子を養子とする場合も単独で縁組をすることができます。なお，従前（昭和62年法律第101号による改正前の民法795条但書）は，「夫婦の一方が他の一方の子を養子とする場合」と規定され，他方配偶者の嫡出子だけでなく，嫡出でない子を養子とする場合には，夫婦共同縁組の例外とされていました。しかし，改正後の本条ただし書は，「子」を「嫡出である子」と改めたため，未成年の嫡出でない子については，単独縁組が認められなくなりました。その趣旨は，夫婦の一方と他方の嫡出でない子との間に単独縁組を認めると，その子にとって，夫婦の一方には嫡出子であり，他方には嫡出でない子であるという不自然な関係が生ずるとともに，他方配偶者の嫡出でない子を養子にすることによって，嫡出でない子の法律上の地位が向上することになるからとされています（中川淳『改訂　親族法逐条解説』263頁）。

2　15歳未満の者を養子とする縁組

相談の事例は，前述のように15歳未満の嫡出でない子が，その親権者である母と母の夫の養子となる場合，母との縁組の代諾者は誰か，ということです。

嫡出でない子は，実父母がこれを養子とすることが認められますが，

このような実親子間の縁組において，養親となる父又は母が同時に子の親権者であるときは，その代諾につき民法第826条の利益相反の関係が生ずると解されています。そのため，この場合には，親権者である父又は母が子に代わって縁組の代諾をすることは許されず，特別代理人が代諾すべきものとされています（昭和23・11・30民事甲3186号回答二）。さらにこれと関連して，15歳未満の嫡出でない子が，実母及びその夫とともに養子縁組をする場合については，夫との縁組の代諾は実母がするが，実母との縁組については，実母に代わる特別代理人を選任し，その者の代諾によって縁組をすることとされていました（昭和32・2・13民事甲256号回答）。

　その後，昭和62年法律第101号により，民法第795条が改正され，配偶者のある者が未成年者を養子とする場合は，原則として配偶者とともにしなければならないこととされた趣旨から，上記昭和32年の先例が変更され，当該事例については，特別代理人の選任は要しないこととされました。したがって，現在は，養子となる者の親権者である実母の代諾のみで差し支えないこととされています（昭和63・9・17民二5165号通達）。

第7 離　縁

第7 離縁

> 23 婚姻外に出生した子が，母の代諾で母とその夫との共同縁組をした後，養父の認知により嫡出子の身分を取得したが，いま，養父母（実父母）と離縁をした場合，その子の離縁後の氏と戸籍は！

相談事例

　私は平成6年に母の婚姻外の子として生まれましたが，その後に母は私の実の父と婚姻をし，更に夫婦で私（当時7歳）を養子とする縁組をしました。その後，私は養父に認知されて準正による嫡出子の身分を取得しましたから，戸籍に記載されている実父母との縁組事項は，今や実質的な意味のないものになっています。そこで，両親と相談をし，私が来年成人となるのを機に，実父母との縁組事項を戸籍から消除したいのですが，どのような方法がありますか。なお，縁組事項が消除された後も，父母の戸籍にとどまることができますか。

説　明

　嫡出でない子として出生した相談者が婚姻中の実母とその夫（実父）の双方の養子となる縁組は，無効の原因がない限り有効といえますから，戸籍に記載されている縁組事項を戸籍訂正によって消除するということはありえません。

　また，相談者は，縁組後に養父に認知され，準正により嫡出子の身分を取得しているため，実父母との縁組はもはや無意味なものとしてこれを解消したいとするのであれば，それには離縁することが考えられます。そして，この場合，相談者は引き続き父母と同籍していますが，離縁をすることにより，原則として縁組前の氏に復することになります。ただし，相談者が離縁後もなお，父母と同籍を望むときは，

123

離縁届書の「その他」欄に「父母と同籍する」旨を記載して届出をすることにより，相談者の戸籍の身分事項欄に離縁事項が記載されるにとどまるとともに，養父母欄及びその続柄欄の記載が消除されることになるものと解されます。

1　縁組の無効又は取消し

　(1)　養子縁組が無効となるのは，人違いその他の事由によって当事者間に縁組の意思がないとき及び当事者が養子縁組の届出をしないときです（民802条）。もっとも，縁組は，当事者が市区町村長にその届出をし，それが受理されることによって成立するものですから（民799条・739条，戸66条），後者の届出をしなかった場合は，縁組成立の余地はなく，縁組無効というよりも，むしろ縁組不成立ということになります。したがって，この場合は，無効について実際上問題となることはなく，戸籍訂正ということも生じません。

　なお，実母が親権を行使する自分の嫡出でない子（15歳未満）を養子とする場合は，利益相反の関係が生じるため，子について特別代理人を選任して（民826条），その特別代理人が縁組の代諾をすることとされています（昭和23・7・20民事甲2225号回答一，昭和23・11・30民事甲3186号回答）。そして，従前は，15歳未満の嫡出でない子が，実母とその夫との共同縁組をする場合は，養父との縁組は実母の代諾により有効に成立するが，養母（実母）との養子縁組については，特別代理人を選任し，その者の代諾によって縁組すべきものとされていました。しかし，養母（実母）との縁組についても親権者である実母自身の代諾で縁組をする届出が誤って受理されたときは，これを無効とする確定判決がない限り，戸籍の記載はそのままにしておいて差し支えないとされていました（昭和32・2・13民事甲256号回答）。

　その後，民法の一部改正により（昭和62年法律101号），同法第795条

の規定が改正され，配偶者のある者が未成年者（配偶者の未成年の嫡出でない子を含む。）を養子とする場合は，原則として配偶者とともにしなければならないとされた趣旨から，前記の先例が変更され，当該事例については，特別代理人の選任は要しないこととされました（昭和63・9・17民二5165号通達）。したがって，当時15歳未満だった相談者が母の代諾でした母とその夫との共同縁組は有効ということになります。

(2) 養子縁組の取消原因となる事例は，民法第803条の規定により第804条から第808条までに該当する事例のみについて取り消し得べきものと限定しています。市区町村長は，養子縁組届が提出された場合，民法第800条の規定において「縁組の届出は，その縁組が第792条から前条までの規定その他の法令の規定に違反しないことを認めた後でなければ，受理することができない。」旨規定しています。したがって，市区町村長の形式的審査権の範囲内では判断し得ない詐欺又は強迫によって，配偶者又は監護者としての同意をした場合（民806条の2第2項・同条の3第2項）や縁組の当事者が詐欺又は強迫によって縁組をした場合（民808条・747条）は別として，それ以外の取消原因の規定に該当する縁組届は，これを受理する際の審査により瑕疵が判明するはずですから，通常の場合は受理されることなく，取消原因を有する縁組の件数はごく少ないものと考えられます。

2　離縁後の養子の氏

(1) 嫡出でない子が，母の代諾により母とその夫との共同縁組後，養父に認知され，認知準正により嫡出の身分を取得したというのが相談者の例です。相談者としては，準正により嫡出子の身分を取得した現在，戸籍に記載されている縁組事項は，もはや過去の形骸に過ぎなくなったので，この記載を消除したいというものです。しかし，縁組自体に無効原因がない限り，戸籍訂正によって縁組事項を消除する途

はありませんから，相談者が縁組関係を解消したいということであれば，両親と協議の上，離縁の届出によってするほかありません。

(2) 協議離縁は，当事者の協議と戸籍の届出（戸70条・72条）によって成立し，養子は離縁によって原則として縁組前の氏に復します。相談者は，実親との縁組後に，実父である養父の認知により嫡出子の身分を取得し，引き続き父母と氏を同じくしている養子であっても，離縁によって縁組前の戸籍に復すべきものと解されます（昭和62・10・1民二5000号通達第5の3）。ただし，相談者が離縁後もなお，父母との同籍を望むときは，離縁届書の「その他」欄に「父母と同籍する」旨を記載して届け出たときは，相談者の戸籍の身分事項欄に離縁事項を記載するにとどめる取扱いで差し支えないものと解されます（「戸籍」622号82頁）。なお，この場合，その届出に基づいて養父母欄及びその続柄欄の記載は消除されることになります（昭和23・12・1民事甲1998号回答）。

(3) 上記の現行戸籍法（昭和22年法律第224号）の施行後，準正により嫡出子の身分を取得した子の称する氏及び入籍戸籍に関する取扱いについては，前掲昭和62年民二第5000号通達による現在の取扱いに改められるまでには，次のような推移がありましたので，参考までにここに記しておきます。

　ア　嫡出でない子は，出生により出生当時の母の氏を称して母の戸籍に入り，その後，その子が嫡出子の身分を取得した場合でも，当然には氏の変動を生じないものとして，民法第791条及び戸籍法第98条の規定による手続によってはじめて父母の氏を称し，父母の戸籍に入るとする取扱いでした（昭和23・4・21民事甲658号回答）。

　イ　しかし，戸籍法第62条の規定によって認知の効力を有する嫡出子出生届がされた場合は，子は直ちに父母の戸籍に入籍する

取扱い（昭和23・1・29民事甲136号通達）との関連を勘案して，民法第789条第1項又は第2項の規定によって嫡出の身分を取得した子は，その婚姻届や認知届に基づいて，直ちに父母の戸籍に入籍する取扱いに改められました（昭和35・12・16民事甲3091号通達）。

ウ　その後，さらに上記の取扱いは改められました。すなわち，子が準正嫡出子の身分を取得したとしても，氏に変動を生ずるような身分行為がないにもかかわらず，子の氏に変動を生じて父母の氏を称することになるというのは，民法の定める氏の原則からいって理論上説明が困難であること，また，準正子の意思にかかわりなく当然に氏が変更される結果，本人の意思に反して，これまで称してきた氏と異なる父母の氏に改めることを強いられる結果となる場合もあり得る等の問題がありました。そこで，昭和62年の民法の一部を改正する法律（同年法律第101号）が施行された昭和63年1月1日以降は，準正によって嫡出子の身分を取得した子であっても，当然に父母の氏を称することはなく，父母の氏を称するには民法第791条第1項から第3項までの規定により戸籍法第98条に定める入籍届によらなければならないものとされました（前掲昭和62民二5000号通達第5の3）。

24 養親夫婦の離婚後，婚姻の際に氏を改めなかった養父のみと離縁をした養子の氏は！

相談事例

　私は，母の婚姻外の子として生まれましたが，6歳のときに母が父ではない男性と夫の氏を称して婚姻した後に，母夫婦との養子縁組により，養親夫婦の戸籍に入籍しています。ところが，それから15年を経た昨年の12月に，母は夫との不和が原因で離婚して旧姓に戻り，現在は母単独の新しい戸籍に入籍しています。私は現在，離婚した母とともに生活しており，母と離婚をした養父との縁組関係を継続したくありません。養父も離縁には応じてくれるようですが，この離縁に伴う私の氏の変更について，友人のAは，離縁によって当然に縁組前の氏に戻り，母の戸籍に入籍できると言っており，また，知人のBによると，養母である実母との縁組が継続している間は実方の氏に戻ることはないと言っています。どちらが正しいのでしょうか。もし，後者の取扱いがされるとした場合，養父との離縁後も母との縁組関係を継続したまま，母の戸籍に入籍する方法はないものでしょうか。

説　明

　養子である相談者の氏は，離婚復氏した養母（実母）との縁組が継続している限り変動することはなく，離縁をした養父の戸籍に同籍したまま，養父の氏を称し続けることになります。相談者が，筆頭者である養父と離縁をした後に，縁組が継続している離婚復氏した養母（実母）の氏を称するには，民法第791条第1項の規定により家庭裁判所の許可を得て入籍届（戸98条）をする必要があります。

第7　離　縁

1　従前の取扱い

　昭和62年の民法の一部改正（昭和62年法律第101号）前は，相談の場合のように夫婦がともに養子をする縁組をした場合に，養親夫婦が離婚をした後，婚姻前の氏に復した養親のみと離縁をしても，養子の氏に変動は生じないとされ（昭和25・6・22民事甲1747号回答），筆頭者である養親のみと離縁をしたときは，婚姻前の氏に復した養親との縁組が継続していても，養子は縁組前の氏に復する（昭和23・7・1民事甲1871号回答）とされていました。

　このような従前の取扱いがされてきたのは，改正前の民法第810条では「養子は，養親の氏を称する。」と定められているところ，養親の一方と離縁をした場合の養子の氏について明文の規定がなかったこと，また，旧民法（明治29年法律第89号）が，養親が養家を去ったときは，養親及びその実方の血族と養子との親族関係は終了する等と定められていたこと（旧民法730条2項）に捉われていた国民感情を考慮したことによるものと考えられています。しかし，その間の取扱いには，理論的に一貫しないものがあるとの指摘もありました（「改正民法・戸籍法の解説㈠」「戸籍」526号47頁）。

2　昭和62年の民法改正後の取扱い

　昭和62年の民法改正に伴い，養親夫婦が婚姻中であっても，ともに離縁をすることを要しなくなったため，一方養親との離縁の例が多くなることから，離縁による復氏の取扱いを明確にする必要が生じました。また，養親の一方との縁組が継続しながら，養子が復氏する従来の取扱いは，民法第810条の規定にそぐわないこともあって，養親夫婦がともに縁組をした場合に，養子がその一方のみと離縁をしても，他の一方との縁組が継続している限り，養子は縁組前の氏に復することはないとされました（民816条1項ただし書）。

3　養親夫婦の離婚後，その一方のみとの離縁

　婚姻の際に氏を改めなかった養親とのみ離縁をした場合における従前の取扱いは，前記1のとおり，離婚復氏した養親との縁組が継続していても，養子は縁組前の実方の氏に復する取扱いでしたが，改正後は，縁組前の氏に復することなく，離縁前の氏を称し続けることになりました（民816条1項ただし書，昭和62・10・1民二5000号通達第2の3⑴イ）。つまり，筆頭者である養親と離縁をしたとしても，離婚により復氏した養親との間に氏の変動を生じるような身分行為はしていないことから，その氏を称することはできないし，他に称する氏もないからです。この点，養子は，離縁後も離縁をした養親の戸籍に同籍し，その氏を称していることになりますが，この場合，養子が称している氏は，縁組が継続している養親の縁組時の氏であって，離縁をした養親の氏ではないということです。このように親子関係がない者同士が同籍している場合の例として，例えば，筆頭者及びその配偶者の戸籍に，配偶者の従前戸籍に在籍している子が民法第791条第1項の規定により入籍した後，父又は母が離婚により復氏したため，親族関係が消滅した父又は母のかつての配偶者と同籍している場合があります。

　なお，養子が筆頭者である養親と離縁をした後，縁組関係が継続する離婚復氏した養親の氏を称するには，民法第791条第1項の規定により家庭裁判所の許可を得て入籍届をすることによって称することができます（「改正民法・戸籍法の解説㈠」「戸籍」526号48頁）。

　婚姻の際に氏を改めた養親とのみ離縁をした場合は，筆頭者である養親との縁組が継続している限り養子の氏に変動がないとする取扱いは，従前（前記1）と変わりありません。

第8・婚　姻

25 直系姻族関係にあった当事者が，姻族関係の終了届後にした婚姻は！

[相談事例]

　私の妻は2年前に死亡しました。私は，亡妻の親や兄妹との親族関係を絶ちたい事情があったので，妻の四十九日が過ぎてから，姻族関係終了の届出をしました。亡妻には前夫との間に生まれた娘・A女があり，同女は一度，職場で知り合った男性と婚姻をしたのですが，5年前に離婚しています。昨年春，私はその亡妻の娘・A女との婚姻届をして受理されたのですが，この度，私の母方の従姉から，私の再婚について婚姻の取消請求があった旨，家庭裁判所から通知がありました。

　私は，亡妻の死後，姻族関係終了の届出により，A女との直系姻族関係は終了しているはずなのですが，婚姻取消しの対象となるのでしょうか。また，婚姻取消しの審判を申し立てた従姉（私の母の妹の娘）に，そのような請求権があるのでしょうか。

　もし，婚姻が取り消された場合，現在妻・A女の胎内にある子の身分は，どうなりますか。

[説　明]

　直系姻族，すなわち配偶者の一方と他方の直系血族との間の婚姻は，社会倫理的な見地から禁止されています。これは，姻族関係が終了した後も変わりません。相談者が再婚したA女は，相談者の前妻（死別）の娘であり，相談者とは直系姻族の関係にありましたから，相談者が先妻の死亡による婚姻の解消後に姻族関係終了の届出をしていたとしても，民法第735条の規定によりA女との婚姻は禁止されています。

131

しかし，それが誤って受理された場合には，当然無効ではなく，取り消されない限り有効な婚姻として存続します。このような不適法な婚姻については，各当事者，その親族等から取消しを家庭裁判所に請求でき（民744条1項），その請求をした相談者の従姉は，相談者にとって四親等内の傍系血族に当たりますから，取消しの請求権があります。

なお，取り消し得べき婚姻から出生した子は，父母の婚姻が取り消されたときでも，嫡出子としての地位を失わないし，また，婚姻取消しの裁判確定前に妻の懐胎した子は，夫の子と推定されます。

1　直系姻族間の婚姻禁止

直系姻族の間の婚姻を禁止する民法第735条は，近親婚禁止（民734条〜736条）の場合の一つとされています。その理由は，配偶者の直系血族は，その呼称に示されるように，親族関係上も自己の直系血族と近似した関係にあると意識されるのが，一般的であることから，配偶者の直系血族との婚姻は，親子秩序に準じたものと考えられています（中川淳『改訂　親族法逐条解説』49頁）。これに対して傍系姻族との婚姻，特に妻と亡夫の兄弟との婚姻や，夫と亡妻の姉妹との婚姻は，我が国ではその例が多く，古くからの慣行でもあり，これを禁止すべき社会的要因は存在しないとされています（中川善之助『新訂　親族法』168頁）。

さらに，直系姻族の間では，姻族関係が終了した後でも婚姻が禁止されています（民735条後段）。その理由は，直系姻族関係では親子に近い親族的意識と行動が存在しますから，姻族関係終了後であっても，この間の婚姻はかつての関係と矛盾し，親子秩序の侵害にもつながると考えられる点にあると解されています（『注釈民法⑳親族(1)』218頁以下〔上野雅和〕）。しかし，一方において姻族関係が終了した後にまで婚姻を禁ずるべきではなく，婚姻の自由，配偶者選択の自由の原則の

尊重が強調されている憲法の下では，民法第735条後段の規定は削除すべきであるとする見解もあります（薬師寺志光『註釈親族法（上）』131頁，『家族法大系Ⅱ婚姻』「近親婚」57頁〔有地亨〕）。

2　不適法婚の取消し

(1)　取消事由

民法第744条は，婚姻の実質的要件に反する不適齢婚（民731条），重婚（民732条），待婚期間中の婚姻（民733条），近親婚（民734条～736条）は，これを取り消し得る婚姻として規定しています。この婚姻の取消しは，民法第747条の詐欺又は強迫による婚姻の取消しが私益的取消しとされるのに対して，公益的取消しとされています。

直系姻族間の婚姻届が誤って受理された場合は，前記1のとおり，当然無効ではなく取消事由とされています（民744条）。この直系姻族間の婚姻の取消しは，いわゆる近親婚禁止の一つの場合であり，直系血族間，三親等内の傍系血族間の自然血族間の婚姻取消しが，専ら優生学的な見地に基づくのに対して，この直系姻族間の婚姻の取消しは，社会倫理的な見地に基づいています。

(2)　取消権者

婚姻の取消しを請求することができるのは，婚姻の各当事者，その親族又は検察官とされています。ここにいう親族とは民法第725条に定める親族であり，ア　六親等内の血族（同条1号），イ　配偶者（2号），ウ　三親等内の姻族（3号・すなわち，配偶者の一方と他方の配偶者の血族）をいいます（明治31・9・21民刑962号回答）。なお，民法第744条に規定する婚姻の取消しは，前記(1)のとおり公益的事由に基づくものですから，取消権者に検察官を加えるのは当然としても，親族にまで取消権を認めるのはその範囲が広過ぎるとして，その範囲を，直接利害関係を有する親族（例えば，扶養義務を負う三親等内の親族（民877条2項），相続権を有する直系血族，兄弟姉妹あるいは甥姪）に限

るべきであろうとする見解もあります（『注釈民法⒇親族』295頁〔中尾英俊〕）。

相談の場合の婚姻取消請求の申立人は，当事者である相談者の母の姉の娘，つまり従姉であり，四親等内の傍系血族としての親族に当たりますから（民725条1号，戸籍実務六法所載の親族・親等図表参照），婚姻の取消請求権を有します（民744条1項）。

(3) 取消権の行使

婚姻の取消しは裁判所に対して請求することを要します（民744条）。取消しの訴えは，全て人事訴訟法の規定に従って行われなければなりません（人訴2条）が，家事事件は調停前置主義が採られていますから（家事244条・257条），まず，第三者が提起するときは夫婦を相手方として，家庭裁判所に家事調停の申立てをします。調停において，婚姻の取消しに関して当事者間に合意が成立し，取消しの原因の有無について争いがない場合には，家庭裁判所において必要な事実を調査した上，当該調停委員会を組織する調停委員の意見を聴き，正当と認めるときは，婚姻の取消しに関し，合意に相当する審判をすることができます（家事277条）。この審判に対しては，当事者が審判の告知を受けた日から2週間以内に利害関係人（当事者は合意しているから異議申立てはできません〔注〕）から異議の申立てがなければ，その審判は確定し，確定判決と同一の効力を有します（家事279条・281条）。しかし，適法な異議の申立てがあったときは，審判はその効力を失い，当事者には裁判所からその旨の通知がされます。当事者は，その通知を受けた日から2週間以内に訴えを提起したときは，調停の申立てをした時に，その訴えの提起があったものとみなされ（家事280条4項・5項），時効その他法律上期間遵守の効果が維持されます。

(4) 婚姻取消しの効果

婚姻の取消しは，婚姻によって生じた身分関係を将来に向かって消

減させるものですから，それまでに発生した身分関係には，何ら影響を与えません（民748条1項）。その理由は，法律上の要件を欠いた婚姻であっても，婚姻という事実が存在する以上それを法律によって婚姻が存在しなかったとした場合，当事者及びその間に出生した子並びに第三者に極めて不都合な結果をもたらすからです。ただし，財産上の効果は，一定の範囲で遡及することとされています（同条2項・3項）。

　取り消し得べき婚姻から出生した子は，父母の婚姻が取り消されたときでも，嫡出子としての地位は失わないし，婚姻取消しの裁判確定前に妻の懐胎した子は，夫の子と推定されます（民772条）。ただし，婚姻の取消し後における子の監護の決定については，離婚後の子の監護に関する民法第766条の規定に従うこととされています（民749条）。

　〔注〕　当事者からの異議の申立ては，合意の不存在又は無効を理由とする場合は認められます（最決昭和44・11・11民集23巻11号2015頁）。

> 26 日本に在住する中国人女性（18歳・本土系）と日本人男性（19歳）の婚姻は！

[相談事例]

　私は，昨年の春に高校を卒業し，現在家電製造関係の会社で働いています。同じ職場で働いている中国人女性（18歳）と交際して1年経ち，同女との話合いで，この度，結婚することになりました。私の両親はこの結婚に賛成してくれていますので問題はないのですが，相手の女性の両親（本国在住）が反対していることと，中国の法律によると女性の婚姻年齢は20歳とされているとのことですので，いま婚姻の届出をしても受理されないでしょうか。

[説　明]

　中国人女性に関する婚姻の実質的成立要件の準拠法は，中国の国際私法「中華人民共和国渉外民事関係法律適用法」第21条の規定により，まず，当事者の共通常居所地の法律が適用されることから，中国人女性の婚姻年齢等の実質的成立要件は，当事者の共通常居所地である日本法によることになります。したがって，中国人女性について本国の権限のある官憲が発給する身分関係事実を明らかにする証明書等を添付して届出をすることにより，日本民法上の婚姻要件を満たしているか否かの審査によって受否が決定されることになります。なお，中国人女性は「中華人民共和国民法通則」第11条によると，中国法上成年者ですから，日本民法第737条第1項の父母の同意は要しないことになります。

第 8　婚　姻

1　渉外的婚姻成立要件の準拠法

　「法の適用に関する通則法（平成18年法律78号）」（以下「通則法」といいます。）は，渉外的婚姻の実質的成立要件の準拠法については，各当事者の本国法により（通則法24条1項），また，形式的成立要件については，婚姻挙行地の法律によることを原則としているほか，当事者の一方の本国法によることもできるとされています（同条2項・3項本文）。ただし，当事者の一方が日本人である場合において日本で婚姻をするときは，日本の方式によらなければその婚姻は成立しません（同条3項ただし書）〔注1〕。したがって，日本において日本人と外国人が婚姻をするには，各当事者がそれぞれの本国法上の婚姻の実質的成立要件を備えていれば，戸籍法の定めに従って市区町村長に届出をし，それが受理されることによって婚姻は成立することになります。

2　中国における婚姻の準拠法

　相談の事例は，日本に在住する中国人女性と日本人男性の創設的婚姻の届出に関するものですが，中国の国際私法である中華人民共和国渉外民事関係法律適用法（2011・4・1施行）第21条によると，「婚姻の要件については，当事者の共通常居所地の法律を適用し，共通常居所地の法律がないときは，共通国籍国の法律を適用する。共通の国籍を持たず，一方当事者の常居所地又は国籍国において婚姻を締結したときは，婚姻締結地の法律を適用する」という段階的連結により準拠法を決定することとされています〔注2〕。また，形式的成立要件については，結婚の手続が婚姻締結地の法律に適合するときは有効であるとしています（同法22条）。したがって，中国人が日本で婚姻をする場合には，中国人当事者の実質的及び形式的成立要件は，共通常居所地法及び挙行地である日本法によることになりますから，その婚姻は中国においても有効に成立したものとされます。

137

3　中国人が日本において婚姻をする場合

(1)　相談の場合のように，日本に在る中国人女性が日本人男性と日本において婚姻をする場合，中国人女性の婚姻の実質的成立要件は，前述のとおり，中華人民共和国渉外民事関係法律適用法第21条の規定によって日本法を適用することになります。したがって，日本人当事者である相談者については，戸籍の謄本等を，中国人女性については，中国官憲が発給する性別，出生年月日及び独身であること等，身分関係の事実を確認することができる証明資料を添付して婚姻の届出をすることを要します。

(2)　我が国の民法は，女性の婚姻適齢は満16歳以上とされ（民731条），未成年者が婚姻をする場合は，父母の同意を得なければならないとされています（民737条）。一方，中国人女性が本国において婚姻をする場合は，中華人民共和国婚姻法（1981・1・1施行）第6条の規定によって女性は満20歳に達していることが要件とされていますが，相談の場合の常居所を共通にする日本人男性（相談者）と婚姻をする中国人女性に適用される我が国の民法第731条では，婚姻適齢（16歳）に達していると認めることができます。

ところで，相談者は，中国人女性の両親が娘の婚姻に反対していることから，その同意書が得られないため，届出の要件を欠くのではないかと危惧されているようです。つまり，我が国では満20歳をもって成年とされており（民4条），また，未成年者の婚姻には父母の同意を要する（民737条）とされているところ，婚姻の当事者である中国人女性は満18歳であり，日本法上からすれば未成年者とされることから，日本人男性との婚姻につき父母の同意を要するのではないかとの疑問が生じたものと思われます。

しかし，中国人女性が未成年であるか否かは，その本国法によるべきものと解されており（通則法4条，南敏文「渉外事件における成年年

齢」戸籍時報604号2項以下参照），本国法である中華人民共和国民法通則第11条が「満18歳以上の公民は成年者であり……完全な民事行為能力者である。」と規定していることから，既に18歳に達している中国人女性は本国法上成年者ということになります。したがって，相談の場合における中国人女性は，我が国において婚姻をする場合は，父母の同意は要しないことになります。

〔注1〕　このような例外的規定が置かれたのは，婚姻当事者の一方が日本人であっても，外国人である他方当事者の本国法上の方式により婚姻が成立するときは，日本人当事者の婚姻の事実は報告的届出でもなされない限り我が国の戸籍には登載されないことになります。そこで，少なくとも，当事者の一方が日本人で日本で婚姻を挙行する場合には，婚姻挙行地法である日本法によらなければならないものとして，婚姻の事実を速やかに戸籍に反映させ，当該日本人及びその子の国籍や身分関係の公証に適正を期することが必要であると考えられたからです。また，日本人については，日本国内で配偶者となるべき者の本国法である外国法の方式によって婚姻した場合であっても事後的に市区町村長に報告的届出を要することとなりますが（戸41条の類推適用），そのことは，挙行地法である日本の方式による婚姻の届出を要求することと実際上差異はないし，また，これを要求しても当事者にそれほどの負担をかけることにはならないであろうとの趣旨と思われます（澤木敬郎・南敏文『新しい国際私法』8頁，71頁）。

〔注2〕　1987年1月1日に施行された中華人民共和国民法通則の第147条では，中華人民共和国公民と外国人との婚姻には，婚姻締結国の法律を適用するとされていました。その後，2011年4月1日に施行された同国渉外民事関係法律適用法では，段階的連結による準拠法の指定に改められています（同法21条・51条）。

27 日本人男性が外国人女性と同女の本国の方式により婚姻をした後，単身で日本に帰国し，他の日本人女性と重ねて婚姻をしたため重婚関係が生じている場合，その重婚の解消方法は！

[相談事例]

　私が夫と婚姻をしたのは，夫が勤め先のタイ国バンコク支社勤務を終え，東京の本社への転勤となって帰国した3年前に，知人の紹介によるものです。その後，今年の春には長男が誕生し，幸せな家庭生活を過ごしてきました。

　ところが，夫がタイ国滞在中に知り合い，同国の方式で婚姻をしたというタイ人女性が，今年の夏に突然自宅に来訪し，持参したタイ国発行の夫と同女との「婚姻証明書」を夫に示しながら，「自分の今後の生活は，日本人夫の妻として日本で生活を続けたいので，宜しくお願いしたい。」という趣旨を深刻な表情で訴えて帰りました。

　私はこれまで夫がタイ人女性と婚姻していたとは全く知りませんでしたし，夫は帰国後もその婚姻に関する届出を本籍地市役所にはしていなかったようです。

　その後，夫はこの重婚状態に関する対応に大分苦慮しているようですが，まだ方針は固まらないようです。私としては，長男の将来のこともあるので，夫と離婚して今後は長男を養いながら生活することを考えているところです。いずれにしても，一日も早く重婚関係を解消したいのですが，それにはどのような方法がありますか。

[説　明]

　民法は，配偶者のある者が重ねて婚姻をする，いわゆる重婚を禁止

しており，刑法においても悪意の重婚を犯罪として処罰すべきとする規定を置いています。この民法の規定に違反した婚姻については，後婚の両当事者，その親族又は検察官から（このほか，前婚と後婚の配偶者を含む。），その取消しを家庭裁判所に請求して解消するのが原則とされています。

なお，重婚の解消前に，前婚及び後婚の一方又は双方について，協議離婚がなされたときは，重婚は解消したものと解されます。

1 重婚とは

重婚とは，配偶者のある者が重ねて婚姻をすることをいい，家族法の本質である一夫一婦制度の立場からこれを禁止しており（民732条），また，刑法においても，悪意の重婚は犯罪として処罰すべき旨，規定されています（刑184条）。ここにいう重婚とは，法律上の婚姻が二重に成立する場合であり，法律上の婚姻と事実上の婚姻（内縁関係）が重複する場合は，重婚には当たりません。

2 重婚が生じる場合

婚姻が，市区町村長への届出によって成立する法律婚主義をとっている現行法の下では，配偶者のある者が他の者との婚姻届を市区町村の窓口に提出しても，戸籍上重婚となることが明瞭となるため，その届出が受理されることはありません。しかし，結果的に誤って二重の受理がなされれば，後婚も一応有効に成立しますから，重婚関係が生じることになります。重婚が生じるのは，次のような場合です。

(1) 離婚後再婚したが，離婚が無効とされ，又は取り消された場合
(2) 失踪宣告を受けた者の配偶者が再婚をした後，失踪宣告が取り消された場合（なお，この場合に重婚関係が成立するか否かについては，民法第32条第1項後段を適用する立場（昭和25・2・21民事甲520号回答）と適用を排除する立場に説が分かれている。）

(3) 認定死亡等によって婚姻が解消し，残された配偶者が再婚した後，前配偶者が生還した場合
(4) 相談の事例のように，日本人が外国で同国の方式により婚姻をした後，日本の戸籍法によるその報告的届出（戸41条）をしないまま，帰国後，他の日本人と婚姻の届出をして受理された場合

3 重婚の効果

　重婚が生じた場合，後婚が公序良俗違反として当然無効となるのではなく，取消権者である各当事者，その親族，検察官又は前婚の配偶者（民744条）から，その取消しを家庭裁判所に請求し得るにすぎません。したがって，相談者とその夫との婚姻関係は，取り消されない限り有効なものとして存続することになります。また，取り消されても婚姻の取消しは遡及効をもたないので（民748条），既に生じた重婚状態は法律上是認されることになります。

　このような重婚状態を法律上是認するのは，一夫一婦制度の理想からは好ましくないことから，重婚は当然無効とすべしという主張もあり，また，外国の立法例も無効とするものが多いようです（例えば，中国・婚姻法10条，台湾・民法985条・988条，タイ・民商法1452条・1496条，フィリピン・家族法35条，スイス・親族法101条・120条，ドイツ・婚姻法20条，フランス・民法147条・184条等がある。）。しかし，無効としても，重婚という既に発生した事実を無にすることはできない面もあり，これらの国の中には，特にその間に生まれた子を嫡出子とみなしたり，無効の効果を判決時以前に遡及させなかったり，父の認知した子とみなすなどの例外を認めている例もあるようです。そのような実情からすると，重婚を無効にするのが妥当かどうか疑問もあり，むしろ取消しによる方が，当事者の自由な意思による解決，子の地位等の点で，より妥当な結果が得られるのではなかろうか，といった見解もあるようです。

4　不適法婚の取消し

　婚姻の届出が受理されても，その婚姻が当事者間の意思の合致という要件（民742条1号）を欠くときは無効ですが，他の要件を欠く場合には，婚姻の届出が受理されれば，婚姻は有効に成立します。ちなみに，ここに，他の要件を欠く場合とは，民法がその成立を認めない婚姻であり，殊に重婚などは著しく反社会性を持つものですから，民法はこれらの婚姻（①不適齢婚・民731条，②重婚・民732条，③再婚禁止期間を経過しない婚姻・民733条，④近親婚・民734条～736条）を不適法な婚姻として取り消し得るものとしています（民744条）。

5　重婚関係の解消方法

(1)　後婚の取消しによる解消

　重婚は，取消権者からその取消しを裁判所へ訴える方法によってしなければなりません。この場合も調停前置主義により，訴えを提起するには，まず家庭裁判所に重婚取消しの調停を申し立てることになります（家事257条1項）。調停において当事者の合意が成立すると，婚姻取消しに関して合意に相当する審判の手続に進みます。その審判も成立し，当事者及び利害関係人からの異議の申立て（家事279条1項）がないときは，その審判は確定判決と同一の効力を有するものとされています（家事281条）。しかし，異議の申立てがあれば，先の合意に相当する審判は，その効力を失いますから（家事280条3項・4項），後婚取消しの訴えを提起しなければなりません。

　なお，後婚取消しの裁判が確定した場合の効果は，一般の法律行為の取消しの法理（民121条・法律行為の時に遡及して，初めから無効であったものとみなされる。）にはよらずに，取消しの時から将来に向かって婚姻がなかったという効果が生じるにすぎません（民748条1項）。

(2) 離婚による解消

　重婚関係の解消には，前婚及び後婚の一方又は双方について協議離婚がなされた場合が考えられます。後婚が取り消される前に，前婚が離婚によって解消したときも，後婚は重婚としての瑕疵が治癒されたものとして，取消しの問題は生じないものと解されます（昭和52・10・7民二5117号回答，中川淳『改訂　親族法逐条解説』41頁）。

　また，後婚の配偶者が善意の場合には，配偶者に離婚の請求ができると考えられます（相談事件における相談者が，その夫に対しての離婚請求をする場合はこれに当たります。）。悪意の場合に離婚の請求ができるか否かは，いわゆる有責配偶者の離婚請求の問題と関連することになるでしょう（民770条）。

第9・離　婚

第9 離婚

> 28 前夫との離婚後，再婚禁止期間内に他の男性との婚姻届が誤って受理された場合の効力は！
> また，再婚後200日後，前婚の解消の日から300日以内に出生した子の父は！

相談事例

　私は，今年の3月に前の夫・Aと協議離婚をし，その2か月後の5月に，かねてから交際していたB男との婚姻届を住所地の市役所に提出したところ，それが受理されて，B男の戸籍に入籍の記載がされました。現在，私は，B男の子を懐胎しており，来月（12月）20日が出産予定日です。最近，親しい友人に，女性は離婚の日から100日を経過しないと他の男性との再婚はできないはずであること，また，予定日どおり子が出生した場合，子の父親がA男かB男か分からなくなるのではないか，と言われ心配になってきました。その点は，どうなるのでしょうか。

説　明

　再婚禁止期間（民733条）を経過しないうちにされた婚姻（再婚）の届出は受理されるべきではありませんが，それが誤って受理されたときは，その婚姻は一応有効に成立します。しかし，婚姻の各当事者又はその親族等からその婚姻の取消しを家庭裁判所に請求することができますが（民744条），前婚の解消若しくは取消しの日から起算して100日を経過した場合，又は女性が再婚後に子を懐胎した場合には，婚姻の取消しを請求することはできなくなります（民746条）。したがって，相談者と後夫との婚姻は，有効に継続することになります。

　また，来月（12月）に出産が予定されている子の出産日が，前婚解

145

消の日から300日以内で，しかも，後婚成立の日から200日後である場合には，前夫・Aと後夫・B男の父性推定が重複することになります。これにより父を定めることができないときは，父を定める訴えにより，裁判所が定めることになります（民773条）。

1　再婚禁止期間
　女性は，前婚の解消又は取消しの日から起算して100日を経過した後でなければ再婚をすることができないとされています（民733条1項）。これは，再婚した女性の出産する子について，嫡出推定の重複を避けるための配慮に基づくものです〔注1〕。したがって，100日の再婚禁止期間が経過する前であっても，嫡出推定の重複が生ずるおそれのない場合，例えば，①離婚した直前の夫と再婚する場合（大正元・11・25民事708号回答），②夫の生死が3年以上不明であることを理由として離婚判決が確定した後に再婚する場合（大正7・9・13民1735号回答，昭和25・1・6民事甲2号回答二ロ），③女性が受胎能力のない年齢に達している場合（昭和39・5・27民事甲1951号回答―この先例の事案は67歳），④女性が前婚の解消又は取消しの時に懐胎していなかった場合，又は女性が前婚の解消又は取消しの後に出産した場合に該当する場合（平成28・6・7民一584号通達）があります。

2　再婚禁止期間の経過前に受理された婚姻届の効力
　民法733条1項に定める再婚禁止期間（女性が前婚の解消又は取消しの日から起算して100日）を経過しないうちにされた婚姻（再婚）の届出は，本条に違反しますから，受理されません。しかし，その届出が誤って受理されたときは，その婚姻は一応有効に成立することになりますが，不適法な婚姻として，各当事者，その親族等から家庭裁判所に取消しを請求することができます（民法744条）。なお，100日の再婚禁止期間が経過する前に再婚の届出が受理された女性が，懐胎する

ことなく，100日を経過したときは取り消す必要はなくなります。また，その女性が再婚後に懐胎したときも，改めてその婚姻を取り消す必要はないものとして，取消権は消滅します（民746条）。

したがって，相談者が3月に前夫・Aと協議離婚をし，その2か月後の5月に同女の住所地の市役所に提出したB男との婚姻届が誤って受理されたときは，婚姻の効力が生じているので，その届書の送付を受けた本籍地の市区町村長は，戸籍の記載をするほかありません。相談の時点（11月）では，前婚解消の日から起算して100日を経過しており，婚姻の取消しを請求することはできないので（民746条），B男との後婚は有効な婚姻として継続することになります。

3　父未定の子

相談事例のように，再婚禁止期間を経過しないうちにされた再婚の届出が誤って受理された場合において，前婚の解消（又は取消し）の日から300日以内で，しかも後婚成立の日から200日後に子が出生することがあり得ます。そうすると，この出生子は，前夫の子とも後夫の子であるとも推定され（民772条2項），いずれが父であるか定まらないことになります。

そこで，民法はこのような場合に，当事者の協議によって父子関係を定めるということはしないで，「父を定める訴え」に基づいて裁判所が定めるものとしています（民773条）〔注2〕。この場合の手続については，人事訴訟法第三章に規定されており，訴えの当事者となり得る者は，子，母，前夫又は後夫とされ（同法43条），これらの当事者が訴えを提起することにより訴訟が開始することになるので，裁判所は，この訴えが提起されない限り，その子の父を定めることはできません〔注3〕。したがって，上記の裁判が確定するまでは，戸籍上いわゆる「父未定の子」として取り扱われ（戸54条），前夫又は後夫いずれかの嫡出子として届け出ることは認められないことになります

（大正 7・5・16 民 1030 号回答，昭和 26・1・23 民事甲 51 号回答）。

　そこで，嫡出推定が重複する出生子については，第一順位の届出義務者である母から「父未定の子」として出生の届出をし（戸 54 条 1 項）〔注 4〕，これにより，子は一応出生当時の母の戸籍に入籍します。この場合，戸籍の父欄は空欄となり，身分事項欄に父未定の旨の記載がされます（参考記載例 6）。

　その後，判決又は審判（家事 277 条・281 条）により父が確定した後，戸籍法 116 条による戸籍訂正申請によって，出生当時からその父の嫡出子であったことに戸籍を訂正することとなります（大正 3・12・28 民 1962 号回答，法定記載例 195・196）。

〔注 1〕　再婚禁止期間については，従来，前婚の解消又は取消しの日から 300 日とされていましたが，平成 28 年法律第 71 号による民法の一部改正により，前婚の解消又は取消しの日から起算して 100 日に短縮されました。これに伴う戸籍実務における婚姻の届出の取扱いについて，法務省民事局長通達（平成 28・6・7 民一 584 号通達）が発出されています。

〔注 2〕　父を定める訴えの性質は，確認の訴えとする見解（山崎邦彦『注解親族法』167 頁ほか）と形成の訴えとする見解（我妻栄・立石芳枝『親族法・相続法』161 頁）とがあります。

〔注 3〕　この訴えを提起するには，まず，原告及び被告の住所地等（梶村太市・石田賢一・石井久美子『人事訴訟書式大系』13 頁）の家庭裁判所に調停を申立てをすることを要し（家事 257 条 1 項），調停において当事者間に合意が成立し，家庭裁判所において必要な調査をした上，当該調停委員会の委員の意見を聴き，正当と認めるときは，合意に相当する審判をします（家事 277 条）。しかし，その審判に対し異議の申立てがあった場合又は合意に相当する審判をしなかった場合は，その旨の通知を受けた日から 2 週間以内に訴えを提起し，判決により父を確定することになります（家事

279条・280条5項)。

〔**注4**〕　出生の届書の「その他」欄の記載要領は，例えば，以下のとおりです。

　「事件本人太郎は，母梅子が前婚解消後100日を経過しないうちに再婚し，前婚解消後300日以内で，かつ，再婚後200日後に出生したため，前婚，後婚双方の夫の子として推定を受けるので，父は未定である。」

> 29 裁判所の関与によって成立する離婚とは！
> また，裁判によって離婚の効力が生じる時期に違いがあるのか！

[相談事例]

　私は7年前に夫と婚姻し，夫婦の間には5歳になる長女がいます。ところが2・3年ほど前から夫婦間に不和が生じ，家庭生活が崩壊しつつあります。私は離婚して長女とともに新しい生活を望んでおり，夫と離婚の話合いを続けているのですが，協議離婚の成立は難しいようなので，裁判上の手続によって解決するほかないようです。その手続を友人に聞いたところ，まず家庭裁判所に調停の申立てをしなければならないということですが，裁判上の離婚の手続には，どのようなものがあるのですか。その手続の違いによって離婚の効力が生じる時期に違いがありますか。

[説　明]

　裁判所の関与による離婚には，①調停，②審判，③判決，④訴訟上の和解及び請求の認諾の手続があります。

　裁判離婚の効力が生じるのは，①調停による離婚は，調停が成立した時，②審判による離婚は審判が，③判決による離婚は判決が，それぞれ確定した時です。また，④訴訟上の和解による離婚は，和解が調書に記載された時であり，請求の認諾による離婚は，請求の認諾が調書に記載された時です。

1　調停による離婚
　(1)　相談事例のように，当事者間で離婚意思の合致が見られない場

合は協議離婚をすることはできませんが，離婚を望む相談者は，裁判上の離婚の手続を採ることができます。それには，まず，家庭裁判所に調停を申し立てなければなりません（家事257条・調停前置主義）。この調停前置主義とは，家事調停事項（家事244条）のうち，離婚事件のように民事訴訟を提起できる事件について訴訟を提起しようとする場合には，これに先立って家庭裁判所に調停を申し立てなければならないことをいいます。仮に調停を申し立てないままに訴訟が提起された場合には，その訴訟の提起を受けた裁判所は原則として，これを家庭裁判所の調停に付すことになります（家事257条2項本文）。この取扱いが採られている根拠としては，離婚のような家庭に関する事件は，画一的・合理的基準に基づいて結論を出す訴訟よりも，むしろ将来の人間関係の在り方を含めて具体的な解決を図った方が妥当と考えられることにあります。また，家庭に関する事件をいきなり対審・公開の法廷の場にさらすことは，家族関係の対立関係を助長し，家庭の平和と健全な親族共同生活の維持を図る見地からは望ましくない，という考え方にあると解されます。

(2) 家庭裁判所の調停は，原則として非公開であり，裁判官1人及び家事調停委員2人以上で組織される調停委員会によって行われます（家事33条・247条・248条）。そして，調停において当事者間に合意が成立し，これが調停調書に記載されたときに調停が成立し，その離婚に関する調書の記載は，確定判決と同一の効力が生じます。また，子の監護者や親権者の指定，財産分与など，家事事件手続法別表第二に掲げる事項の記載についても，確定した審判と同じ効力が生じ（家事268条1項），これによって離婚の効力が生じます。

2 審判による離婚

(1) 家庭裁判所は，調停委員会の調停が成立しない場合に，相当と認めるときは，その調停委員会を組織する家事調停委員の意見を聴き，

151

一切の事情を考慮して，当事者双方の申立ての趣旨に反しない限度で，事件の解決のため職権で調停に代わる離婚の審判をすることができます（家事284条1項・2項）。この審判においては，子の引渡し又は金銭の支払その他財産上の給付その他の給付を命ずることができます（同条3項）。

(2) 調停は，前述（1(2)）のとおり当事者双方が合意に至らなければ不調にならざるを得ませんが，紛争の根幹部分についてはほぼ合意に至っているものの，僅かな点で合意に至らないでいる場合にまで調停が不成立に終わらざるを得ないとすると，それまでに行ってきた調停手続が徒労に終わりかねません。しかし，調停の経緯やそれまで提出された資料に基づいて，いったん審判という形で裁判所の判断が示された場合は，当事者が考え直してこれを受け入れることも十分あり得ることです。そのために設けられたのが本条の規定です。

(3) 調停に代わる離婚の審判については，当事者が審判の告知を受けた日から2週間以内に，当事者又は利害関係人が異議の申立てをすることができます（家事286条1項・2項・279条2項）。その期間内に異議の申立てがないとき，又は異議の申立てを却下する審判が確定したときは，離婚の審判は確定し，確定判決と同一の効力を有するものとされます（家事287条）。適法な異議の申立てがなされると，離婚の審判は効力を失います（家事286条5項）。また，異議の申立てが不適法として却下されたときは，異議の申立人から即時抗告をすることができますが（家事286条4項），異議の申立てを却下する審判が確定したときも離婚の審判が確定し，確定判決と同一の効力を有するものとされます（家事287条）。

3 判決による離婚

離婚の調停が不成立であり，審判も行われず又は離婚の審判が異議の申立てにより効力が生じなかった場合に，相談者がなお離婚を望む

ときは，離婚の訴えを提起するほかありません。このような場合に，当事者が離婚不成立の旨の通知を受けた日から2週間以内に訴えを提起したときは，調停の申立ての時に訴えの提起があったものとみなされます（家事272条3項）。調停に代わる審判に対して適法な異議の申立てがあったときは，調停に代わる審判は効力を失いますが，当事者がその旨の通知を受けた場合も同じです（家事286条6項）。また，家庭裁判所に対する調停の申立てを経ないで直接訴えを提起した場合に，裁判所が調停に付すことを相当でないと認めるときは，調停に付さないことができるとされていますので（家事257条2項ただし書），例外的ですが，このような場合にも訴訟手続が開始される場合があります（『改訂　設題解説　戸籍実務の処理V(2)』39頁）。

　離婚の調停が不成立となり，審判もされず，又は審判が効力を失った場合に，法定の離婚原因（民770条）があるときは，地方裁判所へ離婚の訴えを提起することができます。その訴訟手続が開始されて離婚の判決がされ，これが確定したときは，離婚の効力が生じます。

4　訴訟上の和解・請求の認諾による離婚

(1)　離婚の訴訟が継続中に，当事者間に離婚の協議がされ，裁判官の面前で和解が調った旨の陳述がされた場合には，当事者間に離婚の意思の合致があることが裁判所で確認されます。この場合には，調停による離婚と同様に，離婚する旨が和解調書に記載されたときに離婚の効力が生じます。

(2)　請求の認諾は，離婚の訴えが継続中に，被告が原告の請求に理由のあることを自ら認めて，訴訟手続を終了させる意思表示です。したがって，離婚の訴訟手続継続中に，その請求の認諾があったことが調書に記載されることによって直ちに離婚の確定判決と同一の効力が生じます（人訴37条，民訴267条）。ただし，請求の認諾による離婚が認められるのは，財産分与等の附帯処分や親権者指定の裁判をするこ

とを要しない場合に限られます（人訴37条1項ただし書）。その理由は，附帯処分や親権者指定は，本来家事審判事項と解され，認諾の対象とはならないと解されていることや，附帯処分や親権者指定の必要があるときに離婚請求の認諾がされてしまうと，附帯処分や親権者指定の判断が残されることとなって，離婚と同時に親権者の指定を求めている民法第819条の規定に反することになるからです。

> 30　外国に在住する日本人夫との協議離婚届を，日本在住の外国人妻から日本の市区町村長にする届出は！

相談事例

　私は7年前に日本人夫と婚姻をした外国籍の妻です。婚姻以来日本で婚姻生活に入り，その1年後に長女をもうけました。長女が生まれた年に，急遽夫は勤務する会社から外国支社への転勤を命じられ，以来，5年以上も単身赴任を続けており，私は長女とともに日本で生活をしています。

　実のところ，夫の外国勤務前から夫婦間に生じたいろいろな事情から，離婚の話合いを続けていましたが，この度，夫の在外地駐在の日本領事館で入手したという日本の離婚届書に，所要の事項を記載し，署名押印して私宛に送付し，届出をするように言ってきました。

　私が，この届書に署名して，住所地の市役所に届け出ることにより協議離婚をすることができるでしょうか。

説　明

　日本人夫の常居所が日本にない場合でも，外国人妻が日本に常居所があり，密接関連地が日本にあると認定されることにより，日本の民法及び戸籍法に定める協議離婚の届出をすることができますから，相談者は，同人の所在地の市区町村長に届出をすることができ，その届出が受理されることによって，協議離婚は成立します。

1　外国人配偶者が日本に常居所がある場合の準拠法

　渉外的離婚の実質的成立要件の準拠法については，「法の適用に関する通則法」（以下「通則法」という。）第27条で準用する同法第25条

の規定により，夫婦の共通本国法，共通常居所地法，密接関連法の三段階連結による指定方法が採られています。すなわち，渉外的離婚の実質的成立要件の準拠法は，①夫婦の本国法が同一であるときは，まず，その共通本国法が準拠法になり，②夫婦の共通本国法がないときに，夫婦の常居所地法が同一であるときは，その共通常居所地法が準拠法となります。また，夫婦の共通本国法も共通常居所地法もないときは，③夫婦に最も密接な関係がある地（密接関連地）の法律によるとする三段階連結による指定方法が採られています。その上で，通則法第27条ただし書は，「夫婦の一方が日本に常居所を有する日本人であるときは，離婚は，日本法による。」と定められています。

相談の事例のように，5年以上も外国に在住する日本人夫と日本に在住する外国人妻が離婚をする場合に，第一段階の共通本国法，第二段階の共通常居所地法のいずれの法律もないときは，夫婦に最も密接な関係がある地が日本であるときは，日本法が準拠法に指定されることになります。もっとも，日本人配偶者が外国に居住しているとしても，例えば，1年以内に発行された住民票の写しの添付等により，日本に常居所があると認定できる場合であれば，通則法第27条ただし書に基づき，日本民法が準拠法として指定されることから，協議離婚の届出ができることになりますが（平成元・10・2民二3900号通達（以下「基本通達」という。）第8の2(1)），相談事例の日本人夫は，在外5年以上を経過していますから，対象外です。

2　常居所の認定

国際私法上，特定の地に常居所があると認められるには，短期間の滞在では足りず，その地に相当期間滞在している事実又は滞在するであろうと認められる事実が必要とされています。そして，単に居住期間だけでなく，居住目的や居住状況などを総合的に勘案して認定すべきですから（山田鐐一『国際私法（第3版）』117頁，『改訂　設題解説

渉外戸籍実務の処理Ⅰ』112頁），常居所の認定については，個別の事案ごとに認定すべきものと解されます。

(1) 外国人配偶者について

　外国人配偶者が日本に常居所を有するか否かは，旅券や同人の日本での在留カード，住民票の写し等によって判断されます。基本通達「第8　常居所の認定1(2)」によると，事件本人が外国人である場合に，「日本人の配偶者」としての在留資格で引き続き1年以上在留している場合は，我が国に常居所があるものとして取り扱うこととされています。

(2) 日本人配偶者について

　日本人配偶者が日本に常居所を有するか否かは，その者が日本に住所を有していたか否かにより判断することになります。その認定資料は，住民基本台帳に記載されている住民票の写し又は住民票に記載した事項に関する「住民票記載事項証明書」であり，住民登録がされていれば日本に常居所を有するものと認定されます。なお，住民票が消除されていたとしても，出国後外国に常居所を有するに至るまでの間は，日本に常居所を有するものと認定され，戸籍の実務上は，①出国後1年以内である場合，又は②出国後1年以上5年内である場合（ただし，本人が旅券その他の資料によって当該国に引き続き5年以上滞在している場合を除く。）には，我が国に常居所があるものとして取り扱われます（基本通達第8の1(1)及び(2)。しかし，相談における日本人夫は，日本を出国して既に5年を経過していますから，対象外であることは前記1のとおりです。）。

3　密接関連法の認定

　渉外離婚において，日本人配偶者が外国に在住しており，日本に常居所の存在が認められない場合の離婚の成立に関する準拠法は，夫婦に最も密接に関係する他の法律（密接関連法）となります。当事者に

最も密接に関係する法律は，夫婦について密接に関係する種々の要素を総合して決定することになります。この場合の要素としては，当事者の国籍・常居所・居所等当事者に関する事項及び夫婦間に子がいるときは，その子の国籍・常居所等ということになります。そして，これらの要素は，現在のものだけでなく過去の要素も含みます。例えば，日本人配偶者は帰化により日本の国籍を取得しているものの，従前の国籍は外国人配偶者の国籍と同一であったような場合は，その国籍国の法が密接関連法となることがあります。

　相談の事例は，①配偶者の一方（夫）が日本人であること，②外国人配偶者（妻）の常居所が日本にあると認められること，③夫婦双方が日本法による協議離婚に合意しており，かつ，それが離婚当事者の一方の本国法である日本法であること，④夫婦間に出生した長女は，日本国籍を取得し（国２条１号），母親と共に日本に在住していること等から，日本法が密接関連法と認められますから，この協議離婚の届出は受理されることになります（基本通達第２の１(1)イア後段，『改訂　設題解説　渉外戸籍実務の処理Ⅰ』116頁，『設題解説　渉外戸籍実務の処理Ⅲ』73頁，「法例の一部を改正する法律の施行に伴う戸籍事務の取扱いについて（基本通達）の解説（上）」第二の二２㈣(2)「戸籍」555号57頁）。

第10 親権・未成年後見

31 フィリピン人女性の婚姻外に出生した子が，日本人父に認知された後に父母が婚姻をした場合の子の親権は！その父母の離婚と子の親権の帰属は！

相談事例

私は，日本に在住するフィリピン人女性と同棲中に子が出生したので，その子を認知しました。その後，私は同女と婚姻をし，5年経過しましたが，夫婦の間に不和が生じ，この度，離婚をすることになりました。日本で協議離婚の届出によって離婚することができますか。また，離婚後の子（現6歳）の親権者を父とすることについても話合いがついていますが，これも届出によってすることができますか。

説　明

日本人父に認知されたフィリピン人母の嫡出でない子は，その後の父母の婚姻によって準正嫡出子の身分を取得し（通則法30条1項，民789条1項，フィ家族法178条），子は父母の共同親権に服します（通則法32条，フィ家族法211条1項前段）。また，日本に常居所を有する日本人夫とフィリピン人妻が離婚をする場合は，日本法が準拠法となりますから（通則法27条），日本の方式により市区町村長に対する協議離婚の届出によってすることができます（通則法34条）。ただし，未成年の子の親権の帰属に関する準拠法となるフィリピン家族法は，離婚制度のない法制であることから，父母の離婚の際の子の親権に関する規定が存在しないため，父母の離婚後も，その共同親権に服することになります。したがって，市区町村長は，相談の場合において父母が協議離婚の届出をする際に，未成年の子の親権者を協議により父と定める届出があっても，これを受理することはできません（なお，この

点に関する我が国の裁判例については後記２の(3)を参照願います。)。

1　準正の準拠法と子の親権

　準正の準拠法については，準正の要件である事実が完成した当時における父若しくは母又は子の本国法を選択的に指定することができるとされています（通則法30条１項）。そこで，相談の場合は，父の本国法である日本民法によると，父が認知した子は，その父母の婚姻によって嫡出子の身分を取得するものとされており（民789条１項），また，母と子の本国法であるフィリピン家族法も，「準正は，後から父母が有効に婚姻することにより生ずる。」と定めています（フィ家族法178条前段）。そして，準正により取得した嫡出子の身分は，父母の離婚又は死亡によって変動することはなく（同条後段），父母の婚姻中は原則として父母の共同親権に服することになります（フィ家族法211条）。

　なお，フィリピン人母の本国法は父子関係の成立について事実主義を採用しており（フィ家族法172条１項），かつ，父母の婚姻によって準正する法制を採用していることから，一見すると認知する法制を採っている日本人父の本国法による認知がなくとも，母の本国法に基づいて準正が成立し，子は父母の嫡出子としての身分を取得するようにも思われます。しかし，日本人父による認知がない場合は，通則法第29条が指定するいずれの法律によっても，父子間の法律上の親子関係は成立しないことになります。したがって，先決問題としての法律上の親子関係がないのに準正するとの解釈は，適当でないと解されます（『設題解説　渉外戸籍実務の処理Ⅳ』81頁以下参照）。

2　父母の離婚と子の親権の帰属

　(1)　日本人夫とフィリピン人妻の離婚

　　フィリピンにおいては，ローマカトリック教の影響から，離婚を認

160

めない法制が採られていますが，法定別居制度（フィ家族法55条～67条）があり，また，国外で成立した自国民と外国人との離婚については，例外的にこれを認めています（フィ家族法26条2項）。したがって，相談における日本人夫とフィリピン人妻が日本で離婚をする場合は，日本に常居所を有する夫が日本人ですから，通則法第27条により日本民法を準拠法として協議離婚をすることができますし，フィリピン人妻の本国においても，この離婚は有効なものとして認められることになります。

(2) 父母離婚後における子の親権の帰属

日本人父とフィリピン人母が離婚をした場合，その間の未成年の子（本国法のフィ家族法234条は，18歳をもって成人としている。）に対する親権の帰属については，戸籍の実務上，親子間の法律関係の準拠法によるものとしていますから（平成元・10・2民二3900号通達第7），通則法第32条により，子と母の共通の本国法であるフィリピン家族法が準拠法として適用されます。しかし，フィリピン家族法は，前述のとおり離婚を認めない法制ですから，離婚の際の子の親権の帰属については規定がなく，子は離婚後も，その共同親権に服することになります。したがって，市区町村長は，相談の場合において，日本人夫とフィリピン人妻との協議離婚の届出に際し，未成年の子（フィリピン国籍）の親権者を協議により日本人父と定める届出をしたとしても，受理することができないこととなります。

(3) 我が国の裁判例

このような場合，我が国の裁判例では，父母離婚後における未成年の子の親権者指定に関する準拠法の欠缺の問題として，条理により日本法を適用すべきであるとして，民法第819条第5項により父母のいずれか一方を親権者と定める審判をしています（東京家審昭和62・4・27家月39巻10号101頁ほか。）。

32 在日中国（本土系）人夫婦が，所在地の市区町村長にする協議離婚届と離婚後の未成年の子の親権者を妻とする届出は！

相談事例

　私は中国（本土系）人父母の間に日本で生まれ，育ちました。10年前に在日の同国人の夫と婚姻し8歳になる長女がいます。ところが，4，5年前から夫婦間に不和が生じ，この度，離婚をすることで話合いがつき，離婚後は長女を私が監護・養育することになりました。ついては，現在，住んでいる地の市役所に協議離婚の届出をすることができますか。また，その届書に長女の親権者を私と定める旨を記載して届出をすれば，受理されますか。

説　明

　本土系の中国人夫婦の離婚は，準拠法となる本国の中国婚姻法により協議離婚を行為地法である日本法の方式ですることができます。また，未成年の子の親権については，父母と子の共通本国法である中国法が準拠法となるところ，中国法では，未成年の子の親権は，離婚後も父母の共同親権とされていますから，協議離婚の届書に，妻が親権を行う子の名の記載をしても，離婚後も父母の共同親権が保持されます。したがって，届書の子の親権についての記載は，誤記（余事記載）として処理されますが，協議離婚については有効な届出として受理されます。

1　中国人夫婦が日本の市区町村長にする協議離婚届

　日本に在住する中国（本土系）人夫婦の協議離婚の届出が市区町村

162

長にされた場合は，夫婦の共通本国法である中華人民共和国婚姻法（1980年公布1981・1・1施行。以下「中国婚姻法」という。）が準拠法となります（通則法27条）。同法によると，当事者双方の離婚意思の合致及び①子の扶養（撫養）・教育の問題，②夫婦の共同財産の分与の問題について協議によって適切に処理されているかどうかを確認した上で，届出の受理を判断することになります（中国婚姻法31条）。中国の方式により離婚登記の申請をする場合には，当事者双方の離婚の意思表示とともに，上記①及び②に関する協議事項を記載した「離婚協議書」を申請書に添付することとされています（中国婚姻登記条例11条3項）。

　我が国の方式により協議離婚の届出をする場合には，必ずしも，法律上中国におけるような様式は求められていませんが，上記子の扶養（撫養）・教育の問題等の適切な処理が離婚の実質的成立要件と解されることから，市区町村においては，届出人に対し上記①及び②に関する協議事項を形式的に審査できるように，これらの協議事項を離婚届書の「その他」欄に記載することを求め，届出を受理するのが相当と考えられます（岩井伸晃『中国家族法と関係諸制度』69頁以下参照）。

2　中国人父母の離婚後における子の親権

　子の親権の帰属に関する準拠法は，親子間の法律関係の問題として，通則法第32条によることになり，相談の場合は，子と父母の本国法が共通の中国法となります。中国法では，日本の民法における「親権」に相当する統一的な概念はなく，中国民法通則（1986年全人代採択，1987・1・1施行）及び中国婚姻法は「監護人」の未成年の子に対する法定代理権（中国民法通則16条1項・14条・12条）と未成年の子の身分上，財産上等の権益を保護する権利・義務（同通則18条1項），子の扶養（撫養）・教育（中国婚姻法21条・23条）等が個々の権利義務の内容ごとに個別に規定を設けています。なお，中国法上，成年年齢は18

歳とされています（中国民法通則11条1項）。

　中国法上，未成年の子の監護人（親権者）となるのは，第一次的には父母であり〔注〕，父母の離婚後も，父母双方と子の間の権利義務関係は存続しますから（中国婚姻法36条），未成年の子に対する法定代理権（監護人としての地位）は，引き続き父母双方に帰属します。したがって，父母の離婚の際に協議，調停又は裁判によって撫養者（離婚後に子に対して実際に監護・養育を行う者）が定められても，父母双方が法定代理権を保持し続けることになります。

3　相談の場合の取扱い

　日本に在住する中国（本土系）人夫婦が住所地の市区町村長に対し，協議離婚の届書中，親権者指定欄に未成年の子の親権者を妻とする旨を記載して届け出ても（戸76条1号，戸規57条），上記2のとおり準拠法となる中国法では，父母の子に対する親権は離婚後も引き続き共同親権が保持されます。したがって，当該届書の親権者指定の記載は誤記であることが明らかですから，市役所・町村役場の窓口でその誤記を発見した場合には，届出人に対しこれを補正（削除）するよう求めた上で受理することになります。なお，市区町村において届書に誤記された親権者指定の記載を看過して受理した後に発見された場合には，これを余事記載として符せん処理をして差し支えないと解されます（「戸籍」591号43頁）。

　以上により，受理された当該中国人夫婦の協議離婚の届書は，戸籍の記載を要しない創設的届書類として，当該年度の翌年から50年間保存されます（戸規50条）。

　　〔注〕　中国法上，未成年者の「監護人」となるのは，第一次的には父母
　　　　（実父母，養父母及び継子を撫養している父母）であり（中国民法
　　　　通則16条1項），第二次的（父母が既に死亡し，又は監護能力がな

い場合）には，①祖父母，②兄・姉，③関係の密接なその他の親族・友人（監護の責任を引き受ける自発的意思を有し，未成年者の父母の所属機関又は未成年者所在地の居民委員会・村民委員会の同意を得た者）の中の監護能力を有する者が監護人を務めることになります（同条2項）。

33 在日韓国人女性の婚姻外の子を日本人男性が認知した後，子の親権者を父と定めることは！

[相談事例]
　私は，在日の韓国人女性と交際していますが，このほど二人の間に子が生まれたので，彼女が出生届を済ませるとともに，私はその子を認知する届出をしました。二人の婚姻届出を直ちにすることができない事情があるため，それまでの間は私を子の親権者と定めたいのですが，それは可能ですか。できるとしたら，その手続はどのようにしたらよいでしょうか。

[説　明]
　日本に在住する韓国人女性の婚姻外の子が，日本人男性（相談者）に認知された場合の親権者については，通則法第32条により，子の本国法が母の本国法と共通する韓国民法が準拠法となります。同民法第909条第4項によると，婚姻外に出生した子が認知された場合には，父母の協議によって親権者を定めなければならないとされ，協議が調わない等の場合は，家庭法院において親権者を指定することとされています。
　父母の協議により日本人父を親権者と定める届出をすれば，通則法第34条第2項による行為地法に適合する届出として市区町村長に受理されます。

1　親権の帰属に関する準拠法
　親権の帰属に関する準拠法は，法の適用に関する通則法（以下「通則法」という。）の親子間の法律関係についての準拠法を定める第32条

により，原則として子の本国法が父又は母の本国法と同一である場合は子の本国法により，その他の場合は子の常居所地法（平成元年・10・2民二3900号通達第8の1(2)参照）によることとなります。

相談の事例は，日本に在住する韓国人女の婚姻外の子（韓国国籍法2条1項1号）が日本人男に認知された場合における子の親権の問題ですから，子と母の共通本国法である韓国民法が準拠法として適用され，認知後における子の親権者が定められることになります。

韓国民法によると，婚姻外に生まれた子は，母の単独親権に服することになりますが，その後に父が認知した場合には，父母の協議により親権者を定めなければならないとされています（韓国民法909条4項）。ただし，父母が協議をすることができない場合又は協議が調わない場合には，家庭法院は職権により又は当事者の請求によって親権者を指定しなければならないとされています。なお，子の親権者の指定等については，子の住所地国の裁判所が管轄権を有すると解されますから（山田鐐一『国際私法（第3版）』530頁），我が国の家庭裁判所において，子の親権者指定の審判を受けることができます。

したがって，相談の場合に，準拠法となる子の本国法である韓国民法第909条第4項の規定に基づいて，子の親権者を父母の協議により日本人父と定める届出があった場合は，我が国の市区町村長はこれを受理することができます。また，父母の協議が調わないため，我が国の家庭裁判所が韓国の家庭法院に代行して日本人父を親権者に指定する審判をし，その報告的届出があった場合も同じです。

2 親権に関する法律行為の方式

親権についての法律行為の方式は，その行為の成立について適用すべき法律（通則法34条1項），又は行為地法とされています（同条2項）。したがって，相談の場合に，その行為の成立の準拠法，すなわち子と母の共通本国法である韓国民法によるときは，子の親権の指定は，父

母の協議が調ったときに成立します。韓国の「家族関係の登録等に関する法律」(2007年(平成19年)法律第8435号。以下「家族関係登録法」という。)第79条第1項によると，「父母が『民法』第909条第4項により親権者を定めたときには，1か月以内に，その事実を届け出なければならない。」とされ，届出によって成立するものではない趣旨と解されるからです。

　行為地である日本法上の方式による場合には，協議により親権者を定めるときは，父母の双方で市区町村長に対し，親権者指定の届出をします(戸78条)。また，父母の協議が調わないため，住所地国である我が国の家庭裁判所が韓国の家庭法院に代行して親権者指定の審判を行い，その審判が確定したときは，裁判を請求した者が市区町村長に対し，その届出をしなければなりません(戸79条で準用する戸63条)。

3　親権関係を公証するための届書の保存

　相談の場合，子は韓国人であり，親権者に指定された日本人父の戸籍に親権に関する事項は記載されませんから(戸規35条5号)，届出を受理した後の届書は「記載不要届書類」のつづりに編綴します(戸規50条)。前記のとおり韓国民法によるときは，子の親権の指定は父母の協議の調ったときに成立することから，この親権者指定の届出は，報告的届出ということになります。

　なお，戸籍の記載不要届書類は，創設的届出に関するものとその他のものとを各別につづることとされており(戸規50条1項，標準準則37条1項)，報告的届出に関するものの保存期間は，当該年度の翌年から10年とされています(戸規50条2項)。そうすると，相談の場合の子が未成年者(韓国民法4条)である間に届書の保存期間が経過することもあり，また，子の親権者である日本人父の戸籍には，前述のとおり，親権に関する事項は記載されませんから，この親権関係を公証する方法がなくなってしまいます。そこで，この親権者指定の届出に

ついては，創設的届書の保存期間に準じて子が成年に達するまで（韓国における成年年齢は，満19歳とされる。―韓国民法4条）保存するのが相当と解されます。

> 34 後見に服している未成年の日本人女性が外国人男性と婚姻をした場合，日本人女性の後見は！

相談事例

　私は現在18歳の日本人ですが，7歳の時に父母と死別し，親権を行う者がなくなったため，叔父（母の弟）が未成年後見人に選任されています。この度，5歳年上の在日外国人男性と婚姻をする予定ですが，この場合，私の未成年後見はどうなりますか。戸籍上の未成年後見に関する事項の記載はそのままですか。

説　明

　後見に服している未成年の相談者が外国人男性と婚姻をした場合，夫婦が共に日本に居住し，婚姻の身分的効力につき共通常居所地法である日本法が準拠法となる場合は，未成年の相談者は婚姻の成年擬制により成年に達したものとみなされます。したがって，未成年後見は終了し，相談者の婚姻前の戸籍にその旨の記載がされます。

1　婚姻の身分的効力に関する準拠法

　法の適用に関する通則法（以下「通則法」という。）は，婚姻の効力について，身分的効力と財産的効力（夫婦財産制）に分けて準拠法を定めています。婚姻の身分的効力に関する事項として，婚姻後の氏の問題や婚姻による成年擬制等に関する事項については，同法第25条に定める婚姻の身分的効力の準拠法の適用範囲とすべきかどうかに関しては問題のあるところです。

2　婚姻による成年擬制

　未成年者が婚姻をした場合，日本の民法第753条は成年に達したも

のと擬制しています。この成年擬制の制度の趣旨を婚姻生活の円満な運営のために認められたものと理解すれば，婚姻の身分的効力の準拠法によることが相当ということになります（従来の通説，江川英文『改訂版　国際私法』259頁）。また，成年擬制は婚姻の結果生ずるものであるとしても，夫婦間の利害に関する問題ではなく，婚姻の解消後も成年擬制が維持される法制が多いことから，当事者間の行為能力の問題として行為能力の準拠法である通則法第4条で指定する法を準拠法とすべきであるとする見解が有力に主張されています（溜池良夫『国際私法講義（第3版）』445頁，山田鐐一『国際私法（第3版）』427頁）。通則法第4条によると，婚姻をした未成年者は，その本国法によって成年擬制がされなくても，同条第2項に基づいて，我が国における法律行為については成年とみなされ，内国取引の保護を受けることにもなります。

　この点，戸籍実務においては，婚姻の身分的効力の問題として，通則法第25条に定める準拠法によるものとされており（昭和32・3・27民事甲577号回答。なお，当時の法例第14条の規定は，平成元年法律第27号による法例の一部改正により改正されています。なお，平成18年法律第78号による法例の全部改正によって同条は，通則法第25条に改められています。），同条は，婚姻の効力について第一順位を共通本国法，第二順位を共通常居所地法，第三順位を密接関連法とする段階的な連結により，準拠法を定めています。したがって，相談事例における夫婦が日本に居住し，共通常居所地法が日本法であるときは，婚姻の身分的効力の準拠法は日本法となり，未成年の日本人妻は外国人との婚姻により成年に達したものとみなされます（民753条）。また，密接関連法が日本法となる場合も同様です。

　なお，共通常居所地法又は密接関連法が外国法である場合であっても，その法により婚姻による成年擬制がされる場合も同じです。

3 未成年者の後見終了

　後見に服していた未成年の日本人が，外国人との婚姻により成年に達したものとみなされるときは（民753条），後見は終了します。未成年者の後見が終了したときは，未成年後見人が10日以内に未成年後見の終了の届出をしなければならないとされています（戸84条）が，婚姻の届書の「その他」欄に「未成年者の後見終了事項を記載されたい。」旨を記載すれば足り，この申出を受けた市区町村長は職権でその旨を下記のとおり記載します。

◎　戸籍記載例
　　未成年被後見人の婚姻前の戸籍
　　「平成弐拾六年拾壱月四日婚姻したため未成年者の後見終了同日記載㊞」

◎　コンピュータシステムによる証明書記載例

未成年者の後見	【未成年者の後見終了日】平成２６年１１月４日 【記録日】平成２６年１１月４日 【特記事項】婚姻したため

> **35 日本に在住するパラグアイ人夫と日本人妻が夫婦間の未成年の子の親権者を妻と定めてする協議離婚届は！**

相談事例

　私はパラグアイ国籍の夫と婚姻をし，パラグアイ国で生まれた7歳になる長女がいます。子の出生後，家族は日本で生活していますが，2年ほど前から夫婦間に不和が生じ，この度，話し合った結果，長女の親権者を私と定めて協議離婚をしたいと考えています。この協議離婚届は受理されますか。

説　明

　妻が日本に常居所を有する日本人である場合，渉外的離婚の実質的成立要件の準拠法は日本法となり，形式的成立要件についても離婚の成立を定める法律及び行為地法のいずれも日本法ですから，我が国の方式に従って協議離婚の届出をすることができます。また，未成年の子の親権に関しては，子が日本国籍を有している場合（パラグアイ国籍と合わせて有している場合も含めて）は，日本法により協議で定めることができます。ただし，子がパラグアイ国籍のみを有している場合は，父と子の本国が共通するパラグアイ国法が準拠法となるところ，同国の法令によると，未成年の子の親権者は裁判所が定めることとされていますから，日本の家庭裁判所の代行によって定める必要があります。

1　渉外離婚の準拠法

　渉外離婚の実質的成立要件の準拠法は，法の適用に関する通則法（以下「通則法」という。）第27条で準用する同法第25条の規定により，

夫婦の①共通本国法，②共通常居所地法，③密接関連法の順に段階的連結の方法により定められますが，相談の場合のように配偶者の一方が日本に常居所を有する日本人の場合は，日本の法律によることになります（通則法27条ただし書）。

　渉外離婚の形式的成立要件（方式）の準拠法は，離婚の成立につき適用すべき法律，すなわち，通則法第27条の規定により指定される法律によるほか，行為地法によることもできるとされており（通則法34条），したがって，そのいずれかの方式に従って離婚をすることができることになります。そこで，相談の場合は，妻が日本人で，その常居所が日本ですから，実質的成立要件及び形式的成立要件ともに日本法が準拠法となり，日本法の方式に従って協議離婚の届出をすることができます。

２　未成年の子の親権者

　日本の民法は，協議離婚の届出をするに当たり，未成年の子がある場合には，夫婦の協議又は家庭裁判所の審判によって夫婦の一方を親権者と定めなければならず，その定めがないときは，届出を受理することができないものとしています（民765条１項・819条１項・５項）。これは，父母の共同親権に服する未成年の子がいる場合は，離婚の際に子の親権者が定まっていることが子の福祉にとって望ましいとの要請に基づくものです。

３　相談における親権の準拠法

　離婚後における子の親権・監護権の帰属については，親子間の法律関係の準拠法を指定する通則法第32条により，原則として，子の本国法によることになります（平成元・10・２民二3900号通達第７）。

　ところで，相談における日本人母（相談者）とパラグアイ人父との間にパラグアイ国で出生した子は，出生によりパラグアイ国の国籍を取得する（パラグアイ国憲法24条：生地主義）ほか，日本の国籍をも取

得する（国2条1号）ので，出生の日から3か月以内に日本国籍を留保する旨の届出を（国12条，戸104条）をした場合は，日本国籍とパラグアイ国籍の両国籍を取得していることになります。このように二つ以上の国籍を有する場合に，そのうちのいずれかが日本の国籍であるときは，日本法をその者の本国法とするものとされています（通則法38条1項ただし書）。したがって，子が日本とパラグアイの両国籍を有するときは，子の親権は，同人の本国法である日本法が準拠法となるので，夫婦の協議又は家庭裁判所の審判によって夫婦の一方を親権者と定めることになります（民819条1項・5項）。

しかし，子が，パラグアイで出生している場合において，出生の日から3か月以内に日本国籍を留保する旨の届出をしなかった場合は，出生の時から遡って日本国籍を失います。したがって，その場合，子は，父母の協議離婚の届出時においてはパラグアイ国籍のみを有し，父と子の本国法がパラグアイ国法で共通しますから，親権の準拠法は子の本国法であるパラグアイ国法となります（通則法32条）。

親権に関して定めるパラグアイ国少年法（法令903号）第74条によると，父母が離婚あるいは事実上別居した場合，未成年の子の親権は家庭裁判所（少年監護裁判官）が定めることとされており，父母の協議により親権者を定める法制は採られていません（「戸籍」681号71頁参照）。

4　準拠法による親権者の定めのない協議離婚届の受否

相談の夫婦間の子が，パラグアイ国の国籍のみを有する場合には，パラグアイ国の家庭裁判所（又は日本の家庭裁判所の代行により）において，父母のいずれか一方を親権者と定められている場合であれば，その協議離婚届は受理されることになりますが，父母の協議により親権者が定められたものである場合は，親権の準拠法であるパラグアイ国法による親権者の指定を欠くことになるので，その協議離婚届を受理することはできないことになります（平成10・11・25民二2244号回答）。

> 36 日本人と外国人の夫婦が，夫婦間に出生した嫡出子の親権者を外国人と定めて離婚した後，その外国人が死亡した場合，未成年の子の親権は！

相談事例

　私は3年前に，外国人妻との間に出生した長女（当時2歳）の親権者を母（外国人妻）と定めて離婚しました。ところが，本年1月に，同母がその未成年の子を残して死亡したのですが，子の親権はどうなりますか。

説　明

　子が日本国籍を有している場合は，日本の民法が準拠法となりますから，未成年後見が開始します。子が外国籍である場合に，その本国法で後見開始の原因があっても，日本における後見の事務を行う者がないときは，日本法により未成年後見人を選任することができます。

　なお，未成年後見人の決定・就任は，(1)未成年者に対し最後に親権を行う者の遺言によって指定され，遺言者が死亡して後見が開始すると同時に就職する指定後見人と，(2)未成年後見人となるべきものがないときは，家庭裁判所が一定の者の請求によって選任する選定未成年後見人があります。

1　離婚の際の親権者指定の準拠法

　親子間の法律関係の準拠法については，日本の国際私法である「法の適用に関する通則法」（以下「通則法」という。）第32条に基づき，父母と子の本国法が共通の場合及び父母のいずれか一方と子の本国法が共通の場合は，子の本国法が準拠法となり，その他の場合は，子の

常居所地法によると定められています。

　離婚の際の親権者・監護権者の決定については，通則法第27条の離婚の準拠法によるべきか，それとも通則法第32条の親子間の法律関係の準拠法によるべきかについて，判例，学説が分かれていました。かつては，親権や監護権の帰属・分配の問題は離婚の準拠法により，帰属・分配の決定後の親権や監護権の内容及び行使のみについては親子関係の準拠法によるとする判例，学説が多かったようです。しかし，子に対する親権の帰属は，親権・監護権の内容や行使方法と密接不可分であり，両者を別個の準拠法によるべきとすることは適当でなく，また，親子間の法律関係の準拠法は，子を中心とする連結点により準拠法が決定されていて，子の福祉・保護にもなることから，通則法第32条によるべきとする説が現在では有力となっています（『設題解説渉外戸籍実務の処理Ⅶ』22頁）。

　戸籍の実務においても，父母の離婚の際の子の親権者の指定については，現行の通則法第32条によるべきであることを明らかにしています（平成元・10・2民二3900号通達第2の1(2)）。

2　相談事例における子の親権

　日本人と外国人夫婦の離婚については，日本人配偶者が日本に常居所を有する場合は，その離婚の準拠法は日本法となります（通則法27条ただし書）。そして，夫婦間の未成年の子の親権者の指定については，子が日本国籍であれば，本国法は日本人配偶者と同一ですから，日本の民法が親権の準拠法になります（通則法32条）。

　もし，日本人配偶者が日本に常居所を有しないときは，夫婦の常居所が同一であれば，その地の法律（常居所地法）が離婚の準拠法になります（通則法27条本文）。

3 離婚の際に指定された親権者が死亡した場合
(1) 未成年後見

未成年後見は,未成年者に対して親権を行う者がないとき,又は,親権を行う者が管理権を有しないときに開始するとされています(民838条)。したがって,相談事例のように単独の親権者が死亡したときは,親権者がいない場合に当たりますから,未成年後見が開始します。

この後見制度は広く諸外国でも一般的に認められていますが,後見人の資格,権限,その他選任方法等は国によって相違があります(南敏文『全訂 Q&A渉外戸籍と国際私法』286頁)。

(2) 未成年後見の準拠法

未成年後見は,親権者のいない未成年者のための親権の延長としての性質があり,未成熟ゆえに判断力が不十分な未成年者について,その身上又は財産上の保護を目的とするものであり,諸外国においても一般的に認められています。しかし,未成年後見人の資格,権限,選任方法等は国によって異なります。

未成年後見は,未成年者の保護に関する制度であるという点からすれば,その保護については,固定的・統一的に規律されることが望ましいことから,一般的には,被後見人の本国法に従ってなされることが通常といえます。このため,我が国でも後見は原則として被後見人の本国法によることとされています(通則法35条1項)。

しかし,未成年者が外国人であり,その本国法によれば未成年後見開始の原因があるのに,我が国における後見の事務を行う者がいない場合があります。これには,未成年者の本国法で後見人が選任されていない場合や,後見人が選任されていても,その後見人が我が国で後見事務を行っていない場合等があります。このような場合は,我が国における未成年者の保護のため,家庭裁判所が未成年後見人を選任することができるものとされ,この場合の後見に関する準拠法は日本法

となります（通則法35条2項）。

4　未成年後見人の指定・選任

(1)　指定未成年後見人

未成年後見人の指定は，未成年者に対して最後に親権を行う者が遺言でしなければならないとされています（民839条）。遺言については，民法が定める一定の要件を満たしていることを要し（民960条以下），その要件に違反する遺言は効力を生じないので，未成年後見人の指定も効力を生じません。

指定は，遺言者の死亡の時からその効力を生じますから（民985条1項），指定された者は，遺言者の死亡と同時に未成年後見人に就職します（大正8・4・7民事835号回答）。したがって，指定された者は，届出前であっても遺言が効力を生じたときは，その日から職務に就かなければならず，また，就職の日から10日以内に，遺言の謄本を添付して未成年後見開始届（戸81条）をしなければなりません。

(2)　選定未成年後見人

未成年後見においては，第1に未成年後見人となるのは，前記(1)の指定未成年後見人（民839条）ですが，その未成年後見人がないときは，家庭裁判所が未成年被後見人又はその親族その他の利害関係人の請求によって選任した未成年後見人が就職することになります（民840条1項）。

未成年後見人の選任は，家庭裁判所の審判事項であり，未成年被後見人の住所地の家庭裁判所の管轄とされています（家事176条）。この未成年後見人選任の審判に対しては，即時抗告は許されないので（家事179条参照），その選任される者に告知されたときに審判の効力が生じます（家事74条）。未成年後見人選任の裁判が確定した場合，裁判所書記官から被後見人の本籍地の戸籍事務管掌者（戸1条）に対し戸籍記載の嘱託がなされます（家事116条，家事規76条1項2号，法定記

載例120～123）。

　なお，家庭裁判所において，前述の趣旨とは異なる見解の下に親権者変更の審判（例えば，相談事例において，未成年被後見人の父である相談者に親権者変更の審判）がなされたときは，それに基づく親権者変更の届出は受理されます（昭和26・9・27民事甲1804号回答，昭和54・8・31民二4471号通達，解説「戸籍」414号61頁）。

> 37 未成年後見人は辞任することができるか！
>   その手続と戸籍の記載は！

相談事例

　7年前に，長年親しくしていた友人夫婦が交通事故で急死し，当時2歳の娘がただ一人残されました。友人夫婦の葬儀を終えた後，私は，亡くなった友人の親族代表者から，残された娘の未成年後見人として保護して欲しい旨の依頼があったので，それを了承し，家庭裁判所の審判を経て未成年後見人に選任され，今日に至っています。
　ところが，この度，私は勤め先の会社で，海外支社への転勤を命じられたため，未成年後見人としての職務を続けることはできなくなりましたので，未成年後見人を辞任したいと思いますが，それは可能でしょうか。この辞任にはどのような手続を要しますか。

説　明

　未成年後見人を任意に辞任することはできませんが，老齢，疾病等その職務を遂行することができないような正当な事由があるときは，辞任することができます。なお，この辞任は，家庭裁判所の許可審判を得てすることとされています。

1　未成年後見制度について

　未成年者は，本来，親権者である父母の身上監護と財産管理を受ける立場にありますが，相談事例のように，父母の双方が死亡し，あるいはその一方又は双方が生存していても，親権若しくは財産管理権を喪失し（民834条・835条），又は親権を停止された場合（民834条の2）には，親権者の保護を受けることはできません。そのような場合には，

181

親権の延長としての未成年後見が認められ，その未成年後見人によって未成年者の適切な監護・養育及び財産上の利益の保護が図られることになります。なお，未成年後見人の未成年者に対する後見事務の執行に当たっては，父母の子に対するような自然の愛情を期待することができないので，父母が親権を行使する場合とは異なり，家庭裁判所又は未成年後見監督人の監督の下に置かれています（民851条・863条など）。

　ちなみに，未成年後見監督人とは，未成年後見人に対する監督機関です。旧民法当時は絶対的必要機関とされ，後見人があれば必ず後見監督人を置かなければなりませんでした（旧民911条2項・912条・913条）。しかし，現行法（昭和22年法律第222号）はこれを任意機関として，未成年後見人を指定することができる者が，遺言で未成年後見監督人を指定した場合のほかは，必要があると認めるときに，家庭裁判所が未成年被後見人の親族又は後見人の請求によって未成年後見監督人を選任することができることとされました。その後，平成11年法律第149号による民法の一部改正により，未成年被後見人本人からの請求，及び家庭裁判所の職権によっても選任することができることとされています（民848条・849条）。

2　未成年後見人の指定・選任

　未成年後見を行う者として，まず，指定未成年後見人を第一順位とし（民839条），それがないときは第二順位として選定未成年後見人が選任されます（民840条）。なお，未成年後見人の員数は複数とすることができ，自然人に限らず法人も未成年後見人になることができます（民840条2項・3項括弧書。本条第2項及び第3項は，平成23年法律第61号による追加規定）。

　(1)　指定未成年後見人

　未成年後見人は，親権の延長と解されていますから，未成年者に対

して最後に親権を行う者（自己の死亡によって親権を行う者がなくなるという関係にある者をいいます。）が，死後に自分に代わって未成年者の身上監護及び財産管理をなすべき未成年後見人を指定することが認められており，これを指定未成年後見人といいます。この未成年後見の指定は，遺言でしなければならないとされており，遺言以外の方法，例えば，生前の契約などで指定しても指定の効力は生じません（民839条）。

遺言については，民法が定める一定の要件を満たしていることを要し（民960条以下），その要件を満たさない遺言は効力を生じないため，未成年後見人の指定も効力を生じません。

指定は，遺言の効力発生の時に効力を生じ，指定された者は，遺言者の死亡と同時に未成年後見人に就職します（中川淳『改訂　親族法逐条解説』506頁，青木義人・大森政輔『全訂　戸籍法』373頁［3］参照）。したがって，指定された者は届出前であっても，遺言が効力を生じた日から任務に就かなければなりませんし，また，就職の日から10日以内に，遺言の謄本を添付して未成年後見開始届（戸81条）をしなければなりません。

(2)　選定未成年後見人

未成年者について未成年後見が開始しているのに指定未成年後見人がない場合には，家庭裁判所は未成年被後見人又はその親族（民725条），その他の利害関係人〔注〕の請求によって未成年後見人を選任します（民840条）。

家庭裁判所の審判事項である未成年後見人選任の管轄は，未成年被後見人の住所地とされています（家事176条）。そして，未成年後見人選任の審判に対しては，即時抗告は許されないので（家事179条参照），その選任される者に告知されたときに審判の効力が生じます（家事74条）。未成年後見人選任の裁判が確定した場合は，裁判所書記官によ

り被後見人の本籍地の戸籍事務管掌者に対し，戸籍記載の嘱託がなされます（家事116条，家事規76条1項2号，法定記載例120〜123）。

　〔注〕　未成年後見人を選任するについて直接利害関係を有する者（未成年被後見人の債権者など）や被後見人の財産が管理されていることに法律上利害関係を有する者（債務者）を含みます。

3　未成年後見の辞任

(1)　未成年後見人の地位喪失の例

　未成年後見人がその地位を失う場合の一つとして，未成年後見は継続しながら未成年後見人がその地位を去る場合があります。例えば，未成年後見人の死亡（失踪宣告），辞任・解任及び失格等相対的に未成年後見が終了する場合です。これに対して，未成年後見そのものの必要がなくなり，未成年後見が絶対的に終了するのに伴って未成年後見人が当然にその地位を失う場合があります。例えば，未成年後見においては，未成年者の死亡（失踪宣告），未成年者の成年到達又は婚姻，親権を行う者があるに至った場合（親権喪失・停止又は管理権喪失の審判の取消し，民836条・837条2項）などです。

(2)　未成年後見人の辞任

　未成年後見は，未成年者保護の制度であり，未成年被後見人の保護の任務を負う未成年後見人の地位は，それが権利であるとともに社会的公益的義務を持つものと解されていることから，みだりにその職を退くことは許されないものとされ，民法は，旧法以来後見人の辞任については一定の制約を加えてきています（旧民907条，民844条）。これは，指定・選定による各後見人において異なるところはありません。

(3)　辞任の許可審判

　現行法においては，「正当な事由があるとき」とされていますが（民844条），その事由の有無は家庭裁判所において具体的事案に即して判

断されるべきであり，客観的にみて未成年後見人が未成年後見事務を遂行することができないほど遠隔地で職業に従事している場合などのほか，未成年後見人の老齢，疾病，身体障害等が考えられます。

(4) 辞任の手続

未成年後見人が，相談事例のような事由で辞任するには，家庭裁判所の許可を得てすることができるものとされており（民844条），その許可は審判事項ですから（家事39条・別表第1の72項），未成年被後見人の住所地の家庭裁判所に（家事176条）未成年後見人自ら申立てをすることになります。未成年後見人の辞任の審判に対しては，許可の場合も即時抗告は許されないので，未成年後見人に告知されることによって審判の効力が生じ，確定します（家事74条2項，青木義人・大森政輔著『全訂　戸籍法』375頁）。

(5) 戸籍の記載

未成年後見人の辞任許可の審判が確定し効力が生じた場合は，裁判所書記官から未成年被後見人の本籍地の戸籍事務管掌者に対し戸籍記載の嘱託がなされます（家事116条1号，家事規76条1項3号）。

後見人が辞任するときは，当然に後任の未成年後見人の選任が必要となりますから，未成年後見人は家庭裁判所に遅滞なくその選任を請求しなければなりません（民845条）。後任の未成年後見人を選任する裁判が確定したときは，裁判所書記官により被後見人の本籍地の戸籍事務管掌者に対する戸籍記載の嘱託がなされます（家事116条1号・別表1の71項，家事規76条1項2号）。

◎　未成年後見人辞任許可の裁判確定による戸籍記載例（法定記載例130）

「平成弐拾四年八月弐拾四日未成年後見人甲原孝吉辞任許可の裁判確定同月弐拾七日嘱託㊞」

◎ コンピュータシステムによる証明記載例

| 未成年者の後見 | 【未成年後見人辞任許可の裁判確定日】平成24年8月24日
【辞任した未成年後見人】甲原孝吉
【記録嘱託日】平成24年8月27日 |

第11章 死亡・失踪

第11 死亡・失踪

> 38 親族との付き合いがない独身の高齢者が自宅で死亡した場合，その後見人等がする死亡の届出は！

相談事例

　10年ほど前から私共夫婦は，入居しているマンションに一人住まいの老婦人・Ａさんと，親しくお付き合いをするようになりました。Ａさんの話によると，一人娘だった自分は，旧制女学校を卒業すると郷里の父母の許を離れて上京したため，付き合う親族はなく，また，亡くなった夫との間に子を授からなかったため，今は頼る身内がないことを嘆いておられたようです。

　その後，Ａさんは高齢化とともに判断能力が低下してきたことを嘆き，私共夫婦はＡさんに懇願されて任意後見契約を結んで，それが登記されました。今年の5月には，Ａさんの請求により家庭裁判所で任意後見監督人が選任され，これによって任意後見契約が発効したわけですが，その僅か5か月後の昨夕，Ａさんはマンション内の自室で突然亡くなりました。

　私共夫婦は，Ａさんの任意後見人ではありますが，親族関係にはないし，同居者でもなく，また，家屋や土地の所有者でも管理人でもありません。その私共夫婦が，Ａさんの死亡届をすることができますか。それができる場合は，Ａさんの戸籍には届出人である私の氏名のほかに，「任意後見人」であることの記録もされますか。

説　明

　死亡の届出は，同居の親族以外の親族のほか，後見人，保佐人，補助人及び任意後見人（以下「後見人等」という。）もすることができます。

187

また，後見人等が死亡届をする場合は，その資格を証明する書面の提出を要しますが，戸籍には，届出人の資格である任意後見人であることの記載は省略され，氏名のみが記載されます。

1　死亡の届出義務者と届出人

　通常の死亡届の場合は，死亡時において現実に同居している親族が第一順位，親族以外の同居者が第二順位，そして死亡の場所である家屋又は土地の所有者（家主，地主）若しくはその管理人が第三順位の届出義務者とされています（戸87条1項）。ただし，この届出義務者の順序は相対的なものであり，前順位者があっても，後順位者からの届出は有効なものとして受理し，これによって戸籍の記載をすべきものとされています（戸87条1項但書）。

　死亡の届出人について，従前は上記の届出義務者に限られていました。例えば，職業上あるいは通学等の都合から，単独で生活している人が死亡した場合，同居していない親族が遺体の処置を行ったとしても，その人が死亡の届出をすることができませんでした。結局，親族以外の第三者が届出をすることとなり，この場合は届出人の資格と氏名を戸籍に記載することとされていましたから（戸13条8号，戸規30条2号），国民感情にそぐわない一面がみられました。しかし，交通や通信の発達から遠隔の地に在る親族でも，死亡の事実を知るのは容易になったこともあって，同居していなかった親族からの届出を認めることが届出の確保という目的に適うものと考えられるようになりました。そこで，昭和51年法律第66号により戸籍法の一部が改正され，死亡の届出に関する第87条に新たに第2項が設けられ，「死亡の届出は，同居の親族以外の親族も，これをすることができる」こととされました。

　さらに，近年は，親族との付き合いのない独居の高齢者の死亡例が

増えていることにかんがみ，このような場合における埋葬等の手続を適正・迅速に行うため，平成19年法律第35号により戸籍法第87条の第2項が改正され，同居していなかった親族のほかに，後見人，保佐人，補助人及び相談者のように任意後見人〔注〕にも，死亡届の届出資格が付与されました。もっとも，この同居の親族以外の親族及び後見人等については，あくまでも死亡の届出資格が付与されたに過ぎず，届出義務を負わされたものではないので，届出の懈怠の責任（戸135条）は生じません。

2　後見人等からの死亡の届出と戸籍の記載

(1)　ここでいう「後見人等」とは，被後見人等の死亡時の後見人等を指し（平成20・4・7民一1000号通達第7の1），被後見人等が死亡する前に既に後見人等でなくなった者にまで届出資格は付与されません。

　また，後見人等については，その資格を証明する後見登記等の証明制度（後見登記等に関する法律・平成11年法律第152号）があることから，死亡の届出をする場合は，その登記事項証明書又は裁判書の謄本を提出することとされています。そしてこれらの書面については還付することができるものとされています（平成20・4・7民一1000号通達第1の6(3)イ・平成22・5・6民一1080号通達第2の2(2)による改正）。

(2)　後見人等からの死亡の届出による戸籍の記載は，後見等に関する事項が，人の行為能力に関する性質のものであり，戸籍とは別の後見登記等ファイルに登録されるものです。したがって，戸籍の記載については，届出人の資格が後見人等であることの記載は省略し，下記の記載例によるものとされています。また，後見人等（未成年後見人を除く。）が法人である場合に，法人の名称を記載すると死亡者が成年被後見人であったということをうかがわせる懸念があるため，その法人の代表者が届出するものとされ，この場合の戸籍の記載は，代表

者の氏名のみを記載することになります（前掲民一1000号通達第7の3）。
◎　戸籍記載例
　「平成弐拾五年拾月八日午後六時四拾分東京都千代田区で死亡同月拾壱日甲野義太郎届出除籍㊞」
◎　コンピュータシステムにおける証明書記載例

死　　亡	【死亡日】平成２５年１０月８日 【死亡時分】午後６時４０分 【死亡地】東京都千代田区 【届出日】平成２５年１０月１１日 【届出人】甲野義太郎

〔注〕　任意後見契約に関する法律（以下「任意後見法」という。）は平成12年4月1日から施行されました。任意後見は，原則として精神障害により判断能力が低下した場合に備えて，本人があらかじめ任意後見人となる者及びその権限の内容を，法務省令で定める様式の公正証書によって契約を締結することとされています（任意後見法2条・3条）。この任意後見契約が，公証人の嘱託に基づいて（公証人法57条の3第1項）登記された後，本人の判断能力が不十分な状況にあるときは，本人，配偶者，四親等内の親族又は任意後見受任者の請求により，家庭裁判所が任意後見監督人を選任することにより（任意後見法4条），任意後見契約の効力が生じることになります（同法2条1号）。

39 10年来，生死不明の状態にある不在者の配偶者が，他男との再婚の届出を認められるには！

相談事例

　10年前の2月に，当時28歳の夫が突然行方不明となり，捜索願いの手配等，手を尽くしましたが，その行方も生死も知れないまま，現在に至っています。夫の失踪後，私は勤務先で知り合った男性と交際するようになり，現在同棲生活に入っています。今，私と内縁中の男性との婚姻の届出が認められるには，どのような手続が必要ですか。

説　明

　10年前に家を出て以来，生死不明の状態にある者（不在者）の配偶者（相談者）は，夫の死亡を証明することができない限り身分関係（再婚）はもとより，財産関係（相続等）についても不確定な状態に置かれることになります。このように不在者の生死が7年間明らかでないときは，家庭裁判所が利害関係人の請求により，不在者が一定時期に死亡したものとする失踪の宣告をする制度があります。この失踪宣告の審判が確定したときは，審判の申立人が確定の日から10日以内に，戸籍法の規定に基づいて届出をすることにより，夫婦の戸籍中，夫の身分事項欄に失踪に関する事項が記載されて戸籍から消除され，生存配偶者である相談者の身分事項欄には婚姻解消の事項が記載されます。

1　失踪宣告とは

　(1)　不在者

　不在者とは，従来の住所又は居所を去って行方不明となり，その状態が永続的で，生存が推定されず，その帰来も期待し得ない者をいい

ます。

　社会生活において，人の生活の本拠となる住所は，これを基準として法律関係が定められている例が多くあります。例えば，民法の上では，住所は，不在者（民25条），失踪者（同30条），相続開始地（同883条）などを定める基準とされ，また，他の法律でも裁判管轄（民訴3条の2～4条，人訴4条）や地方公共団体の住民（地法自治法10条1項）を定める基準とされています。そこで，今までの住所又は居所を去って行方不明になった者がある場合，後に残された財産が荒廃してしまうおそれが生じ，相続人がこれを相続することができなくなるばかりでなく，相談者のように，あとに残された配偶者は法律上再婚をすることができない（民732条）など，財産上及び身分上において不安定な状態に置かれることになります。

(2)　通常の失踪宣告

　行方不明の状態が一定期間以上長期にわたる場合，その死亡の証明ができず，認定死亡〔注〕とするだけの事実もない場合において，その行方不明者をいつまでも生存者として取り扱わなければならないとすると，その財産関係や身分関係がいつまでも不確定な状態に置かれることとなり，不都合を生ずる場合があります。

　そこで，民法は，不在者の生死不明の状態が一定期間（失踪期間）長期にわたる場合に，その死亡の証明もできず，かつ，認定死亡〔注〕とするだけの事実（水難，火災その他の事変）もないときは，家庭裁判所は，利害関係人の請求により，失踪の宣告をすることができるとされています（民30条1項）。なお，失踪宣告には，不在者の生死不明の状態が7年間継続した場合に死亡とみなされる普通失踪宣告のほかに，特別の危難に遭遇した者が危難の去ったときから1年間生死不明の場合になされる危難失踪宣告があります（民30条2項）。ここでは，相談の内容上，普通失踪の事案として説明することとします。

〔注〕　いわゆる「認定死亡」とは，水難，火災その他の事変に遭遇した者について，その死体が発見されなくても死亡したことが確実と認められる場合には，失踪宣告によるまでもなく，取調官公署が死亡の認定をし，その報告（戸89条）及び遺族からの申出に基づいて戸籍に死亡の記載をすることをいいます（昭和33・2・1民事229号回答）。

2　失踪宣告の手続

　失踪宣告の手続ができるのは，不在者の生死が7年間不分明の状態が継続しているという実体的要件が満たされたときです。これは単なる所在不明ではなく，生死不分明となった日から7年間継続することを要し，例えば，最後の音信のときから，あるいは家出の日など生死不分明となった日から7年間継続していることです（民30条1項）。

(1)　利害関係人

　この要件が満たされたときは，家庭裁判所は，利害関係人の請求により失踪宣告の審判をすることになります（民30条1項）。この審判の申立てをすることができる利害関係人とは，失踪宣告の法律効果につき，法律関係上の利害関係を有する者，すなわち失踪宣告により権利を得又は義務を免れるべき者をいい，不在者の配偶者，推定相続人，財産管理人（民25条～29条），受遺者（遺贈を受ける者として遺言で指定された者），保険金受取人等法律上の利害関係を有する者とされています（大決昭和7・7・26民集11巻1658頁）。

(2)　審判の申立てと管轄裁判所

　申立権者（利害関係人）は，「失踪宣告家事審判申立書」に申立人及び不在者の戸籍謄本のほか，失踪を証する書面として，例えば，不在者からの最後の音信，捜索願受理証明書，戸籍の附票などを添付して申し立てることを要します。なお，管轄の裁判所は，不在者の従来の住所地又は居所地を管轄する家庭裁判所です（民30条，家事148条）。

(3) 審判手続，審判確定とその通知

失踪宣告事件は調停に親しまないので，審判手続によってのみ裁判がなされます（家事39条・別表第一56項）。家庭裁判所は，適法な申立てがあり実体的要件を満たしているときは，普通失踪については3か月以上の期間を定めて公示催告をした上で失踪宣告をすることになります（家事148条3項）。

失踪宣告の審判に対しては，不在者本人はもとより利害関係人が不服があれば即時抗告をすることができます（家事148条5項）。その期間は，申立人が審判の告知を受けた日から2週間以内とされており（家事85条・86条），その期間内に即時抗告がなされないときは，その期間満了の時，また，即時抗告がなされても終審の裁判（却下）があったときは，その時点で宣告の審判は確定します。審判が確定したときは，家庭裁判所はその旨を公告するとともに，失踪者の本籍地の市区町村長に通知されます（家事規89条）。

(4) 失踪宣告の効果

失踪宣告の審判が確定すると，失踪宣告を受けた者は，「生死不明期間満了の時」にさかのぼって死亡したものとみなされ，婚姻は解消し，相続が開始するなど，死亡を要件とする法律効果が発生します。すなわち，失踪宣告を受けた者は，「死亡したものとみなす」（民31条）のですから，たとえ本人の生存という反証があっても死亡の効果は存続し，これを覆すには失踪宣告を裁判上の手続によって取り消すほかありません。また，宣告は死亡の擬制ですから，失踪者の人としての権利能力を全く失わせてしまうものではなく，その者がどこかで生存している場合は，その権利能力は依然として存続するのであって，ただ失踪者の従来の住所，居所を中心とする身分上，財産上の私法的法律関係を死亡者として整理されるに過ぎません。したがって，宣告は，公法上の法律関係，例えば，選挙権，被選挙権，犯罪の成否などには

第11　死亡・失踪

影響を及ぼさないことになります。

3　失踪宣告の戸籍届出

(1)　届出期間

失踪宣告の届出については，戸籍法第63条第１項の認知の裁判が確定した場合に関する規定が準用され（戸94条），失踪宣告を請求した者は，その裁判が確定した日から10日以内に届け出なければならないとされています。

(2)　届出地

届出地については特別の定めはないので，戸籍法第25条の一般原則により届出の事件本人である失踪者の本籍地又は届出人の所在地で届出をすることになります。

(3)　添付書類と戸籍の記載事項等

失踪宣告は，その審判の確定によって効果が生じますから，届出に際しては審判の謄本のほか確定証明書を添付する〔注〕とともに，届書には一般的な記載事項のほか，審判確定の年月日を記載すべきこととされています。この記載は，失踪宣告の効力が発生した日であり，戸籍にこれを記載するために必要な事項です。

不在者は，普通失踪の場合は，失踪期間（７年）満了の時に死亡したものとみなされます（民31条）。これを戸籍に記載する必要があるため，届書には特に「死亡したとみなされる年月日」を記載すべきものとされています（戸94条）。

〔注〕　家事事件手続規則第89条の規定による通知が，失踪宣告者及び失踪宣告を取り消された者の本籍地の市区町村長になされている場合において，当該市区町村長に届け出るときは，その添付を要しないと解されています。

なお，失踪届の届書様式は，「戸籍関係届書類標準様式」（昭和59・

195

11・1民二5502号通達）に示されており，また，失踪者及び生存配偶者の戸籍の記載は，次のように定められています。

〔失踪者の身分事項欄〕（法定記載例142）
　◎　戸籍記載例
　　「平成四年参月拾日死亡とみなされる平成六年八月五日失踪宣告の裁判確定同月七日弟甲野啓次郎届出除籍㊞」
　◎　コンピュータシステムにおける証明書記載例

失踪宣告	【死亡とみなされる日】平成４年３月１０日 【失踪宣告の裁判確定日】平成６年８月５日 【届出日】平成６年８月７日 【届出人】親族　甲野啓次郎

〔生存配偶者の身分事項欄〕（法定記載例143）
　◎　戸籍記載例
　　「平成四年参月拾日夫死亡とみなされる㊞」
　◎　コンピュータシステムにおける証明書記載例

配偶者の失踪宣告	【配偶者の死亡とみなされる日】平成４年３月１０日

第12 生存配偶者の復氏

第12　生存配偶者の復氏

> 40　婚姻の際に氏を改めた生存配偶者が，婚姻前の実方の氏に復するにつき，その実方の氏が婚姻後に戸籍法第107条第1項の規定により変更されている場合に復すべき氏は，変更前又は変更後のいずれの氏か！

【相談事例】

　私は7年前に夫の氏を称して婚姻をしましたが，夫が2年前に交通事故で急死しました。これまでの間，子にも恵まれることがなかったので，この際，私は実方の氏に復して，これからの人生に向かって再出発したいと思っています。ところが，実家の両親は3年前に，理由は分かりませんが家庭裁判所の許可を得て氏を変更しています。この場合，私が復する実方の氏は，変更前又は変更後の氏のどちらになるのでしょうか。

【説　明】

　戸籍法第107条第1項の規定による氏の変更は，民法上の氏そのものの変更ではなく，単に呼称上の氏の変更にすぎないことから，相談者は復氏の届出により変更後の氏に復するのが戸籍実務の取扱いです。

1　復する実方の氏が変更されている場合

　婚姻の際に氏を改めた相談者の実方の氏が，相談者の婚姻後に戸籍法第107条第1項の規定によって変更されている場合，相談者が配偶者の死亡によって婚姻が解消し，復氏の届出（民751条1項，戸95条）によって復すべき氏は，変更前の氏又は変更後の氏のいずれであるかが問題となります。戸籍法第107条第1項の氏の変更の性質については見解が分かれており，「単に呼称上の氏が変更されるにとどまり，

197

民法上の氏そのものの変更ではない」とする考え方（青木義人・大森政輔『全訂　戸籍法』441頁）と，「このような氏について二重の観念（呼称上の氏と民法上の氏）を認めないで，氏を現に家族共同生活を営んでいる夫婦・親子が共通に称する呼称とみて，氏そのものの変更である」と解する考え方（中川善之助編『親族法』「氏の同一性について」27頁）とがあります。前者の見解によると，復氏者は実方の変更後の氏に復することとなり，また，後者の見解によれば，変更前の氏に復することになって，詰論を異にすることになります。

2　戸籍法第107条第1項の規定による氏の変更

　この規定による氏の変更は，やむを得ない事由がある場合に，あらかじめ家庭裁判所の許可を得た上で，戸籍の届出をすることによって効力が生じます。家庭裁判所において，氏変更の許可の審判をする際は，個々の事件において，その変更申立ての事由が「やむを得ない事由」に該当するかどうかを判断することになります。何が「やむを得ない事由」に該当するかは，一般には著しく珍奇，難読，難書で，実生活に支障があるものなど，現在の氏の継続を強制することが社会観念上甚だしく不当と認められる場合とされています（東京高決昭和34・1・12東高民時報10号1巻1号）。いずれにしても，変更事由の有無は家庭裁判所の判断事項であり，この氏の変更は，やむを得ない事由がある場合にのみ認められるものであり，戸籍の筆頭に記載した者及びその配偶者の個人的事由だけでなく，ある意味では公益的な要請もある場合に認められるものです。したがって，その氏変更の効果は，その者が届出人であると否とを問わず，当該戸籍に在籍する者全てに及ぶものと考えられています（昭和24・9・1民事甲1935号回答）。また，この氏変更の効果が及ぶ範囲は，同一戸籍内の者にとどまり，分籍者など他の戸籍に在る者については，たとえ氏を同じくしていても，これには及ばないとされています（昭和27・9・25民事甲326号回答）。

これは要するに呼称上の氏の変更は，戸籍単位で考え，戸籍を同一にする限り，常に呼称上の氏は同一とされ，相談事例のように，生存配偶者の復氏・復籍等，変更後の戸籍に入籍する者を含むと解されるからです（青木義人・大森政輔『全訂　戸籍法』441頁）。

3　戸籍実務の取扱い

相談事例における戸籍実務の取扱いは，前記1の前者（呼称上の氏の変更）の見解の立場をとっています（昭和23・1・13民事甲17号通達(5)，昭和24・9・1民事甲1935号回答）。すなわち，戸籍法第107条第1項にいう氏の変更は，単に呼称上の氏の変更にすぎず，民法が夫婦・親子は共通の氏を称すべきものとする（民750条・790条・810条，戸18条），いわゆる「民法上の氏」の変更ではないと解するものです。したがって，相談事例のように，子が婚姻によって氏を改めた後に，実方戸籍の父母につき戸籍法第107条第1項の規定により氏の変更がなされたとしても，前に述べたとおり民法上の氏そのものの変更ではないことから，相談者（子）が婚姻の解消により復氏する場合は，変更後の氏（民法上氏は同一ですが，呼称の変わった氏）に復することになります。

> 41 戸籍の筆頭者が失踪宣告を受けた場合，その生存配偶者は復氏届をすることができるか。それができる場合，家庭裁判所の許可あるいは誰かの同意等を要するか！

相談事例

10年ほど前から行方不明となっていた夫が，この度，家庭裁判所で失踪宣告を受けました。この際，私は実家の氏に戻りたいのですが，それは可能でしょうか。可能としたら，その手続として家庭裁判所の許可あるいは誰かの同意等を要しますか。

説 明

夫婦の一方が失踪宣告を受けて死亡とみなされた場合にも，生存配偶者は婚姻前の氏に復することができるとされています。この場合，婚姻の際に氏を改めた生存配偶者が復氏するか否か，又は復氏する時期等については本人の自由な意思によって決定することができ，何人の同意も，また，家庭裁判所の許可も必要とされていません。

1 夫婦の一方の失踪宣告と復氏届の可否

夫婦の一方が失踪宣告を受けて死亡とみなされたとき（民31条）も，民法第751条第1項（生存配偶者の復氏）の適用があるとされています（昭和24・8・19民事甲1873号回答）。したがって，例えば，筆頭者である夫が失踪宣告を受けた場合，その妻はいつでも自分の自由な意思によって復氏届をすることにより，婚姻前の氏に復することができます（戸95条）。

また，婚姻の際に氏を改めた妻が失踪宣告を受けた場合に，夫が再婚した後に先妻の失踪宣告が取り消されても，戸籍実務の取扱いでは，前婚は復活しないものとされていることから（昭和25・6・10民事甲

1655号回答，昭和27・1・24第18回東京戸籍事務連絡協議会結論），当該失踪宣告の取消しを受けた先妻は復氏届をすることができることになります。そして，この場合に，仮に失踪宣告取消届と復氏届が同時になされるときは，いったんその妻を婚姻当時の戸籍に回復の処理をした上，婚姻前の戸籍に復籍させることになります（昭和47・1・8民事甲48号回答）。

なお，筆頭者である夫が失踪宣告を受けた場合に，妻が婚姻中の自己の氏を称して再婚をした後に先夫の失踪宣告が取り消されても，前述のとおり戸籍実務上前婚は復活しないものとされますから，当該再婚した妻は宣告取消後も同様に復氏することができます。したがって，再婚の相手方である後夫は，これに伴い夫婦同氏の原則によって氏が変わることになります（昭和23・11・12民事甲2155号回答）。

2　復氏届出の要件

婚姻によって夫の氏を称した妻（又は妻の氏を称した夫）について，その相手方配偶者の失踪宣告により婚姻が解消しても，離婚の場合とは異なり，当然には復氏の効果は生じません。これは姻族関係についても同様です。旧法では，生存配偶者が婚姻前の氏に復するには，婚家を去って実家（婚姻前の家）に復籍する方法がありました（それによって姻族関係も終了した。）。つまり，生存配偶者の復氏については，復籍に伴う戸籍法上の効果として予定し，民法には特に規定は置かれませんでしたが，婚家を去り，実家に入籍するには両家の戸主の同意を必要としていました（旧民737条）。そこに家制度及び戸主権による制限がありましたが，現行法（昭和22年法律第222号による民法第4編及び第5編の全面改正）は，これを改め，家制度を廃止し戸主権を消滅させたことに関連して，生存配偶者は何人の同意も，また，家庭裁判所の許可も要することなく，いつでも自分の自由な意思表示によって婚姻前の氏に復することができるものとされています（民751条1項）。

第13・推定相続人の廃除

42　推定相続人の生前廃除とその手続は！

相談事例

　私の長男（43歳）は，10年ほど前から私の所有名義である土地の一部に飲食店を構えて営業を始めましたが，5・6年前に無断で私を連帯保証人とした上，飲食店の建物とその土地を担保に，銀行から融資を受けていたことを最近になって知りました。それは，長男が銀行への毎月の返済が滞るようになったことがきっかけで明らかになったもので，債務の総額は5,000万円近い額に達していました。また，長男が借金を繰り返していたのは，店の経営上必要な資金として借り入れたのはほんの僅かで，大部分は遊興費に費消していたことも分かりました。そこで，やむを得ず私が所有する土地の一部を売却して，その債務を完済するとともに，長男に対して，今後は親に頼ることなく，自分の力で店の経営を維持するよう，厳しく言い渡しました。ところが，長男はそれ以来，事あるごとに私に茶碗などを投げつけたり，「玄関に石油をまいて火をつけてやる！」などと脅かすようになったため，現在，私と妻は隣町に住む二男の家へ避難している状態です。
　本人に反省を促すとともに，妻や二男の将来等を考えると，このままの状態では，長男に私の財産を相続させたくありません。そのことを私が生きているうちに明確にしておきたいのですが，それは可能でしょうか。あるとすれば，具体的にどのような手続をしたらよいでしょうか。

説　明

　相談者の推定相続人の一人である長男が，被相続人である相談者（父）を虐待し，若しくは重大な侮辱を加えるなど一定の非行があっ

たときは，被相続人である相談者が，長男について推定相続人の廃除を家庭裁判所に請求することができますし，遺言によって廃除の意思表示をすることもできます。

　この推定相続人廃除の審判が確定すると，廃除の効力が発生し，長男は相談者にかかる相続権を失います。また，その審判が確定した日から10日以内に，申立人である相談者は，戸籍法の定める「推定相続人廃除」の届出をすることを要します。この届出によって廃除された長男の戸籍の身分事項欄に廃除事項が記録（記載）されます。遺言による廃除の場合は，遺言の効力発生（すなわち被相続人である相談者の死亡）後に，遺言執行者が遅滞なく家庭裁判所に廃除の請求をします。

　なお，被相続人となる相談者は，長男につき推定相続人廃除をした後，いつでも，その取消しを家庭裁判所へ請求することができますし，遺言によって廃除取消しの意思表示をすることもできます。

1　推定相続人の廃除とは

　推定相続人の廃除とは，まず，(1)遺留分〔注〕を有する推定相続人（被相続人の配偶者，直系卑属及び直系尊属）に，相続人の欠格事由のような相続資格を当然に否定するほどの重大な事情（民891条）ではないとしても，被相続人を虐待し若しくは重大な侮辱を加えるなど，相続的協同関係を破壊するとみられる程度の一定の事由があること（後述2参照），また，(2)被相続人がその推定相続人に相続させることを欲しないことを要します。そして，推定相続人の廃除方法としては，生前廃除と遺言廃除の二つの方法がありますが，生前廃除の場合は，被相続人の請求（意思）に基づいて，家庭裁判所の審判（家事188条・別表第一86項）によって相続人としての資格を廃除する制度です（民892条）。相談の場合は，相談者が死亡し相続が開始したときに，相続人として相談者の財産を承継することができる地位ないし資格を有す

る者（いわゆる遺留分を有する推定相続人）は，妻と長男・二男の三人ということになります。

ところで，相続人を廃除するには，上記のとおり，法定の事由がなければなりません。民法上の廃除事由は，推定相続人が，被相続人に対して虐待をし，若しくは重大な侮辱を加えたときとされています。ここにいう虐待とは，被相続人に対して精神的又は身体的に苦痛を与えることをいい，重大な侮辱とは，被相続人の人格的価値を著しく傷つけることをいいます。しかし，虐待と侮辱とは，古くから判例上必ずしも厳格に区別されていないようで，具体的な事例において，個別的に判断されなければなりません（中川淳『相続法逐条解説（上）』97頁）。判例においても，廃除事由は，著しい非行に限られており，虐待又は重大な侮辱は，著しい非行の具体的例示にすぎず，著しい非行に当たるか否かは，裁判所が具体的に諸般の事情を斟酌して判断しなければならないとされています（大判昭和2・5・31民集6巻318頁，大判昭和15・3・9民集19巻363頁）。相談事例の場合が廃除原因として認められるか否かは裁判所の総合的判断によることになりますが，これまでの裁判例から廃除事由として認められた事例及び却下された事例を抽出し，分類・整理した資料として，木村三男『戸籍届書の審査と受理Ⅱ』140頁以下があります。

2 廃除の当事者

(1) 廃除の申立人

相続人廃除の申立人は被相続人ですが，廃除権行使の能力については，意思能力があれば足りるという見解と行為能力を必要とするという見解に分かれています。この相違は，廃除権の法的性質を身分権的なものとみれば，意思能力があれば廃除請求ができるのに対し，財産処分的な性格が強いとみれば行為能力を要することになります。多数説は意思能力があれば足りると解しています（中川善之助『相続法』

74頁)。つまり，廃除権を身分権的性格が濃いものとみるとともに，遺言廃除（民893条）が意思能力をもって足りるとされているのと均衡を保たれることにもなります（民966条・962条）。

　廃除の請求は，被相続人の意思によることが必要ですが，相手方である推定相続人の同意や承諾を要するものではありません。つまり廃除請求権は，被相続人の一身専属権であることから相続はできないし，申立てについて法定代理人が関与する余地もありません（大判大正6・7・9民録23輯1105頁）。したがって，意思能力のない被相続人は廃除権を行使することはできませんが（東京控訴院判大正4・12・21法律新聞1077号14頁)，行為能力を有しない成年被後見人・被保佐人であっても意思能力があれば単独で相続人廃除の申立てをすることができます（家事188条で準用する118条，中川淳『相続法逐条解説（上）』98頁)。

(2)　廃除の相手方

　相続人廃除の申立ての相手方は，遺留分を有する推定相続人（1参照)，すなわち，遺留分権〔注〕を有しない兄弟姉妹を除く法定相続人である直系卑属，直系尊属及び配偶者が推定相続人となる場合です。したがって，適法に遺留分を放棄した（民1043条）推定相続人を相手方として廃除を請求することはできません（東京高決昭和38・9・3家月16巻1号98頁)。

　被廃除者が成年被後見人又は被保佐人である場合には，廃除請求者と異なり，法定代理人が代理すると解されています。これは行為能力のない者が単独で廃除の相手方になり得るとすれば，行為能力のない推定相続人の保護に欠けることになるからです。したがって，推定相続人が意思能力のある未成年者である場合には，法定代理人によって代理されるか，又はその同意を得て未成年者自ら廃除手続に応ずべきです。また，成年被後見人である場合は，常に後見人によって代理さ

れるし，被保佐人である場合には，保佐人の同意を要します（中川淳『相続法逐条解説（上）』98頁）。なお，廃除の請求者が被廃除者である推定相続人の法定代理人である場合は，廃除の請求は利益相反行為になりますから（民826条1項・860条），被廃除者のために特別代理人を選任することが必要です（家事別表第一12項）。

3 廃除の方法

(1) 生前廃除と遺言廃除

相続人廃除の方法には，前述のとおり，生前廃除と遺言廃除の二つの方法があります。生前廃除の場合は，被相続人である相談者がその住所地を管轄する家庭裁判所に廃除の審判を求める請求をすることになります（家事39条・188条・別表第一86項）。また，遺言廃除の場合は，被相続人が死亡し遺言の効力が生じた後，遺言執行者は遅滞なくその推定相続人の廃除を家庭裁判所に請求しなければならないとされています（民893・985条・1006条・1010条，家事188条）。したがって，たとえ当事者間で廃除の合意があっても，審判によらない限り，廃除の効果は生じません。

なお，推定相続人の廃除については，そもそも争訟性を存するところ，旧家事審判法の下では乙類審判事項とされ，第一次的には当事者の協議による解決が期待される事項とされていました（旧家審17条・18条）。したがって，調停の成立によって廃除の効果が生じ（旧家審21条1項），調停が成立しないときは，通常の審判手続により判断されることになっていました（旧家審24条・25条・26条，旧家審規99条・100条参照）。しかし，平成25年1月1日に家事事件手続法（平成23年法律第52号）の施行により家事審判法は廃止され，新法では推定相続人の廃除の審判事件を別表第一の86項とし（家事188条），旧法の甲類事項と同様に，家事調停の対象とはなり得ない事項に改められています。以下は主として生前廃除についての説明となりますので，遺言廃除に

ついては『スポット戸籍の実務Ⅳ』141頁以下を参照願います。

(2) 事実の調査等

相続人廃除の審判では，廃除事由の存否が審査されますが，家庭裁判所は，職権で事実の調査及び必要があるときは証拠調べをすることができます（家事56条〜64条，家事規44条〜46条）。廃除の申立てを認容する審判に対しては，相手方である推定相続人が，また，申立てを却下する審判に対しては，申立人である被相続人が，それぞれ2週間以内に即時抗告をすることができます（家事85条〜87条・188条5項）。なお，即時抗告の抗告状は，原裁判所に提出しなければなりません（家事87条1項）。

4　生前廃除の効果

相続人廃除の効果は，審判の確定によって法律上当然に発生し，被廃除者である推定相続人は直ちに相続権を失います。廃除の請求者は，審判が確定した日から10日以内に，その旨を市区町村長に届け出なければなりませんが（戸97条・63条1項），廃除の効果は，戸籍の届出がなくても当然に発生します（大判昭和17・3・26民集21巻284頁）。また，廃除の効果は相対的であり，廃除者である被相続人に対する被廃除者の相続権を失わせるにすぎません。したがって，被廃除者は，廃除者以外の者に対する相続権は失いません。例えば，子が父によって廃除されても，母や兄弟姉妹に対する相続権を失うものではありません。

被相続人の生存中に相続人廃除の請求があり，その死亡後に廃除の審判が確定した場合の効果については，特に規定はありません。しかし，遺言廃除については，相続開始の時に遡って，その効力が生ずる旨の規定があります（民893条）から，被相続人の死亡後に廃除の審判が確定した場合にも，遺言廃除と同様に被相続人の死亡の時（相続開始時）に遡って，その効力が生ずると解されます（通説，中川淳『相続法逐条解説（上）』101頁）。したがって，廃除の審判が確定する前に

被廃除者から相続財産に属する不動産を買い受けた第三者は，たとえ登記の記載を正当なものと信じて所有権取得の登記をしても，真正相続人に対して権利を主張することはできないとされています（大審昭和2・4・22民集6巻260頁，大審昭和14・11・18民集18巻1269頁，大審昭和17・3・26民集21巻284頁）。

5　推定相続人廃除に関する戸籍の記載

推定相続人廃除によって戸籍の変動等が生じることはありません。推定相続人の廃除に関する事項については，廃除された者（相談の場合は長男）の戸籍の身分事項欄に，「平成四年九月拾四日父甲野義太郎の推定相続人廃除の裁判確定同月拾五日父届出㊞」

◎　コンピュータシステムによる証明書記載例

推定相続人廃除	【推定相続人廃除の裁判確定日】平成４年９月１４日 【被相続人】父　甲野義太郎 【届出日】平成４年９月１５日 【届出人】父

の振合いで記載することとされています（戸規35条8号，法定記載例152）。この廃除事項は，移記を要する重要身分事項とされていますので（戸規39条1項6号），廃除の取消しがない限り，被廃除者について新戸籍が編製され，又は他の戸籍に入籍する場合には当然に移記しなければなりません。

なお，従前（旧法施行当時）は，推定家督相続人又は遺産相続人が廃除されたときは，廃除事項中に廃除事由（例えば「大正拾弐年拾月六日**疾病ニヨリ家政ヲ執ルニ堪エザルニ因リ**推定家督相続人廃除ノ裁判確定戸主甲野義太郎届出同月八日受附㊞」）も記載されていましたが，現行法の施行以後，記載例からは削除されています（昭和22・12・29司

法省令第94号，木村三男著『戸籍届書の審査と受理Ⅱ』147頁）。

〔注〕 遺留分とは，一定の相続人が相続に際して，法律上取得することを保証されている相続財産の一定の割合であり，相続人の生前処分（贈与は，相続開始前の１年間にしたものに限られる（民1030条)。）又は死因処分によって奪われることはありません。民法がこの遺留分権利者としているのは，兄弟姉妹を除く相続人，すなわち直系卑属，直系尊属及び配偶者です（民1028条）。

相続人全体の遺留分の割合は，相続人が(1)直系尊属のみであるときは，被相続人の財産の３分の１，(2)(1)以外の場合には，被相続人の財産の２分の１です（なお，遺留分算定の基礎となる財産とは，「相続開始の時に有した財産」＋「贈与財産（原則として，相続財産開始前の１年間にしたものに限る。）」－「債務」となります（中川淳『相続法逐条解説（下）』404頁))。

第14・入籍・転籍

第14 入籍・転籍

> 43 父母の離婚後，再婚した母の後夫の養子となる縁組をした子が，養父と実母の離婚後に，養父との縁組関係を継続したまま，その氏を実父の氏に変更し，その戸籍に入籍することは！

相談事例

私が7歳のときに父母が離婚し，親権者と定められた母の離婚後の「乙山」戸籍に入籍しました。その後，母は再婚をし，私が11歳のときに母の後夫の養子となる縁組により養父の氏「丙原」を称して，養父と実母夫婦の戸籍に入籍しています。それから10年を経過した今年の5月に，母が養父と離婚して再婚前の氏に復しました。現在，私は実父の家で生活していますが，養父との縁組関係を継続したまま，氏を実父の「甲野」に変更しその戸籍に入籍することができますか。それにはどのような手続が必要ですか。

説　明

縁組の継続中に，養子が称している養父の氏を民法第791条第1項の規定によって実親の氏に変更することができるかについては，養子は養親の氏を称するとする民法第810条の趣旨に反することから，学説，戸籍先例はともに否定的に解しています。

なお，養子が分籍の届出をして戸籍の筆頭者となり，戸籍法第107条第1項に基づく氏変更許可審判の申立てをし，家庭裁判所において，その申立てにはやむを得ない事由があるとして許可の審判が得られた場合には，その審判に基づく氏変更の届出をすることにより，「丙原」の氏の呼称を実父と同じ「甲野」に変更することはできます。ただし，相談者が実父の戸籍に入籍することはできません。

1 養子の氏

養子は，養親子同氏の原則により，養親の氏を称し（民810条），養親の戸籍に入ります（戸18条3項）。養子は，養子縁組によって養親の嫡出子としての身分を取得するので（民809条），その称する氏も養親と同じくすることが社会生活上便宜であり，当事者の意思にも沿うといえるからです。しかし，民法第810条は，養子の氏の取得に関する規定であり，養子は，縁組関係が継続している間は常に養親の氏を称しなければならないという趣旨ではありません。例えば，養親が婚姻，養子縁組，離縁等によって氏を改めても，養子の氏は何ら影響を受けることはないし，また，養子が縁組関係を継続したまま婚姻によって相手方の氏を称することもできます。しかし，これらの場合は，養親又は養子について実体上の身分関係に変動があり，その効果として氏に変動が生じたものです。したがって，この場合と単に氏のみの変更にすぎない民法第791条の氏変更の場合とを同一視することはできません。

2 民法第791条の子の氏変更

養子縁組によって養父母の氏を称している養子が，その氏を離婚復氏した養父母の一方の氏に変更することができるかについて，学説は肯定的に解している（我妻栄・立石芳枝『親族法・相続法』202頁，西村信夫『子の氏』（家族法大系Ⅳ）126頁，阿部浩二『注釈民法（22のⅡ）』716頁）のに対し，戸籍実務の取扱いは，当初，これを否定していましたが（昭和25・8・15民事甲2244号回答等），後にこれを改め肯定するに至っています（昭和26・9・4民事甲1787号通達，昭和27・2・14民事甲132号回答第9問）。すなわち，民法第791条第1項にいう「父又は母」は，実父母だけでなく養父母を含むものと解されており（昭和23・3・12民事甲5号回答），これは，民法第810条の原則と矛盾しないことが理由とされています。例えば，養父母が離婚をし，その一方

が婚姻前の氏に復した場合，養子は復氏した養親と氏を異にすることになりますから，民法第791条第1項の規定により家庭裁判所の許可を得て，戸籍法に定める入籍届（戸98条1項）をすることによって復氏した養親の氏を称することができます。

　また，養父と実母が婚姻をしている場合，養子は養父と実母の氏を称しているものと解すべきですから，離婚によって実母が実方の氏に復した場合に，家庭裁判所が民法第791条第1項の規定により，養子が実母の氏を称する許可を与えたときは，離婚復籍した養母の氏を称することの許可があった場合の取扱いに準じ，養父との縁組を継続したまま，実母の氏を称し，その戸籍に入籍する取扱いができるものとされています（昭和26・9・4民事甲1787号通達）。

　しかし，相談の場合は，相談者（養子）がその氏を変更したいのは，養父と離婚し復氏した実母の氏ではなく，実父の氏です。このような身分変動を伴わないで，単にその氏だけを実父の氏に変更するにすぎない場合，民法第791条第1項の規定によって養親と異なる氏を称することは，原則として認められないとされています（我妻栄『親族法』313頁，小石寿夫『先例親族相続法』118頁，昭和26・1・23・民事甲20号回答）。

3　戸籍法第107条第1項の氏変更

　養子が養父との縁組継続中に，その氏の呼称を同居する実父の氏の呼称に変更する方法として，戸籍法第107条第1項の規定により氏を変更することが考えられます。この手続は，氏を変更するについて「やむを得ない事由」があるときに，戸籍の筆頭者及びその配偶者が家庭裁判所の許可審判を得て，その旨の届出をすることを要します。何が「やむを得ない事由」に当たるかは，個々の事案について家庭裁判所の判断するところによりますが，一般的には氏が珍奇又は難読で実生活上支障があるもの，外国人の姓と紛らわしいもの，その氏の使

用を強制することが社会観念上甚だしく不当と認められる場合などが該当するものとされています（昭和24・5・21民事甲1149号回答，東京高決昭和24・5・19高民集2巻1号77頁等）。また，長年にわたって戸籍上の氏と異なる通称を用いている場合に，その通称を戸籍上の氏とする変更が認められる場合もあります。この氏の変更における「やむを得ない事由」は，名の変更（戸107条の2）についての「正当な事由」に比較して，その変更事由をより一層厳格に限定する趣旨と解されています（青木義人・大森政輔『全訂　戸籍法』439頁）。したがって，相談の場合に氏変更を求める事由が，「やむを得ない事由」に該当するか否かは，家庭裁判所の判断事項ですから，その審判を待つほかありません。

　なお，氏変更の許可の申立ては，戸籍の筆頭者及びその配偶者から住所地を管轄する家庭裁判所に（家事226条1号）することとされていますから，相談者が養父の戸籍に在籍したままでは，この申立てはできません。分籍の届出（戸21条・100条）により，戸籍の筆頭者となったときにこの申立てをすることができることになります。

> 44　父母の婚姻中に分籍した子が，その後，離婚により婚姻前の氏に復し，婚氏続称の届出をした母の氏を称して，その戸籍に入籍することは！

相談事例

　私は父とのいさかいが絶えず，戸籍が同じであることさえ耐えられなくなったため，昨年，成年に達したのを機に，母とも相談の上，分籍の届出をしました。したがって，現在は単独の戸籍になっています。この度，母が父と協議離婚をし，婚姻前の氏「乙」に復すると同時に婚氏・甲を続称して新戸籍が編製されたので，離婚後の母の戸籍に入籍したいのですが，それは可能でしょうか。可能とすれば，どのような手続が必要ですか。

説　明

　分籍した相談者が，父母の離婚後に民法上の氏を同じくする父の戸籍に入籍することはできませんが，離婚によって婚姻前の氏「乙」に復した母の氏が，婚氏続称の届出により呼称上は「甲」であっても，相談者の氏「甲」とは民法上の氏を異にすることになりますから，家庭裁判所で母の氏「乙」に変更する許可審判を得た上，入籍届により離婚後の母の戸籍に入籍することができます。

1　分籍の効果

　分籍は，戸籍の筆頭に記載された者及びその配偶者以外の者で成年に達した者が，その自由意思で在籍する父母の戸籍から氏の変動を伴わずに分離して，単独の新戸籍が編製されることをいいます（戸21条）。また，分籍に当たっては，分籍前の氏と異なった氏の選択は許されま

せんし，いったん分籍した従前の父母の戸籍に復籍する届出も認められません。これは分籍者が単身であっても同じです。

その理由は，分籍が，

　　ア　成年に達した者が自ら自由な意思により，従前の戸籍から分離独立し，新戸籍を編製する行為であること，

　　イ　父母と氏を同じくしている子が分籍しても氏に変動はないので，戸籍は父母と別になっても，引き続き父母と氏を同じくしていることに変わりはないこと，

　　ウ　旧法と異なり〔注〕，現行法の下では戸籍の変動によって実体法上の権利義務に影響を及ぼすものではないこと，

等から，分籍した子が父母と氏を同じくしたまま，再び父母と同籍する取扱いを認めても何ら実益がなく，戸籍法第21条の分籍による新戸籍編製の趣旨に反することになるからとされています（昭和26・12・5民事甲1673号回答）。

2　子の氏変更

(1)　子が父・母と氏を異にする場合

民法第791条第1項の「子が父又は母と氏を異にする場合」とは，氏の文字・呼称が異なるということではなく，民法上の氏が異なることを意味しています。氏は，夫婦の氏（民750条），子の氏（民790条），養子の氏（民810条）など，氏に関する規定に従って，父母の双方又はその一方と子が共通に称する法律上の氏が定まりますが，子が父又は母と氏を異にする場合が生じます。

その主な場合として，例えば，以下のア〜オの場合等が挙げられます。

　　ア　父母が離婚又は婚姻の取消しによって，父母の一方が婚姻前の氏に復した場合（民767条・749条）

　　イ　父母の一方が死亡し，他方が婚姻前の氏に復した場合（民

751条1項）
　　ウ　離婚した母が再婚し，再婚により配偶者の氏を称している場合
　　エ　夫婦養子である父母が離縁・復氏した場合
　　オ　父母が離婚して母が復氏した後，離婚後300日以内に出生した子の場合（民790条1項）
　　カ　嫡出でない子として母の氏を称している子が，父から認知された場合
（2）　分籍した子とその父・母の氏

　父母と氏を同じくしている子が分籍しても，氏に変動はないので，子はいったん分籍した父母の戸籍に復籍する届出が認められないことは，前述1のとおりです。したがって，父母が離婚しても，婚姻の際に氏を改めなかったのが父であれば，その父と分籍した子の氏は依然として同じですから，この場合も父子が同籍することはできません。一方，婚姻の際に氏を改めた母は，離婚によって婚姻前の氏に復します（民767条1項）から，母と子の氏は異なることになります。

　ところで，相談の場合，離婚をした母は，さらに婚氏を続称する届出（戸77条の2）により，離婚の際に称していた氏を称しています（民767条2項）。この離婚の際に称していた氏とは，離婚によって復氏する母が離婚の際に称していた氏「甲」を指しますが，その氏は離婚の際に称していた氏の呼称を意味するものであって，民法上の氏を意味するものではありません。すなわち，戸籍法第77条の2の届出によって離婚の際に称していた氏を称することの実質は，戸籍法第107条第1項の規定によって氏の呼称を変更することであり，家庭裁判所の許可を要しないという点で，同項の特則ともいうべきものと解されています（木村三男・竹澤雅二郎『詳解　処理基準としての戸籍基本先例解説』665頁）。したがって，離婚の際に称していた氏を称している母は，婚

姻中に分籍した子（相談者）と呼称上の氏は同じ「甲」ですが，民法上の氏は「乙」ですから，そのままでは，子は母の戸籍に入籍することはできません。子が離婚後の母の氏を称して，その戸籍に入籍するには，別途，民法第791条第1項の規定による家庭裁判所の許可を得て，入籍の届出をする必要があります（戸98条1項）。

(3) 家庭裁判所の許可

子が，民法上の氏を異にする父又は母の氏を称するには，まず，家庭裁判所の許可を得なければなりません。家庭裁判所が関与することとされているのは，主として関係者の利害対立の調整を図るとともに，家名承継などの因襲的感情による濫用を防止することにあります。家庭裁判所における審理の対象範囲は，子と父・母とされている者の間に親子関係があるか，その間の氏が異なっているかどうか，子の氏を変更することの必要性（子がその氏を変更しようとする父又は母との共同生活関係，関係人の意向及び利害等の考慮）等とされています。

子の氏変更（民791条）の許可審判は，申立てを許容する審判に対しては不服申立てはできず，申立てを却下する審判に対し申立人からの即時抗告ができるのみですから（家事160条3項）申立人に告知されることによって効力を生じます（家事別表第一60項）。

(4) 戸籍の届出

民法第791条第1項ないし第4項のいずれの規定に基づく入籍の届出も創設的届出であり，殊に第1項及び第3項の入籍の場合は，家庭裁判所の氏変更の許可を得たとしても，それだけでは効力が生じることはなく，戸籍法第98条による入籍の届出によってはじめて氏変更及び入籍の効力が生じます。したがって，届出期間の定めはなく，この届出をしない限りいつまでも入籍の効力を生ずることはありません。

相談の場合は，民法第791条第1項の規定に基づく入籍届ですから，家庭裁判所の氏変更許可審判の審判書謄本を添付して届出をします。

なお，この氏変更許可の審判に対する即時抗告（不服申立て）は，前述のとおり認められませんから（家事規160条3項），確定証明書の添付は要しません。

入籍届の届出人は，氏を改めようとする子であり（子が15歳未満のときは，その法定代理人），また，届出地については，特別の定めがないので，戸籍法第25条の一般原則によることになります。

〔注〕 旧法中の家制度を前提とした「分家」の制度は，その属する家を同じくするかどうか，つまり，同じ家に在るかどうかによって親族・相続上の権利義務関係に影響を及ぼしていました（旧民法956条・970条等）。

> 45　筆頭者の死亡後にする生存配偶者の分籍は！

相談事例

　一昨年，夫が56歳で死亡しました。娘も既に婚姻しているため，戸籍は私一人が在籍しています。生前夫とは不和が絶えなかったため，筆頭者である死亡した夫と同籍していることに抵抗があり，精神的なしこりが消えません。実方の氏に復する届出をし，新戸籍編製の申出をすれば新戸籍が編製されるそうですが，私が長年続けている仕事の関係上，氏が変わることにより支障が生じるのでそれもできません。ついては，現在の戸籍から私一人の戸籍にするために分籍をすることはできませんか。あるいは，復氏の届出をしたら婚氏を続称する届出ができるでしょうか。

説　明

　筆頭者が死亡しても，その生存配偶者である相談者は分籍の届出はできません。相談者が亡夫の血縁との姻族関係終了の届出をした後であっても同じです。また，生存配偶者が筆頭者の死亡後に，婚姻前の氏に復する届出をしても婚姻解消の際の氏を称する旨の届出は認められていません。

1　分籍とは

　現行戸籍法（昭和22年法律第224号）は，戸籍の筆頭に記載した者及びその配偶者でない成年者について分籍の制度を設けて，戸籍を実生活の親族共同体に合致させる途を開いています（戸27条・100条・101条）。この分籍は，戸籍の在籍者（成年の子）につき氏の変更を伴わないで従前の戸籍から除籍し，新戸籍を編製するもので，実体上の身分

関係に影響を及ぼすことはなく，本人の氏も変わることはありません。本来，戸籍は，国民の社会生活上いろいろの面に広く利用されるものであることから，できるだけ生活を共同にする親族を一つの戸籍に登載するのが，最もその要請に応えることができるものです。しかし，現実の生活共同体である世帯単位によって編製するのは，その単位が明確性に欠けることから取扱い上の疑問が生じ，また，一定の身分関係にありながら，実際の生活状態によって戸籍の異同を生ずることは，かえって制度の混乱と利用上の不便を来す結果となります。そこで，現行戸籍法は，最も自然で，かつ，基本的な親族共同体の類型である夫婦及びこれと氏を同じくする子をもって戸籍編製の基準としています（戸6条）。そして，在籍する子が婚姻をしたとき又は子（又は養子）を有するに至ったときなどは，親の戸籍から分離して新戸籍を編製することとしています（戸16条・17条）。すなわち，夫婦・親子をもって戸籍編製の基準とする一方，子が成長するに及んで親から離れ，独立の生活をするようになると，戸籍も親の戸籍から分離させることを建前とし，成年に達した者は，婚姻あるいは子を有するに至らなくても，本人の自由な意思によって分籍することを認めているものです。

2　生存配偶者の分籍

　戸籍の筆頭者及びその配偶者については，既にこれを中心とする戸籍が編製されていることから（戸16条），これらの者の分籍は認められていません。このことは，相談の事例のように筆頭者が死亡した後，その生存配偶者についても同様であり（昭和23・4・27民事甲757号回答），亡筆頭者の生存配偶者が分籍できるようにとする要望も適当でないとされています（昭和38・5・9民事甲1327号回答）。また，生存配偶者が婚姻の効果として生じた夫の血族との姻族関係を，夫の死亡後に終了させるべく姻族関係終了の届出をした後であっても，分籍はできないとされています（昭和24・2・17民事甲349号通知・第八問）。

このように，生存配偶者を戸籍法第21条第1項但書の配偶者に含まないとの解釈変更の要望がされたり（昭和38・2・15愛知戸住協要望），生存配偶者が姻族関係終了の届出をした後の分籍届の可否について照会されたのは，氏の変更を伴わずに婚方戸籍から分離したいという要請から出たものと考えられます。

3　筆頭者死亡後，復氏した生存配偶者の婚氏続称の届出

(1)　婚姻によって氏を改めた者は，離婚によって婚姻前の氏に復しますが，婚姻前の氏に復した後，離婚の日から3か月以内に戸籍法第77条の2に定める届出によって離婚の際に称していた氏を称することができます（民767条・771条，戸77条の2）〔**注**〕。

しかし，筆頭者死亡後の生存配偶者は，筆頭者の死亡によっては当然には婚姻前の氏に復することはなく，婚姻前の氏に復するには，生存配偶者の復氏の届出をしなければなりませんが（民751条1項，戸95条），その届出は，姻族関係を終了させる届出（民728条，戸96条）とは関係なく行われる全く別個の届出です。したがって，上記の復氏届により，生存配偶者は婚姻前の氏に復するわけですから，戸籍法第77条の2の届出と同じような効果のある届出を認める必要はないし，その実益もないことから，筆頭者の死亡後に復氏した生存配偶者に婚姻解消時に称していた氏を称する届出は認められません。

(2)　なお，生存配偶者が復氏届によって称するに至った婚姻前の氏の呼称を変更するには，あらかじめ家庭裁判所の許可を得て，戸籍の届出をしなければなりません（戸107条1項）。家庭裁判所は，氏変更の許可審判に当たっては，個々の事件においてその変更事由が「やむを得ない事由」に該当するかどうかを認定することになります。その「やむを得ない事由」とは，現在の氏の継続を強いることが社会観念上著しく不当と認められる場合をいい，単に氏を変更する方が有利であるとか，現在の氏を称することにより多少の不便，不都合があると

いうに過ぎない場合は，これに含まれないと解されています（東京高判昭和34・1・12東高民事報10巻1号1頁）。結局，「やむを得ない事由」に該当するか否かは，個々の具体的事件について家庭裁判所が判断することになりますが，名の変更の場合における「正当な事由」（戸107条の2）に比較して，その変更事由をより厳格に限定する趣旨と解されています（青木義人・大森政輔『全訂　戸籍法』439頁）。

　　〔注〕　ここにいう離婚の際に称していた氏とは，離婚によって復氏する者が離婚の際に称していた氏の呼称を意味し，民法上の氏ではありません。

46 親元を離れて自活生活をしている未成年者がする分籍届は！

相談事例
　私は現在19歳ですが，3年前から郷里の親元を離れ，東京で自活生活をしています。最近，いろいろ考えることがあって，親の戸籍から離れて自分単独の戸籍にしたいと考え，分籍届をしたいと思いますが，それは可能でしょうか。もし，それができない場合は，親が未成年の子に代わって分籍届をすることができますか。

説　明
　分籍の届出ができるのは，戸籍の筆頭者及びその配偶者以外の成年に達した子に限られています。したがって，未成年の子に代わって法定代理人が分籍の届出をすることも認められません。

1　分籍とは
　戸籍法では，戸籍の筆頭に記載した者及びその配偶者でない成年者について分籍の制度を設けて，戸籍を実生活の親族共同体に合致させる途を開いています（戸21条・100条・101条）。この現行法の分籍は，戸籍の形式のみから見ますと，旧民法上の分家の制度に似ていますが，実質は「家」制度の下における分家のような制約，例えば，分家（分籍）するについて戸主（筆頭者）の同意とか，分家後に本家の戸主権の支配から離れて，自らその家族に対する戸主としての権利・義務が発生するといったことはありません。
　つまり，現行法における分籍は，単に戸籍を分けて分籍をしようとする者について新戸籍を編製するにすぎないので，分籍しても本人の

氏に変更を来すことはなく，また，従前の戸籍に在籍する父・母又は養親等との親族・相続法上の権利・義務等に何ら変更を生ずるものでもありません。

　本来，戸籍は，国民の社会生活上いろいろの面で広く利用されるものであることから，できるだけ生活を共同にする親族を一つの戸籍に登載する方法を採るのが，最もよくその要請に応えることになると考えられます。そこで，現行の戸籍法は，最も自然かつ基本的な親族共同体の類型である夫婦及びこれと氏を同じくする子をもって戸籍編製の基本としているわけです（戸6条）。一方，子が成長するに従って親から離れ独立の生活をするようになると，相談者が望むように，戸籍も親の戸籍から分離させることを建前として，成年に達した者は，婚姻あるいは子を有するに至らなくても，全く本人の自由な意思によって分籍をすることを認めているところです。その要件は，以下のとおりです。

2　分籍できる者

　(1)　戸籍の筆頭者及びその配偶者については，既にその夫婦を中心とする戸籍が編製されていますから（戸6条），分籍は不必要であり，認められません（戸21条1項但書）。したがって，親子の戸籍において，子が成年に達した場合にのみ分籍がなされることになります。

　なお，戸籍の筆頭者が死亡した後も，生存配偶者については分籍は認められないし（昭和38・5・9民事甲1327号回答），たとえその生存配偶者が姻族関係終了の届出（民728条2項，戸96条）をした後であっても，分籍することはできないとされています（昭和24・2・4民事甲200号回答）。

　(2)　分籍できる者は，成年者に限られていますが（戸21条1項本文），成年者とは，満20歳に達した者をいいます（民4条）。未成年であっても婚姻適齢に達した者が婚姻をしたときは，婚姻の効果として成年

に達した者とみなされますから（民753条），年齢的には20歳未満であっても分籍できることになります。しかし，婚姻をした者は既に新戸籍が編製されており（戸16条），分籍する必要はないので，婚姻解消により婚姻前の親の戸籍に復籍して同籍者となっていない限り，成年擬制者の分籍はあり得ません。なお，未成年者が婚姻をし，その取消しの裁判が確定した場合でも分籍をすることができますが，婚姻の取消しが不適齢婚の理由による場合は，分籍は無効とされています（昭和23・8・26～28名古屋東三戸研決）。

このように，単身の成年者のみに分籍が許され，未成年者について許されないのは，現行の戸籍法における戸籍編製の建前が実生活の親族共同体を基準としていることによると解されています。すなわち，戸籍法は，夫婦とその同氏の子をもって戸籍を編製することとされ（戸6条），その後に在籍する子が婚姻をしたとき，又は子（又は養子）を有するに至ったときは，親の戸籍から分離して新戸籍を編製することとされています（戸16条・17条）。つまり，戸籍法は，子が親の養育・監護を必要とする間は，親と戸籍を同じにさせるよう配慮する一方，子が成長するに従って親から離れ，独立の生活をするようになると，戸籍も親の戸籍から分離させることを建前としているものと考えられています（成毛鐵二『新版　戸籍の実務とその理論』811頁）。

3　戸籍法第21条第1項の分籍能力

分籍について要求される戸籍法上の分籍能力（成年に達していること）は，絶対的要件であり，これに反する未成年者の分籍届は認められません。もし，誤って受理されたとしても分籍の効力は生じません。例えば，正当な代諾権を有しない者がした養子縁組届については，養子が15歳に達した後に，自ら縁組の追認に関する追完届をすることが認められ，これが受理されたときは，当該縁組は届出の当初から有効に成立しているものとして取り扱うものとされています（昭和34・

4・8民事甲624号通達)。しかし，この通達の趣旨を，未成年者の分籍届について導入することはできないと解されています（昭和36・12・14民事甲3114号回答，昭和37・12・25民事甲3715号回答)。

　このように，戸籍法第21条第1項の分籍能力は，絶対的な要件と解されることから，本人が15歳に達していて意思能力を有するとしても，未成年者である限り分籍の届出はできないし，法定代理人が代わってこれをすることも認められていません。もし，仮にこれを誤って受理していることを後日発見し，しかも本人が既に成年に達している場合であっても，その分籍は無効であり，戸籍訂正を要することになります（昭和25・8・17民事甲2205号回答，昭和26・5・17～18福岡連合戸協決)。

第15・国籍の得喪

> **47** 未成年の日本人が外国人夫婦の養子となる縁組をした後，養父母の代理申請により同国に帰化した場合の子の日本国籍は！

相談事例

　日本人である私共夫婦の当時4歳だった三男を，友人である外国人夫婦の養子とする縁組をさせました。その外国人夫婦がその子（以下「養子」という。）を連れて本国に帰国した後，養子（現在12歳）を養父母の代理申請により同国に帰化させたとの連絡がありました。この場合，養子の日本国籍はどのようになりますか。

説　明

　法定代理人又は任意代理人の申請による場合であっても，当該国の法令に基づき意思行為によって有効に外国の国籍を取得したときは，本人の志望による外国国籍の取得に該当し，日本の国籍を喪失します。ただし，養子が15歳に達しているときは，本人の同意が必要です。

1　志望による外国国籍の取得

　国籍法第11条は，「日本国民は，自己の志望によって外国の国籍を取得したときは，日本の国籍を失う。」と定め，帰化等自己の志望によって外国籍を取得した場合（同条1項），及び外国の国籍を有する日本国民が，重国籍者に国籍の選択を認める外国の法令に基づいてその外国の国籍を選択した場合（同条2項）には，その効果として自動的に日本の国籍を喪失することを規定しています。これは，旧国籍法（明治32年法律第66号）第20条と同じ趣旨の規定であり，国籍離脱の自由の実現と国籍の積極的抵触の防止を目的とするものです。

国籍法第11条第1項の適用によって日本国籍喪失の効果が生じるには，外国の国籍を取得すること，及びその外国国籍の取得が自己の志望によること，の二つの要件が必要です。
(1)　外国の国籍を取得すること
　日本国籍を有する者が外国国籍を有効に取得することが必要です。相談の場合のように帰化を申請して，帰化が許可されたとしても，例えば，人違いによって帰化が許可された場合などの理由で当然に無効であることが確認されたときは，はじめから外国国籍を取得しなかったことになりますから，国籍喪失の効果は生じないと解されます（木棚照一『逐条註解　国籍法』341頁参照）。外国の国籍を有効に取得するか否かは，当該外国の法律によって決められるべきものです。
(2)　外国国籍の取得が自己の志望によること
　帰化は，自己の志望による外国国籍取得の最も典型的なものですが，その名称いかんにかかわらず，国籍の回復，届出による国籍取得，国籍申告等直接外国国籍の取得を希望する意思行為に基づき，その効果として外国国籍が付与される場合であれば足ります。これに対し，意思行為に基づくものでなく，身分行為等の一定の事実によって法律上当然に外国国籍を取得する場合（例えば，父母の外国国籍の取得，外国人との婚姻，認知，養子縁組などの身分行為による外国国籍の取得）は，仮に外国国籍を取得するためにそのような身分行為が行われたとしても，本人による直接外国国籍取得のための意思表示に基づくものではないことから，自己の志望による外国国籍の取得には該当しません（田代有嗣『国籍法逐条解説』529頁）。
2　代理人による外国国籍取得申請
　外国の国籍法には，未成年者の帰化について未成年者に代わって法定代理人が申請行為をすることを認めている例があります（フランス，アルゼンチン，スイス等）。また，わが国の国籍法も，国籍取得の届出

や帰化申請について，国籍を取得しようとする者が15歳未満である場合には，法定代理人が代わってすることを認めており，国籍離脱の届出についても，15歳未満の未成年者については，法定代理人が代わってすることを認めています（国18条）〔注〕。

このような規定に基づいて未成年者に代わって，法定代理人が外国の国籍を取得した場合に，自己の志望によるものといえるかどうかが問題となりますが，先例は，未成年者の法定代理人の行為による外国国籍の取得の場合については，基本的に自己の志望によるものとしています（昭和44・4・3民事甲542号回答）。相談の事例は，外国人養父母とともに養親の本国で生活している15歳未満の日本人養子が，通則法第32条により親権者と認められる養父母（〔注〕参照）の代理によって養親の本国に帰化する申請をしたものです。その結果，同国の法令に基づき有効にその国籍を取得したものであり，これは本人の志望による外国国籍の取得に該当しますから，これにより当然に日本の国籍を喪失したことになります（国11条1項）。

もっとも，このことは15歳未満の未成年者についていうことができることであり，外国の法制上，未成年者が15歳に達している場合においても法定代理人によるものと定められており，法定代理人である養父母が外国国籍の取得を申請した場合，わが国の立場では問題のあるところです（日本人の日本国籍喪失の当否は，わが国の専権事項です。）。この場合は，わが国の立場では，法定代理になじまないために，法定代理人が行った申請による外国国籍の取得は，養子の自己の志望によるものではないと考えられます。ただし，15歳に達している養子が外国国籍の取得に同意しているときは，自己の志望に基づくものとして，日本の国籍を喪失します（昭和54・6・21民五3492号回答）。

なお，外国の立法例の中には，任意代理人による帰化の申請を認めている国があります（ベルギー国籍法（1984年））。この場合には，代

理人を選任するかしないかの自由は本人にあり，本人（未成年者が15歳に達している場合）又は法定代理人（未成年者が15歳未満の場合）が代理人を選任した上で，代理人が本人のために帰化の申請等を行った場合は，代理人の申請行為は本人の行為と認めて差し支えないので，やはり自己の志望によるものに該当すると解されています（法務省民事局法務研究会編『改訂　国籍実務解説』98頁）。

〔注〕　法の適用に関する通則法第32条は，親子間の法律関係について，原則として「子の本国法が父又は母の本国法と同一である場合には子の本国法により，その他の場合には子の常居所地法による。」と規定しています。相談の場合のように，日本人父母との間に生まれた15歳未満の嫡出子が，父母の代諾により外国人夫婦の養子となる縁組をした場合，子の親権の準拠法は，日本人父母との共通本国法である日本民法によることとなりますが，日本民法は養子の親権は養親が行うこととしています（民818条2項）。

　　なお，仮に当該子が縁組によって外国人養親の外国国籍を取得し，日本と外国の重国籍となった場合でも，当該子の親権に関する準拠法は，日本法となることに変わりはありません（通則法38条1項ただし書）。

48 日本人夫と外国人妻との間の子が，母親の本国で出生した場合の子の国籍は！
その子が日本で出生した場合は！

相談事例

私の長男と3年前に婚姻をした在日のタイ国人女性が子を懐胎しました。同女は，出産の時期が近くなったら本国に帰って出産したいようですが，長男や私ども夫婦は日本での出産を望んでいます。タイで生まれる子の国籍は，どのようになりますか。また，日本で生まれた場合はどうですか。

説　明

出産の時に父親が日本国民であり，タイ国人母と婚姻中であるときは，生まれてくる子は出生地のいかんを問わず日本の国籍を取得します。また，出生地が外国である場合は，日本人の子が出生により母親の本国の国籍をも取得した場合は，法定の期間内に日本国籍を留保する意思を表示する届出をすることを要し，この届出をしないときは，その子は，出生の時に遡って日本の国籍を失うことになります。

1　国籍取得についての血統主義と生地主義

出生による国籍の取得に関する諸国の立法は，親子関係を基準とした血統主義と，出生地との地縁を基準とした生地主義とがあります。

(1)　血統主義は，出生子と父母との血縁関係を基準として，自国民を父又は母として生まれた子を自国民とする主義です。わが国の国籍法は，血統主義を原則とし，「出生の時に父又は母が日本国民であるとき」に子は出生により日本国籍を取得するものとする父母両系血統

主義を採用しています（国2条1号）〔**注1**〕。
　(2)　生地主義は，移民等により自国領内に移住，定住した外国人の子孫にも自国民と同一の法律的地位を与えることによって，その定着，同化，融和の促進を図ろうとするものです。この生地主義を採る国には，アメリカ，カナダ，ブラジル，ペルー，アルゼンチン等があります。
　(3)　タイ国籍を有する母親の本国法は，出生による国籍の取得については，わが国と同じく父母両系血統主義を採用しており，「タイ国内で出生したか，国外で出生したかにかかわらず，タイ国民を父又は母として出生した者は，タイ国籍を取得する。」と定めています（タイ国籍法（1913年4月10日，1992年最近改正）7条(1)項）。したがって，相談の場合の出生子は，日本国内で出生したか，母親の本国のタイで出生したかにかかわらず，一応出生により両国籍を取得することになります。

2　出生による重国籍の取得

　わが国の国籍法では，婚姻中の日本人父（母）と外国人母（父）との間に生まれた子は，前述のとおり，出生地のいかんを問わず日本国籍を取得します（国2条1号）。また，一方の外国人親の本国法によってもその本国の国籍を取得することになれば，その子は出生によって重国籍となることがあります。もっとも，出生する子が外国人親の本国法によりその国の国籍を取得するか否かは，その国の専権事項とされています（最判昭和24・12・20民集3巻12号507頁）。したがって，このような国籍の得喪に関する問題は，各国の国内立法によって決定されるべき問題であるため，ある個人がある外国の国籍を取得することの前提となる身分関係についても，その国の国際私法が定める準拠法によることとなり，わが国の国際私法である「法の適用に関する通則法」の規定は，外国国籍の得喪に関しては適用される余地はないとい

うことになります（『改訂　設題解説　渉外戸籍実務の処理Ⅷ』190頁）。

3　国籍留保の届出

(1)　相談の場合のように，夫婦の一方が日本人で，他方がタイ国人の間の子がタイ国で出生して，日本の国籍を取得するとともにタイ国の国籍も取得したときは，日本国籍を留保するには，その意思を表示する届出をしなければ，日本の国籍を失います。この日本国籍を留保する届出を国籍留保の届出といいます。その届出は，法定の期間である「出生の日から3箇月以内」に出生届とともに届出をしないときは（戸104条），その子は出生の時に遡って日本の国籍を失うこととされています（国12条）。

(2)　届出の対象となる子の範囲は，生地主義国で出生した子に限らず，国外で出生した日本人の子で血統により外国の国籍を取得した重国籍者も含まれます〔注2〕。なお，留保届を要するのは，出生により外国の国籍を取得した日本人の子が国外で出生した場合に限られ，日本国内で出生した子は届出の対象とはなりません。したがって，上記の出生子は，日本と外国の重国籍者となるわけですが，このように国内で出生して重国籍となった時が20歳に達する以前であるときは，22歳に達するまでに日本の国籍か当該外国の国籍のいずれかを選択する，いわゆる国籍選択の義務を負うこととされています（国14条1項，戸104条の3）。これは，国籍の抵触（重国籍）防止のためです。

(3)　国籍留保の届出をすることができる者（戸104条1項）は，嫡出子については，父又は母であり，嫡出でない子は母です。しかし，父又は母が届出をすることができない場合には，父母以外の後見人その他法定代理人が出生届とともに国籍留保の届出ができるとされています（昭和59・11・1民二5500号通達第3の4(3)）。なお，外国に在る外国人の父・母又は法定代理人であっても，その国に駐在する日本の大使，公使又は領事に出生届とともにこの届出をすることができます

(昭和46・4・23民事甲1608号回答，前掲昭和59・11・1民二5500号通達第3の4(2))。

(4) 国籍留保の届出期間については，前記(1)のとおり出生の日から3か月以内とされており，この期間を徒過したときは，国籍を留保する権利は失われ，日本の国籍は子の出生の時に遡って喪失することになります。したがって，出生の届出も受理できないことになります（大正13・11・14民事11606号回答）。

しかし，天災，その他届出義務者（前記(3)）の責めに帰することができない事由によって法定の届出期間内に届出をすることができなかったときは，届出が可能となった時から起算して14日以内に届出をすることができるとされています（戸104条3項）。したがって，届出期間経過後にされた出生届及び国籍留保届については，市区町村長としては，届出遅延の事由が果たして届出義務者の責めに帰することができない事由に該当するか否かを慎重に判断することが必要となります〔注3〕。なお，この届出をする場合，届出人は遅延理由書，疎明資料の添付を要します。一方，市区町村長においてその判断に疑義を生じたときは，管轄法務局の長に照会するのが相当とされています。なお，国籍留保を要する出生子について，法定の届出期間経過後にされた出生届につき，在外公館の長がこれを受理すべきか否か疑義があるときは，外務省を経由して法務省に照会の上，その受否を決定することになっています（昭和46・6・24民事二発158号通知）。

〔注1〕 旧国籍法以来，出生による国籍の取得については血統主義の原則を採用し，また，国籍の消極的抵触（無国籍）を防ぐために，補充的に生地主義を採用しています。血統主義については昭和59年（法律45号）の国籍法改正により，従前採用されていた父系血統優先主義が父母両系血統主義に改められました。この主要な改正理由は，「女子差別撤廃条約の批准に備えること及び旧法制定

以来の国際情勢、社会情勢の変化に対応すること」にあったとされています。

〔**注2**〕 昭和59年法律第45号による改正前の国籍法第9条では、生地主義国で生まれた重国籍者は、戸籍法の定めるところにより日本国籍を留保する意思を表示しなければ出生時に遡って日本の国籍を喪失する旨定められていました。改正前の国籍法制定当時は、血統主義を採る諸国の中で父母両系の血統主義を採る国はほとんどなく、出生による重国籍者は、生地主義国の間で発生していたため、制限的なものでよかったのです。ところが、近年に至り血統主義国の多くが父母両系の血統主義に改められると、生地主義国との間でだけでなく、他の血統主義国との間でも重国籍が発生することとなったため、国外において出生した重国籍者すべてに留保届の制度を適用することとされたものです（国12条）。

〔**注3**〕 届出義務者の「責めに帰することができない事由」の当否に関し、昭和59年法律第45号による国籍法改正後の戸籍先例としては、次のような事例があります（『設題解説　渉外戸籍実務の処理Ⅳ』94〜95頁）。

　① 届出人の責めに帰することのできない事由に該当するとされた事例

●　届出期間の末日（日曜日）の翌日（出生の日から3か月と1日目）にした届出で、事前に関係役場に照会し、休日明けに届け出ればよいとの回答を得ていた事実が認められた場合（昭和62・1・26民二287号回答）。

（※）　戸籍の届出等の期限（期間の末日）の取扱いについては、昭和63年12月20日民二第7332号通達により変更され、届出期間の末日が届出地市区町村の休日に当たるときは、その市区町村の休日の翌日（例えば、休日となる土曜日が期間の末日となるときは翌週の月曜日）が当該届出の期間の末日になるとされた。

● 出生証明書の発行者である病院長の死亡により病院が一時休業状態となったため証明書の入手が遅れたことと，現地ザイールにおいて暴動が頻発し外出できる状況になかったため，ようやく子の出生後6か月後に在外公館に届け出た場合（平成4・6・12民二3314号回答）。

● 日本人である母が，アメリカ合衆国内の刑務所に服役中に出生した子について，アメリカ人父はその当時軍人として韓国に派遣されていたこと，また，母は刑務所に収監中という特異な状況下に置かれていたため，右母が出所後（子の出生後1年9か月経過）14日以内に届出をした場合（平成5・6・3民二4318号回答）。

● フランスで出生した子（父オランダ人）について，日本人母から出生後約1か月後に在仏日本大使館宛に普通郵便で出生届書を郵送したが，届書が郵送の途中で紛失した場合（平成9・3・11民二445号回答）。

● 日本人父と中国人母間の嫡出子として中国で出生した嫡出子について，日本国籍を留保する旨記載した出生の届出がSARSによる混乱を理由として届出期間経過後にされた場合（平成15・11・18民二3426号回答）。

② 届出人の責めに帰することのできない事由に該当しないとされた事例

● 届出人の居住地に日本の在外公館がないこと及び法令不知を理由とするが，日本との通信事情がよい状況にある場合（昭和62・3・20民二1357号回答）。

● 日本からの戸籍謄本の到達を待たなければならなかったこと，また，配偶者の祖母及び出生子の病気を遅延理由とする場合（平成5・6・3民二4319号回答）。

● 日本人母の産後の経過不良，長男の病気の看護，夫の多忙等を遅延理由とする場合（平成9・3・11民二446号回答）。

第15 国籍の得喪

49 日本国籍を有することを証明する書面は！

相談事例
　日本では，国籍の有無を証明する書面としては，どのようなものがありますか。また，それはどこで交付されますか。

説　明
　戸籍は，日本国民についてのみ編製されますから，本籍地の市区町村長が交付する戸籍の謄・抄本が日本国籍を有することを公証する機能を有しています。しかし，戸籍には，日本国籍を有する旨の直接的な記載がないことから，外国によっては，日本国民であるか否かを認定する上で，外国官憲から日本国籍の有無を直接証明する書面の提出を求められる場合があります。このようなやむを得ない事情がある場合には，行政証明として法務省民事局が発行する「国籍証明書」の交付を受けることができます。

1　日本国民の登録・公証
　日本国民であることの要件は国籍法で定められ（憲10条），これによって日本国民と認められる者は，すべて戸籍に登載される建前になっています。このことは，明治4年戸籍法以来（明治4年太政官布告の戸籍法の制定趣旨，明治31年戸籍法第170条，大正3年戸籍法第36条第2項・第44条）現行の戸籍法に至るまで同法を貫く大前提として承継されています。つまり，戸籍は，公的身分（公民・国籍法上）の登録簿としての性格を有し，日本という国の構成員を明らかにすることを使命としていますから，戸籍に登載されている者は，日本国籍を有する者であると推定されます。しかし，日本国籍の有無は戸籍の記載

によって決定されるものではなく，国籍法の定めによって判断され，日本国籍を有する者と認められる者が戸籍に記載されるべきものです。

ところで，戸籍の記載は，届出に基づいてされるのを原則とし，しかもその届出の受理に際しての市区町村長の審査は，通常，形式的審査（書面審査）を原則とし，国籍法上の国籍得喪原因を実質的に審査（事実調査）するまでには至りません。そのために虚偽の届出に基づいて戸籍の記載がされる場合もあり，また，届出の懈怠により戸籍に登載されるべき国民について，時には遺漏を生じる場合もないとは限らないというのが現実です。戸籍制度としては，国籍と戸籍の記載とが一致するのが理想であり，その実現について戸籍法上種々の措置が講じられているわけですが，現実には戸籍の記載が国籍と一致しない場合が生じます（東京高判昭和34・5・14判時196号33頁）。

2　国籍を証する書面

我が国での国籍を証する書面としては，通常，戸籍が利用されます。これは前記1の戸籍制度の趣旨から当然のことであり，国内の各種の行政事務において戸籍が利用されているところです。

ところで，戸籍には，日本国籍を有する旨の直接的な記載はありません。そのため，日本社会においては，戸籍の謄・抄本を示すことによって日本国籍を有することを証明できたとしても，外国社会においては，必ずしもそのようにはいかず，外国官憲が日本国民であるか否かの認定をする上で，国によっては戸籍によらないで，日本国籍の有無を直接証明する書面の提出を求める場合があります。このようなやむを得ない事情がある場合には，行政証明として法務省民事局長が発行する「国籍証明書」があります（昭和44・9・1民事甲1741号通達，昭和59・12・7民五6377号通知）。

この通達・依命通知等による国籍に関する証明書には，次の5種があります。

(1)日本国民であること（積極証明），(2)日本国民でないこと（消極証明），(3)帰化した者であること，(4)国籍取得の届出により日本国籍を取得したこと，(5)日本国籍の選択宣言をしたこと。

3　国籍証明書の請求と交付の手続

前記2の日本国籍の有無の証明について，市区町村長が行政証明として発給することは事柄の性質上適当でないので，国籍法実施の全般的責任者である法務大臣（部局は法務省民事局）において発行されます（昭和23・6・22民事甲1969号通達，昭和25・12・15民事甲3162号通達）。

この国籍に関する証明書の交付を受けようとする者は，本人若しくはその法定代理人から法務局，地方法務局に対し，戸籍謄本（本人について戸籍のないときは，父母の戸籍謄本及び出生国の権限のある官憲が発給，若しくは証明した出生証明書），住所を証する書面（住民票の写し等）を添えて国籍証明の申請をすることになっています。なお，詳細については，最寄りの法務局に照会されるのが適当でしょう。

第16 氏名の変更

> 50 日本人男性とタイ人女性がタイで婚姻をしたところ，タイ人女性の氏がその本国法に基づく効果として日本人夫の氏に変更した場合，日本人夫の戸籍にその変更の旨を反映させるには！

[相談事例]

　私は，5年前に東京の本社からタイのバンコク支社に転勤となり，現在に至っています。この度，勤め先で知り合った同国人女性と結婚することになりました。タイ国では，婚姻により妻は夫の氏を称することとされているようです。私はいずれ近い将来，夫婦で日本での生活を送ることになると思いますので，そのときのために妻が本国においても私の氏と同じ氏であることを私の戸籍に反映してほしいと思っているのですが，それは可能ですか。

[説　明]

　日本人と外国人が婚姻をしても国籍に変動はないので，日本人の戸籍にはその婚姻事項が記載されるのみです。また，わが国の戸籍実務上，夫婦の一方が外国人である場合の婚姻後に称すべき氏の準拠法については，氏名権という夫婦の人格権に関する問題として，当事者それぞれの本国法によるとする立場を採っています。したがって，日本人については日本法によるものとし，日本人と外国人が婚姻をしても夫婦の氏に関する民法第750条の適用はありません。

　相談の場合のように，日本人男性と婚姻をしたタイ人女性の氏が本国法上の効果として日本人夫の氏に変更している場合に，日本人夫が本人の戸籍の身分事項欄にタイ人妻の氏変更の旨の記載を求めるには，その変更を証する権限あるタイ国の官憲が作成した証明書を市区町村

長に提出して，記載の申出をすることを要します。

1　渉外婚姻に関する氏の準拠法

　日本人と外国人とが婚姻をした場合に，夫婦の称すべき氏の準拠法の指定に関しては見解の分かれるところです。通説的な見解は，人は夫婦とか親子とか，常に一定の身分関係を形成して共同生活を営んでいるのが通常であり，その共同生活を営む者が同一の氏を称すべきであるという要請が強いことから，婚姻という身分変動の効果として生じる氏変更の問題としてとらえ，婚姻の効力を定める「法の適用に関する通則法」（以下「通則法」という。）第25条に従うべきものと解する立場を採っています（折茂豊『新版　国際私法・各論』265頁ほか）。

　これに対して，戸籍実務の取扱いは，もともと氏は名と組み合わされ，人の呼称としてその同一性を表示する機能を有するものであり，夫婦の一方が外国人である夫婦の氏は，氏名権という一種の人格権に関する問題であるから，当事者それぞれの属人法（本国法）によるべきものと解されています（昭和55・8・27民二5218号通達）。その結果，日本人と外国人の婚姻後の氏については，それぞれの本国法によって決定されることになるため，日本人については民法が適用されますが，外国人には我が国の民法上の氏がないことから，この夫婦について夫婦の氏に関する民法第750条は適用されません。したがって，日本人については婚姻後も引き続き婚姻前の氏を称することになります（昭和42・3・27民事甲365号回答）〔注1〕。また，日本人と婚姻をした外国人の婚姻後の氏については，その本国法の定めるところによって決定されることになります。

2　婚姻による夫婦の氏

　(1)　諸外国における婚姻後の氏の取扱いの相違をもとに分類すると，おおむね次のとおりです（木村三男監修『全訂　渉外戸籍のための各国

法律と要件（上）（中）（下）参照）。

　　ア　夫婦同氏，別氏の選択を認めている国：アメリカ合衆国（カリフォルニア州・ニューヨーク州・ルイジアナ州など），イスラエル，ウズベキスタン，オーストラリアなど

　　イ　夫婦同氏を基本とし，一方に氏の付加を求めている国：スイス，アルゼンチンなど

　　ウ　夫婦別氏制の国：カナダ（ケベック州），スペイン，中華人民共和国，韓国など

　　エ　夫婦同氏制の国：インド，タイなど

(2)　相談者が婚姻をするタイ人女性の本国法では，1941年に施行された「姓名法」第13条によると，婚姻により妻は夫の氏を称するとされています。相談者が居住地であるタイ国の方式により同国人女性と婚姻をした場合は（同国の登録官の面前で当事者双方が婚姻の合意を宣言し，登録官によって登録されたときに婚姻が成立します（民商法典1458条）。），タイ人女性は本国法である前記「姓名法」第13条の効果として，日本人夫の氏を称することになります。

　このように，日本人が外国人と外国の方式により婚姻をした場合は，その当事者である日本人は婚姻の報告的届出をすることが義務付けられています（戸41条）。すなわち，外国の方式に従って作成された婚姻に関する証書の謄本（婚姻証書が作成されない場合は婚姻の成立を証する書面）を，婚姻成立の日から3か月以内に，その国に駐在する日本の大使，公使又は領事に提出しなければなりません（戸41条1項）。なお，領事等がその国に駐在しないとき，あるいは駐在している場合であっても日本人当事者が本籍地の市区町村長に直接郵送し，あるいは帰国後に提出することも認められています（戸41条2項）。

3　外国人配偶者の氏の記載申出

　日本人が外国人と外国の方式で婚姻をし，日本人配偶者の本籍地に

報告的届出がなされたときは、本人の戸籍の身分事項欄に婚姻事項が記載されます。そして、外国人配偶者を特定するために、国籍、婚姻前の氏名並びに生年月日が記載されますが、相談の場合のように日本人と婚姻をした外国人配偶者が、その氏を本国法に基づく婚姻の効果として日本人夫の氏に変更されて、婚姻届にその旨を記載しても、日本人夫の戸籍に変更後の氏を記載することは認められていません〔注2〕。

　外国人配偶者が日本人配偶者との婚姻により、本国法に基づく効果として日本人夫の氏を称することになった場合に、その事実を日本人配偶者の戸籍に反映させるには、当該日本人配偶者から氏変更の事実を認めるに足りる権限のある本国官憲の作成した証書〔注3〕を添付して、その戸籍の身分事項欄に外国人配偶者の氏変更の旨の記載を申し出ることになります（昭和55・8・27民二5218号通達）。

　この場合に、日本人配偶者（相談者）から「外国人配偶者の氏名変更の旨の記載方及び変更後の氏名は日本人たる配偶者の氏（漢字）を用いて表記されたい」旨の申出があったときは、下記の振り合いにより変更後の氏名が記載（記録）されるのみであり、婚姻事項中の妻の氏名の記載を更正することは要しないとされています（木村三男・神崎輝明『全訂注解・戸籍記載例集』651頁）。

（日本人たる夫の身分事項欄）
◎　戸籍記載例
　　「妻の氏名を「甲野、ピチットラー」と変更平成弐拾六年五月八日記載㊞」
◎　コンピュータシステムによる証明書記載例

| 配偶者の氏名変更 | 【記録日】平成２６年５月８日
【変更後の氏名】甲野，ピチットラー |

246

〔注１〕　日本人配偶者が，外国人配偶者の称している氏を称することを希望するときは，婚姻の日から６か月以内に届出をすることによって，その氏を配偶者の称している氏に変更することができます（戸107条２項）。婚姻の日から６か月を経過した場合は，戸籍法第107条第１項の規定により，家庭裁判所の許可を得ることが必要となります。

〔注２〕　例外的に，ブラジル人女性が日本人男性と婚姻をした場合には，婚姻届書の「その他」欄に変更後の妻の氏名を記載し，これによって日本人夫の戸籍の身分事項欄にブラジル人妻の婚姻後の氏と婚姻前の氏の双方を記載する取扱いが認められています（平成８・12・26民二2254号通知）。

〔注３〕　外国人女性の本国法で婚姻による氏変更の法則が明らかであれば，外国人女性の変更後の氏が記載されているパスポートの写しを氏の変更を証する書面と認めて取り扱います（「戸籍」629号109頁）。

> 51 戸籍法第77条の２の届出により離婚の際に称していた氏を称している場合に，この氏を婚姻前の氏に変更することは！

[相談事例]

　私は20年ほど前に夫の氏を称して婚姻をし，婚姻後も当時勤務していた会社に継続して勤めていました。その後，夫婦の間に不和が生じ，5年前に協議離婚をすると同時に婚氏を続称する届出もしています。それは，婚姻後の夫の氏を称して10数年間，会社の営業関係の仕事に従事してきた関係上，離婚によって復した婚姻前の氏を称することは，これまで職場で通用してきた氏が変わることとなり，仕事上，不都合が生じることが予想されたからです。しかし，離婚後数年経過した昨年春に勤務先の会社が倒産したため，職を失ってしまいました。したがって，今後も離婚の際に称していた氏を称し続ける必要もなくなった上，続称してきた婚氏が，どちらかというと難読・難解な漢字体（「鋘（はばき）」）であることからも，この際，婚姻前の実方の氏「甲野」に変更したいと思っています。それは可能でしょうか。可能としたら，どのような手続を要しますか。

[説　明]

　戸籍法第107条第１項に定める「やむを得ない事由」があるときは，氏を変更するについて，家庭裁判所に許可の審判を申し立てることができます。何がやむを得ない事由に当たるかについては，個々の事案について家庭裁判所の判断するところによりますが，その氏の継続を強制することが社会観念上甚だしく不当と認められる場合などがこの事由に該当するものとされています。なお，相談事例のように，いわ

ゆる婚氏続称の届出をしたものの，その後，婚姻前の実方の氏を称する必要があるとして，氏の変更の申立てをした場合の裁判例には，(1)その申立てが恣意的でなく，変更により社会的弊害を生ずるおそれがない限り，「やむを得ない事由」の存否を判断するに当たり，その基準を一般の場合に比し緩和して解釈し，認容する例と，(2)婚氏の使用期間が特に短いとか，婚氏続称の届出につき虚偽表示や錯誤がある場合等，特別の事情がない限り，通常の氏の変更の場合よりも「やむを得ない事由」を緩和して解すべきではない，とする例とがあります。近年の裁判例では，「やむを得ない事由」の解釈を緩和して変更を容認する決定・審判例が多いように見られます（後記2(2)）。

1　婚氏の続称とその届出

　婚姻によって氏を改めた夫又は妻は，離婚によって法律上当然に婚姻前の氏に復します（民767条1項）。このため，復氏する者が長年婚姻による氏を称していたものの，離婚することによってその氏を称することができなくなるのは，社会生活上不利益をもたらす場合も少なくないし，また，離婚後母と養育する子との氏が異なることによる不都合も指摘されていました。さらに，離婚による復氏後にその氏を戸籍法第107条第1項の氏の変更手続によって婚氏に変更するのも，民法による復氏の原則上疑問がもたれ，その許否に当たっての裁判例も積極・消極に分かれていました。そこで，昭和51年法律第66号により，離婚による復氏の原則をそのまま維持しつつ，離婚後引き続き自分の呼称として婚姻中の氏を称しようとする者に，本人の自由意思により届出によって離婚の際の氏と同一の呼称を続称することができる途が開かれました（民767条2項，戸77条の2）。したがって，この戸籍法第77条の2の届出は，戸籍法第107条第1項の規定による氏変更の届出と同じ性質をもっています。また，この届出をした者の民法上の氏

は，婚姻前に氏を同じくしていた父・母と再び民法上の氏を同じくすることになるので，民法第791条の規定によりその父・母の氏に変更することはできません（東京高判昭54・9・14家月31巻11号85頁）。

　戸籍法第77条の２の届出（以下「77条の２の届出」という。）は，離婚によって復した氏，すなわち婚姻前の氏の呼称を離婚の際に称していた氏と同じ呼称に変更する目的でする届出です（民767条２項）。そして，この届出は，離婚によって復氏した者がいったん婚姻前の戸籍に復する（戸19条１項本文）か，又は新戸籍を編製した（戸19条１項但書）後でもすることができるほか，相談者がしたように，離婚の届出と同時にすることもできます（昭51・5・31民二3233号通達一の２）。離婚によって婚姻前の氏に復した者が，離婚の日から３か月以内にしたこの届出が，市区町村長に受理されることによって氏の変更の効果が生じます。

２　婚氏を続称している者の婚姻前の氏への変更に関する裁判例

　(1)　前記１のいわゆる婚氏続称の届出をした者が，その後，婚姻前の実方の氏を称する必要があるとして，その変更を申し立てる例が少なくないようです。この場合の氏の変更についても，通常の氏の変更の場合と同じように戸籍法第107条第１項の「やむを得ない事由」があることを要します。ただし，この場合における「やむを得ない事由」の解釈については，通常の氏変更の場合よりも緩和できるか否かについて裁判例は見解が分かれていました。

　まず，否定的な見解を採る裁判例においては，「離婚に際し婚氏続称の届出をしたということは，本来なら離婚によって復氏すべきところを届出人の意思によって『復すべき婚姻前の氏以外の氏』を選択した点で，実質的には氏の変更と同じことをしたことになる。したがって，婚氏続称を選択した者が婚姻前の実方の氏への変更を求める場合は，婚姻中の婚氏を称していた期間が特に短いとか，婚氏続称の届出

（戸77条の2）につき虚偽表示や錯誤がある等，特別の事情がない限り，通常の氏の変更の場合よりも『やむを得ない事由』を特に緩和して解すべきでない。」旨が示されています（大阪家審昭52・8・29家月30巻7号75頁，大阪家審昭55・2・5家月32巻7号62頁）。

　これに対し，肯定的な見解を採るものにおいては，「離婚によって復氏することが離婚の事実を対外的に明確にし，新たな身分関係を社会一般に周知させるのに役立つから復氏が原則である。一旦，婚氏続称の選択をした者も，年月の経過でそれが離婚後の呼称として社会的にも定着し，新たな呼称秩序が形成された場合は別として，本来，婚姻によって氏を改めた者が離婚によって復氏したときは，呼称上も婚姻前の氏に復するのが氏の社会的機能から望ましいので，『やむを得ない事由』の当否については，通常の氏変更より緩和して解釈すべきである。」旨が示されています（大阪高決昭52・12・21家月30巻6号95頁，名古屋高裁金沢支決昭54・5・17家月32巻7号52頁）。

　(2)　「やむを得ない事由」の解釈を緩和して変更を容認するこれらの裁判例も，無条件に肯定的解釈を採るものではありませんが，以下の東京高裁の決定は，戸籍法第77条の2の届出後の戸籍法第107条第1項の氏変更申立ての認容に当たって，その一般的基準を明確にしている点で注目されるものであり，その後の審判例の指導的な見解とみられています。

　「民法767条1項は，『婚姻によって氏を改めた夫又は妻は，協議上の離婚によって婚姻前の氏に復する。』と規定し，離婚による復氏を原則としているのであるから，長期的展望に立った的確な判断を誤り同条2項の定めにより離婚の日から3か月以内に戸籍法の定めるところにより届出をして離婚の際に称していた氏を称することとした場合において，その後相当期間内に冷静な判断の結果婚姻前の氏に変更することを希望しその旨の申立をしたときは，それが恣意的でなく，第

三者が不測の損害を被る等の社会的弊害が発生するおそれのない限り，戸籍法107条1項に定める『やむを得ない事由』を他の場合に比しある程度緩和して解釈し，右申立の可否を決すべきである。」として，一般的基準を明らかにした上で，本件申立ては戸籍法第107条第1項の「やむを得ない事由」があるものとして，これを認容する決定をしたものです（東京高決昭58・11・1家月36巻9号88頁）。この決定と同趣旨で氏変更の申立てを認容した裁判例として，福岡高裁昭和60年1月31日決定（家月37巻8号45頁），札幌家裁昭和61年6月4日審判（家月38巻10号40頁），札幌高裁昭和61年11月19日決定（判タ630号192頁），広島高裁昭和62年1月19日決定（判タ644号210頁），山形家裁平成2年1月15日審判（家月42巻8号71頁），仙台家裁石巻支部平成5年2月15日審判（家月46巻6号69頁），名古屋高裁平成7年1月31日決定（家月47巻12号41頁），千葉家裁平成11年12月6日審判（家月52巻5号143頁），東京高裁平成15年8月8日決定（家月56巻4号141頁），東京高裁平成26年10月2日決定（家庭の法と裁判5号117頁）などがあり，当初は緩和に消極的な審判例が見られましたが，前記の昭和58年東京高裁の決定により一般的基準ともいえる判断が示された後は，積極的な決定，審判例が続いており，現在は積極説が裁判実務に定着したものと見られています（村重慶一「戸籍判例ノート⑳」「同㉙」戸籍時報414号49頁，741頁64号）。

第16　氏名の変更

> 52　日本で婚姻をするブラジル人男性が，婚姻後の氏を，本国法に基づいて自己の婚姻前の氏に日本人配偶者の氏を付加した結合氏に変更するには！

【相談事例】

　私は大学在学中にブラジルからの留学生だった同国人男性と知り合い，今春卒業を機に，この秋には結婚をする予定です。彼の先祖は，日本からブラジルへの移民が始まった1907年（明治40年）頃に日本から移民し，その後，同国で生まれた子孫で，出生により取得したブラジル国籍で生活しているとのことです。ところで，日系移民としてブラジルに渡った彼の先祖の日本での氏が，たまたま私の氏と同じ「乙川」だったことから，彼は婚姻後の氏を，ブラジルの自分の姓に妻となる私の氏を結合する変更を強く望んでいます。この提案には私も同意しているのですが，日本でその手続は可能でしょうか。可能としたら，ブラジル人夫の氏変更の事実は，どのような手続によって婚姻後の私の戸籍に記載されますか。

【説　明】

　ブラジル民法では，男女いずれであっても，婚姻時における双方の合意により他方の氏を結合する変更ができるとされています。

　ところで，日本人と婚姻をした外国人がその本国法により婚姻後の氏を変更した場合に，日本人配偶者の戸籍の身分事項欄にその外国人配偶者の氏変更の事実を反映するには，一般には，次のような手続が採られています。すなわち，その外国人が本国法に基づく効果として日本人配偶者の氏をその姓とし，あるいは自己の姓に日本人配偶者の氏を付加した結合氏を称していることを認めるに足りる権限ある本国

253

官憲が発給した証明書の提出を求めて，処理することとされています。しかし，日本で婚姻をしたブラジル人の氏変更については，ブラジル国の身分登録制度特有の事由に鑑み，その変更を証する書面の添付を省略し，後記の説明３のとおり取り扱うこととされています。

１　日本人と外国人との婚姻による氏の取扱い

（１）　渉外婚姻における夫婦の氏の問題について，戸籍の実務では，氏名権という夫婦それぞれの個人に関する問題として，それぞれの属人法である本国法によるべきものとされています。したがって，夫婦の氏を定める民法第750条の規定は，婚姻の当事者双方が日本人である場合にのみ適用され，外国人と日本人との婚姻の場合には適用がありません。日本人については，外国人との婚姻による氏の変動がないので，婚姻前の氏をそのまま継続して称することになります（昭和40・４・12民事甲838号回答，昭和42・３・27民事甲365号回答）。また，日本人と婚姻をした外国人の婚姻後の氏については，当該外国人の本国法の定めるところによって決定されます。

　日本人が外国人と婚姻をしたときは，日本人の戸籍の身分事項欄に婚姻事項の一部として外国人配偶者の国籍，氏名及び生年月日が記載されます。

（２）　しかし，日本人が外国人との婚姻後に夫婦が別々の氏を称して日常を過ごすことは，時には社会生活上で不都合が生ずる場合もあり得ます。そのような事情から，日本人が外国人配偶者の称している氏を称することを希望するときは，婚姻の日から６か月以内に限り，家庭裁判所の許可を得ることなく届出によって外国人配偶者の称している氏への変更が認められています（戸107条２項）。これは，一般的に戸籍法第107条第１項の「やむを得ない事由」があるものと認められることによるもので，同項の特則というべきものです。この同条第２

項の変更後の氏の性質は，戸籍法第107条第1項による氏の変更の場合と同様に民法上の氏の変更ではなく，あくまでも戸籍法上の氏の呼称の変更にとどまります。

　また，外国人と婚姻をした日本人の戸籍の身分事項欄に記載されている配偶者の氏名が本国法に基づき変更されている場合は，その本国官憲発給の証明書の提出によって変更後の氏名に変更することを申し出ることができます（昭和55・8・27民二5218号通達）。

2　日本で婚姻をするブラジル人夫の氏変更の取扱い

　(1)　ブラジル国では，ブラジル人が外国の方式により婚姻をし，それを本国の身分登録簿に登録するには，在外のブラジル公館が発行する婚姻証書に基づいてすることになっています。その婚姻証書を作成するには，婚姻挙行国の官憲が発行した証明書の原文を一語一語精密に合わせて訳す，いわゆる逐語訳により作成することが義務付けられているとのことです。したがって，日本の官憲が作成する証明書に婚姻後の氏が記載されていない限り，ブラジル人夫の婚姻による変更後の氏を本国の身分登録簿に登載することができないとされています。

　(2)　そうすると，日本，ブラジルの双方の制度（前記1(2)の後段と2(1)）に従うとすると，日本の方式により婚姻をした場合には，ブラジル人夫は自身の姓に日本人妻の氏を付加する結合氏を称することができないことになります。そこで，在日ブラジル大使館は，日本で婚姻をしたブラジル人夫の氏変更の事実を日本戸籍への記載又は証明書に反映させる措置を講ずるよう日本側に要請し，併せて，ブラジル人同士が婚姻をした場合，あるいは日本人男性とブラジル人女性が婚姻をした場合についても，同様の措置を講じるよう外務省中南米局を通じて法務省に要請しました。

3　戸籍実務上の対応

　(1)　このブラジル国の要望を受けて，同国の身分登録制度の特有事

情に鑑み,ブラジル人に関しては,戸籍実務上,特別な措置を講じることとされました（平成8・12・26民二2254号通知,平成18・2・3民一290号通知）。

　すなわち,外国人配偶者の氏変更に関する従来の一般の取扱いを,ブラジル人であるときに限って前記1(2)の本国官憲発給の証明書の添付は省略すること等に変更されました。なお,ブラジル以外の国の外国人配偶者については,従来の原則どおり,個別に権限のある本国官憲が発給した証明書の添付を要することになるので注意が必要です。

　(2)　相談事例のように,日本で婚姻をするブラジル人男性が日本人女性の氏を付加して結合氏とする氏変更の場合の取扱い〔注〕については,前記平成8年民二第2254号通知のブラジル人女性の場合と同様に取り扱って差し支えないとされています（平成18・2・3民一290号通知）。したがって,ブラジル人男性の氏変更に関する本国官憲の証明書の添付は省略されることになりますから,日本において婚姻をしたブラジル人夫の氏変更についての手続としては,日本人妻が婚姻届と同時にブラジル人夫がその氏に日本人妻の氏を付加する結合氏に変更したことを戸籍に記載されたい旨の申出書を提出するか,又は婚姻届書の「その他」欄に同じ趣旨を記載してすることが必要です。これにより,ブラジル本国官憲の個別の証明書を要することなく,日本人妻の戸籍にブラジル人夫の氏変更の記載がされることになります。この婚姻届が受理され,戸籍の証明書が発行されることにより,夫の婚姻及び氏の変更事項が本国ブラジルの身分登録簿へ登録されることも可能となります（「戸籍」785号92頁）。

　　〔注〕　ブラジル人の婚姻による氏変更については,従前のブラジル民法第240条は,妻だけに適用される規定でしたが,その後,2002年法律第10406号（2003年1月11日施行）による改正後のブラジル民法

第16　氏名の変更

第1565条第1項では,「夫婦のいずれであっても希望する場合は,他方の氏を付け加えることができる」とする規定に改められました。

> 53 日本人男性と婚姻をしたフィリピン人女性の氏が，本国法に基づいて変更をした場合の戸籍の処理は！

[相談事例]

　私は，この度在日のフィリピン人女性と日本で婚姻をし，同女も本国の登録機関に日本での「婚姻届受理証明書」を提出して，婚姻の登録の手続を済ませました。その際，妻は本国の登録担当官から，フィリピン法に基づいて，妻の婚姻前の氏を日本人夫の氏に変更することができると説明され，それはかねてから私との話合いで合意していたことでしたので，直ちにその手続を済ませたそうです。この場合，私の戸籍に記載されている婚姻事項中の妻の氏について，変更されたことを戸籍に表記してもらうことができますか。

[説　明]

　日本人夫である相談者から，フィリピン人妻の本国の権限ある官憲が発行した氏変更に関する証明書を提出するとともに，その戸籍の身分事項欄にフィリピン人妻の氏変更の旨の記載方及び変更後の氏は日本人夫の氏（漢字）を用いて表記されたい旨を申し出ることができます。ただし，婚姻事項中のフィリピン人妻の氏名は，婚姻当時の氏名ですから，そのままです。

1　渉外婚姻に伴う夫婦の氏

　日本人と外国人が婚姻をした場合における氏の準拠法の指定に関して，学説は，婚姻という身分関係の変動の効果として生じる問題である点に着目し，婚姻の効果を定める通則法第25条を適用すべきものとするのが通説の立場とされています（山田鐐一『第3版　国際私法』

428頁，折茂豊『新版　国際私法（各論）』265頁等）。

　これに対して，戸籍実務においては，日本人と外国人が婚姻をした場合の夫婦の氏の問題については，氏名権という夫婦それぞれの個人に関する問題であるとして，当事者の属人法（本国法）によるべきものとしています（昭和55・8・27民二5218号通達）。したがって，日本人については民法が適用されますが，外国人には民法上の氏がないことから，その夫婦に民法第750条（夫婦の氏）の規定は適用の余地がなく，日本人当事者は婚姻後も引き続き婚姻前の氏を称することになります（昭和42・3・27民事甲365号回答）。また，日本人と婚姻をした外国人の婚姻後の氏については，その本国法の定めるところによって決定されることになります。

　相談事例のように，日本人男性と婚姻をしたフィリピン人女性の本国法によると，同国民法典（1949年6月18日法律）第370条（婚姻による妻の姓）によると，「妻は，次の形で夫の姓又は名を使用することができる。(1)婚姻前の姓名を用い，夫の姓を加える。(2)婚姻前の名と，夫の姓を用いる。(3)夫の姓・名の全部を用い，妻であることを示すために「Mrs」といった称号をその名に付する。」とされています（『全訂　渉外戸籍のための各国法律と要件（下）』154頁）。相談事例におけるフィリピン人妻は，同条の第2項を選んだことになります。

2　日本人男性と婚姻をしたフィリピン人女性の氏が変更した場合の取扱い

　(1)　日本人男性と婚姻をしたフィリピン人女性の氏が，本国法であるフィリピンの民法典に基づく効果として，日本人夫の氏に変更されているときは，日本人夫は，フィリピン人妻の本国の権限ある官憲が発行した氏変更に関する証明書を提出して，本人の戸籍の身分事項欄にフィリピン人妻の氏が変更した旨の記載方を申し出ることができます。

(2) 本国官憲が発行した証明書

　フィリピン人妻の氏の変更を証する書面として提出する書面は，婚姻関係ないし身分関係を証明する権限を有する本国官憲あるいはこれに準ずる者の発行する書面であって，当該フィリピン人本人を直接対象とする書面であることを要します。例えば，氏（姓）の変更の記載がある身分登録等の写しや，フィリピンにおいて婚姻の儀式を司ることが認められている牧師の作成する「婚姻登録簿」中に，当該フィリピン人女性が日本人夫の氏を「婚姻姓」として選択したため，その姓をもって記載されている旨の証明書等がこれに該当します。なお，パスポートについては，婚姻関係ないし身分関係を証明する権限を有する本国官憲の発行した書面には該当しないので，原則として，氏の変更を証明する書面として取り扱うことはできないということになります。ただし，パスポートに変更前の氏と変更後の氏の記載があり，かつ，変更の原因及びその日付が記載されている場合には，本国官憲発給の証明書に該当するものと考えられています（「戸籍」629号109頁）。

　また，本国法上の婚姻による氏変更の法制が明らかな場合に，本国官憲発給の氏変更に関する証明書の入手が困難な事情にあるときは，変更後の氏が記載されているパスポートでも，その写しをもって氏変更を証明する書面とみなして戸籍の記載をして差し支えないものとされています（昭和55・9・11民二5397号回答）。

(3) 漢字による表記

　日本人の身分事項欄中，婚姻の相手方であるフィリピン人妻の氏を日本人夫の氏により漢字で記載することが認められています。これは，フィリピン人女性と婚姻をした日本人男性から，その戸籍の身分事項欄にフィリピン人妻の氏変更の旨の記載方及び変更後の氏名は日本人夫の氏（漢字）を用いて表記されたい旨の申出があった場合です（昭和55・8・27民二5218号通達記3）。この申出により日本人夫の戸籍の

第16　氏名の変更

身分事項欄に下記のとおり記載します（なお，婚姻事項中のフィリピン人妻の氏名は，婚姻当時の氏名ですから，そのままとします。）。

◎　戸籍記載例
　「妻の氏名を「甲野、マリア」と変更平成○年○月○日記載㊞」

◎　コンピュータシステムによる証明書記載例

| 配偶者の氏名変更 | 【記録日】平成○年○月○日
【変更後の氏名】甲野，マリア |

261

> 54 韓国人父と日本人母の間に出生した子が，その氏を父の本国の戸籍上の姓以外のいわゆる通称氏に変更することは！

相談事例

　私は，祖父母の時代から在日韓国人家族の一員として日本で出生して生活し，現在に至っています。本国の戸籍上の姓は「李」ですが，日常生活においては祖父母以来，家族は皆，通称氏としての「甲野」を称してきています。平成12年に私は日本人女性と婚姻をし，その翌年に出生した長男は，母親の「乙原」の氏を称してその戸籍に入籍していますが，日常生活では親子3人が，私の通称氏である「甲野」を称しています。ところが，中学在学中の長男（14歳）が，最近，自分が在籍している母の戸籍の氏「乙原」から，自分の氏を通称氏の「甲野」に変更してほしいと強く望んでいるのですが，それは可能でしょうか。

　なお，妻も長男の希望について反対はしていませんが，妻自身の氏変更については，実家の両親の反対意向もあって，現在のところその意思はないようです。もし，今後において妻が自身の戸籍上の氏「乙原」を「甲野」の呼称に変更した場合，その母の戸籍に長男が入籍することはできますか。

説　明

　韓国人父と日本人母の間に出生した長男が，現在，在籍している母の戸籍「乙原」の氏を父の称している通称氏「甲野」に変更するには，戸籍法第107条第4項で準用する同条第1項の規定により，家庭裁判所の許可の審判を得ることができれば，その旨の届出をすることによ

り，長男につき変更後の氏によって新戸籍が編製されます。

　また，その後に母も戸籍法第107条第1項により韓国人夫の通称氏に変更し，長男と同一呼称の「甲野」の氏となった場合は，長男が婚姻，縁組等により氏を改めることなく，かつ，現に単身である場合は，同人から母と同籍する入籍の届出をすることができるものと解されます。

1　韓国人父と日本人母の子の，戸籍法第107条第4項による韓国人父の通称氏への氏変更

(1)　戸籍の筆頭者及び配偶者以外の者で，父又は母を外国人とする未成年の子が，その氏を外国人父又は母の称している氏に変更することを望んでも，従前は日本人である父又は母が外国人配偶者の称している氏に変更しない場合は，戸籍法第107条第1項の適用の余地はありませんでした。

　その後，昭和59年法律第45号により戸籍法の一部が改正され（昭和60・1・1施行），未成年であっても，父又は母が外国人であるときに限り，その氏を戸籍法第107条第1項の規定の準用により家庭裁判所の許可を得て，その外国人父又は母の称している氏に変更する旨の届出ができる途が開かれました（戸107条4項）。

(2)　相談事例のように，婚姻中の外国人と日本人との間に出生した子は，出生によって日本国籍を取得し（国2条1号），民法の規定により出生時の日本人である父又は母の氏を称して（民790条）その戸籍に入籍します（戸18条2項）。そして，日本人である父又は母が戸籍法第107条第2項の規定による氏変更の届出により，外国人配偶者の称している氏を称することとなった場合は，その父又は母について新戸籍が編製され（戸20条の2第1項），子は同籍する旨の入籍届によって親の戸籍に入籍し，その氏を称することができます（この場合

は，家庭裁判所の許可を要しません。)。また，日本人である父又は母が戸籍法第107条第1項の規定により家庭裁判所の許可を得て氏を変更(外国人配偶者の称している氏への変更)となった場合は，同籍する子もその氏を称することとなります。しかし，外国人と婚姻をした日本人である父又は母がその氏を外国人配偶者の称している氏に変更しようとしない場合，その間に生まれた子が外国人父又は母の称している氏に変更を希望するときは，結局，戸籍法第107条第1項の規定により家庭裁判所の許可を得て氏を変更するほかはありません。ただし，この場合に，右の子が戸籍の筆頭者及びその配偶者でない場合は，分籍をした上で(つまり，戸籍の筆頭者となった上で)同項の手続をすれば同じ結果を得ることができますが，右の子が未成年であるときは，あらかじめ分籍をすることができないので(戸21条)，この場合には，子は外国人である父又は母の称する氏に変更する途がないことになります。

　そこで，外国人と婚姻をした父又は母の戸籍に同籍している子については，その父又は母がその氏を外国人配偶者の称している氏に変更しない場合でも，家庭裁判所の許可を条件に，氏の変更を認めることとされたものです(戸107条4項)。なお，この届出をすることができる者は未成年者に限定されてはいませんから，筆頭者及びその配偶者以外の者であれば，年齢を問わず(15歳未満の者は，その法定代理人が届出人となります。)，この手続をすることができる〔注〕。

　氏の変更の届出は，いわゆる創設的届出であり，意思能力がある場合は本人が届出をしなければなりませんが，意思能力を有しない者も制度上，この届出の事件本人になり得ますから，この場合には，法定代理人が届出をすべきことになります。

　〔注〕　創設的届出における未成年者の意思能力の有無については，民法

第791条第3項（15歳未満の子の氏変更）・第797条（15歳未満の者の養子縁組）・第961条（遺言能力）等の規定を参酌し、満15歳を基準に考えられています（青木義人・大森政輔『全訂　戸籍法』223頁、昭和23・10・15民事甲660号回答四参照）。

(3)　戸籍法第107条第4項による氏の変更については、同条第2項及び第3項による氏の変更の場合と異なり、家庭裁判所の許可を得なければなりません。したがって、実質的には戸籍法第107条第1項による氏変更と同じですが、戸籍の筆頭者及びその配偶者でない者に氏変更の手続が認められた点で、同項の特則をなすものです。

　この氏変更について家庭裁判所の許可を要するものとされているのは、次のような理由によるものとされています。第一に、戸籍法第107条第4項により外国人である父又は母の称している氏への変更の届出があった場合には、届出事件の本人である子について新戸籍を編製することとされているので（戸20条の2第2項）、日本人親とは別戸籍になることから、それが子の福祉に反しないか否かについて調査を経る必要があること、第二に、この場合の氏変更は、未成年者は分籍することができないとされている原則（戸21条）の例外となること、第三に、日本人父母間の子が、父・母と氏を異にする場合にその父母の氏を称するには、家庭裁判所の許可を要するとされている（民791条1項）こととの均衡を考慮する必要があることが挙げられています（田中康久「戸籍法の一部を改正する法律の概要」「戸籍」481号58頁）。

　この許可審判は、家事事件手続法別表第一に掲げられた審判事項であり（家事39条・別表第一122項）、家庭裁判所が許可するか否かについては、親子の生活状態、子の年齢その他の諸事情を検討し、氏の変更が専ら子の福祉に合致するか否かが判断の基準になるものとされています。

(4)　相談の事例は、日本人母と婚姻をした韓国人父が、本国の戸籍

上の姓は「李」であるところ，日本においては長年にわたって「甲野」を通称氏として使用している場合に，その夫婦間の子（14歳）が，在籍している日本人母の戸籍の氏（乙原）を，韓国人父の通称氏「甲野」に変更を希望する場合の手続についてです。

　戸籍法第107条第4項の規定による氏の変更については，前述のとおり，同条第1項の規定が準用されることから，氏を変更するにつき「やむを得ない事由」に該当するかどうかについて家庭裁判所の判断を要します。相談事例のケースに類似した事例について，韓国人父が日本で長年にわたって使用している通称氏に変更することについて，家庭裁判所の審判において，在日韓国人特有の歴史的，社会的事情等も考慮されて許可がなされた例があります。このことから，相談の場合においても，家庭裁判所においては，子が父の通称氏を変更後の氏にする必要性等（変更するにつき「やむを得ない事由」）を十分考慮して判断されることになるものと考えられます。そして，家庭裁判所において，上記の判断に基づき，子の氏を外国人父の通称氏に変更する許可の審判がなされた場合には，この許可審判に基づく氏変更の届出は受理して差し支えないとされており，その子につき直ちに韓国人父の通称氏をもって新戸籍が編製されることになります（「戸籍」564号79頁参照）。

　この場合の氏変更の性質は，外国人配偶者との婚姻又は離婚による氏変更（戸107条2項・3項）の場合と同様であり，専ら戸籍法の規定による氏の呼称の変更に過ぎません。したがって，民法第791条の規定による子の氏の変更とは異なりますから，新戸籍が編製された子と従前戸籍の筆頭者である父又は母との民法上の氏は同一です。つまり，子についてだけ氏の呼称が変更したものであることから，その子について新戸籍が編製されるものです。

2　相談の事例において，日本人母が戸籍法第107条第1項により韓国人父の通称氏に変更し，長男の氏と同氏同一呼称の氏となった場合の母子同籍の可否

(1)　韓国人父と日本人母間の子が，戸籍法第107条第4項の規定により，呼称上の氏を韓国人父の通称氏に変更して新戸籍が編製された後に，母が同条第1項の規定により子の変更後の氏と同一呼称である「甲野」の氏に変更した場合，子が母の氏変更後の戸籍に入籍できるかの問題です。従来の先例によると入籍は認められないようにも思われますし，昭和59年法律第45号による戸籍法等の一部改正に関する同年11月1日民二第5500号通達の解説でも「(戸籍法第107条第4項の規定により)新戸籍を編製された子は，自己の意思に基づいて戸籍の筆頭者になったものであり，分籍をしたのと同様の結果になるから，以後は，入籍届によって日本人父又は母の戸籍に入籍する取扱いは認められない。父又は母が，その後戸籍法107条1項又は2項の規定によって氏を変更し，子と同一の呼称になった場合においてもその事情は変わらない。」とされています（「戸籍」491号73頁）。

(2)　しかし，相談事例のような場合においても，入籍を認めないとするのは，親子同氏同戸籍の原則（戸6条）に反し，子に社会生活上の不便を強いることにもなりかねません。そのため，外国人と日本人とが婚姻をし，その間に出生した未成年の嫡出子について，法定代理人が戸籍法第107条第4項の規定により子の氏の変更をし，その後日本人親が同条第1項又は第2項の規定により同一呼称の氏に変更した場合は，日本人親の戸籍に同籍する入籍届は，受理して差し支えないものとされていることにより（平成26・6・19民一第713号回答，「戸籍」902号77頁），本事例においても，日本人母の戸籍に同籍する旨の入籍届は受理できるものと解されます。

第17・戸籍訂正

第17　戸籍訂正

> 55　日本人男性と中国人（本土）女性の婚姻後200日以内に出生した子が，嫡出子としての出生届により日本人父の戸籍に入籍の記載がされた後，その出生子は同女（母）が日本人前夫との離婚後300日以内に出生していることが判明した場合の戸籍の処理は！

相談事例

　私は２年前に知り合った在日の中国人（本土）女性と交際を続けていましたが，昨年の12月中旬に婚姻の届出をし，今年の６月20日に妻が女の子を出産しましたので，私から長女として出生の届出をし，私の戸籍に入籍の記載がされています。妻は４年前に渡日しているとのことでしたので，本人が望んでいる日本への帰化の申請をしたところ，その手続が進む過程で，妻には前婚歴のあることが判明しました。妻は日本人の前夫が日本の会社の中国支社に勤務中に知り合って婚姻し，４年前の平成22年に東京の本社に転勤となった際，一緒に渡日したようです。しかし，渡日して１年後には夫婦間に不和が生じ，別居生活に入って以来，互いに往き来はもとより連絡もないまま過ごしていたとのことですが，昨年の８月末に前夫が妻の勤め先を訪れ，協議離婚の届書に署名を求めるのでそれに応じ，９月２日に離婚の届出をしたということでした。私は，この妻の前婚の経緯については，隠されていたので知りませんでした。

　ところで，長女は，その出生日を基準に，日数を計算してみると，私と妻との婚姻の日から200日以内に生まれており，また，妻と前夫との離婚の日から300日以内に出生しています。妻の帰化申請を担当する法務局の職員から，長女が母親の前夫との嫡出推定を排除する裁判を得て，戸籍にそのことが明らかにされる必要がある，と言われま

した。そのような戸籍上の処理を必要とするのは，どのような理由からですか。また，その手続はどのようにしたらよいのですか。

> 説　明

相談の事例は，中国人（本土）女性が，日本人男性との再婚後の出生子について，同女の前婚歴が明らかにされていなかったため，前婚の日本人夫の嫡出推定を受けるにもかかわらず，後夫との嫡出子とする出生届が受理され，後夫の戸籍に入籍の記載がされた後に，前夫との嫡出推定が及ぶ子であることが判明したものです。この場合は，前夫の嫡出推定を排除する裁判を得た上，その出生届に対する追完届により後夫（相談者）の戸籍に在籍している長女の身分事項欄に，母の前夫の嫡出推定を排除する裁判が確定した旨を記載する処理をします。

1　日本人夫と中国人（本土系）妻の間に出生した子の嫡出性

嫡出親子関係について法の適用に関する通則法（以下「通則法」という。）第28条第1項は「夫婦の一方の本国法で子の出生の当時におけるものにより子が嫡出となるべきときは，その子は，嫡出である子とする。」と定め，子の出生当時における夫の本国法又は妻の本国法の選択的連結とされ，いずれか一方の本国法により嫡出子とされるときは，子は嫡出子とするものとしているので，相談事例の場合は，日本民法と中国（本土）の法律の規定によって確認することになります。

（1）　夫の本国法による嫡出性

日本の民法では，妻の婚姻中に懐胎した子は夫の子と推定した上，婚姻成立の日から200日後又は婚姻解消若しくは取消しの日から300日以内に出生した子は，嫡出推定を排除すべき事由のない限り，婚姻中に懐胎したものと推定され（民772条），これに該当する出生子は，推定を受ける嫡出子ということになります〔**注1**〕。

これに対して，相談者の場合のように，婚姻成立後200日以内に出生した子は，法律上の嫡出推定は受けませんが，母の夫によって懐胎された子であれば父の認知を得なくとも生来の嫡出子としての出生の届出が受理されることになります（昭和15・1・23大判・民集19巻54頁，昭和15・4・8民事甲432号通牒）。

　相談事例の場合についてみますと，出生子は，中国人（本土）母が日本人前夫との離婚後300日以内に出生しており，前夫の法律上の嫡出推定を受けることになりますから，母の本国法である中国法によって確認するまでもなく嫡出子として扱われます。また，後婚の夫である相談者との父子関係については，婚姻成立後200日以内に出生した子であることから，母の後夫（相談者）の本国法である日本民法上は，法律上の嫡出推定は受けない子ということになります。

(2)　妻の本国法による嫡出性

　母の本国法である中国（本土）法については，法務省の照会（外務省経由）に対する在中国大使館からの回答によると，中華人民共和国の法制上「日本の嫡出推定に相当する制度を定めた法規はないが，婚姻中の女性が出産した子は，事実上夫の子と推定されるので，この推定を覆して夫以外の者が父と認められるには，人民法院に父子関係確認の裁判を提起して，その判決を得ることが必要である。」とされています（「戸籍」658号72頁）。

　したがって，相談における出生子は，後夫（相談者）の本国法である日本民法上は嫡出推定を受けませんが，母の本国法である中国の法制によれば，現在，婚姻中の後夫（相談者）の嫡出推定を受けることとなるため（通則法28条1項），結局，相談における出生子については，母の前夫と後夫の嫡出推定が重複することになります。

2　重複する嫡出推定の排除と追完

　相談事例における出生子は，中国人母と日本人後夫との嫡出子とし

て戸籍の記載がされた後に，母が前婚の日本人夫と離婚後300日以内に出生した子であることが判明したものです。このような事例は，出生届の受理に際して外国人母の前婚歴が必ずしも明確にされないまま，後婚の出生子を嫡出子とする出生届が受理されて戸籍の記載がされた後に，住所地との関連，あるいは相談事例のように母の帰化申請の手続等に関連して，はじめて前夫の嫡出推定が及ぶ子であることが判明するということが考えられます。このような場合における出生子の生理上の父は，相談事例のように後夫であることが多いと思われます。

(1) 日本人同士の場合の戸籍の取扱い

戸籍実務においては，母の前夫の嫡出推定を受ける子について，出生の届出前に母の前夫の嫡出推定を排除する裁判（嫡出否認又は親子関係不存在確認の裁判等）が確定した場合は，子の生理上の父である後夫から，その裁判の謄本を添付して嫡出子出生の届出がされた場合は，これが受理されて直ちに母の後夫の戸籍に入籍される取扱いが認められています（昭和40・9・22民事甲2834号回答，昭和41・3・14民事甲655号回答，昭和48・10・17民二7884号回答）〔注2〕。

また，母の前夫の嫡出推定を受ける子について，母の嫡出でない子とする出生の届出又は後夫の嫡出子とする出生の届出により，誤って母又は後夫の戸籍に入籍の記載がされた後に，前夫との嫡出否認又は親子関係不存在確認の裁判が確定したときは，子の戸籍の記載はそのままとして，上記の裁判に基づく戸籍訂正申請（戸116条）により当該子の戸籍の身分事項欄に裁判確定の旨を記載しておく取扱いで差し支えないとされています（昭和43・9・18民事甲3047号回答ほか。なお，『改訂 設題解説 戸籍実務の処理Ⅶ(2)出生(下)』の問17（170頁）参照）。

(2) 相談事例の場合

ア 相談事例における戸籍の記載については，後日父子関係につき疑義（母の前夫の嫡出推定を受ける子が，直接母の後夫の嫡出

子として戸籍に記載されていることについての疑義）が生じないようにするため，出生事項中に父子関係存否確認の裁判が確定している旨を括弧書（参考記載例12）することとされています（前掲昭和43年民事甲3047号回答）。相談事例における子は，出生の届出により中国人母の日本人後夫の嫡出子として父の戸籍に入籍の記載がされていますが，その後に，例えば，前夫との父子関係不存在確認の裁判が確定した場合は，上記先例の趣旨に従い，当該裁判確定に基づく戸籍訂正申請により，出生事項をそのままにして，別行に親子関係不存在確認の裁判が確定した旨を記載（補記）しておく取扱いで差し支えないと解されます。この場合の戸籍記載処理は，次のようになると考えます。

◎ 戸籍記載例

（子の身分事項欄）

　　平成弐拾六年六月弐拾日東京都豊島区で出生同月弐拾六日父届出入籍㊞

　　平成弐拾六年九月拾日丙野久吉との親子関係不存在確認の裁判確定同月弐拾五日母申請記載㊞

◎ コンピュータシステムによる証明書記載例

（子の身分事項欄）

出　　生	【出生日】平成２６年６月２０日 【出生地】東京都豊島区 【届出日】平成２６年６月２６日 【届出人】父 【特記事項】平成２６年９月１０日丙野久吉との親子関係不存在確認の裁判確定
訂　　正	【訂正日】平成２６年９月２５日

	【訂正事由】丙野久吉との親子関係不存在確認の裁判確定 【裁判確定日】平成２６年９月１０日 【申請日】平成２６年９月２５日 【申請人】母 【記録の内容】 　【特記事項】平成２６年９月１０日丙野久吉との親子関係不存在確認の裁判確定

　イ　また，本事例については，前記(1)の先例の趣旨により，出生の届出に際し当初から子と母の前夫との嫡出推定を排除する確定判決（審判）を得た上で，後夫の嫡出子として出生の届出をすべきところ，その裁判を遺漏したものとして，今回改めて，例えば，前夫との親子関係不存在確認の裁判を得た上，その旨の追完届（当該判決（審判）の謄本と確定証明書添付）をする方法が考えられます〔**注3**〕。

　すなわち，前夫の嫡出推定を排除する裁判の確定によって，当然に出生届の瑕疵が治癒されたものと取り扱うことができますから（前掲昭和40年民事甲2834号回答，昭和48年民二7884号回答等参照），戸籍記載処理の方法も，後夫の戸籍中，子の身分事項欄に前夫の嫡出推定を排除する裁判が確定した旨の記載をするにとどまります。その場合の戸籍の記載は，次の例によることになります（「戸籍」779号66頁参照）。

◎　戸籍記載例
　（子の身分事項欄）
　　平成弐拾六年六月弐拾日東京都豊島区で出生同月弐拾六日父届出入籍㊞

　　　　平成弐拾六年九月拾日丙野久吉との親子関係不存在確認の
　　　　裁判確定同月弐拾五日母追完届出同日記載㊞
　◎　コンピュータシステムによる証明書記載例
　（子の身分事項欄）

出　　生	【出生日】平成２６年６月２０日 【出生地】東京都豊島区 【届出日】平成２６年６月２６日 【届出人】父 【特記事項】平成２６年９月１０日丙野久吉との親子関係不存在確認の裁判確定
訂　　正	【訂正日】平成２６年９月２５日 【訂正事由】平成２６年９月２５日母追完届出 【記録の内容】 　【特記事項】平成２６年９月１０日丙野久吉との親子関係不存在確認の裁判確定

〔注１〕戸籍実務においては，妻が子を懐胎し得ないことが客観的に明白であることが裁判上明確にされている場合には，当該裁判の謄本の提出を得て，嫡出でない子又は後婚の嫡出子として取り扱うこととされています（昭和28・7・20民事甲1238号回答，昭和39・2・6民事甲276号回答，昭和39・6・15民事甲2086号回答，昭和46・2・17民事甲567号回答，昭和48・10・17民二7884号回答等）。

〔注２〕この場合には，後日，父子関係について疑義が生じないようにするため，出生事項中に嫡出否認又は親子関係不存在確認の裁判確定の旨を括弧書することとされています（昭和43・9・18民事

甲3047号回答，昭和48・10・17民二7884号回答）。

〔**注3**〕追完の届出は，基本的には戸籍の記載前に届書の不備を是正補完するものであり，届出によって戸籍の記載がされた後にその記載を訂正するには，戸籍訂正の手続によるべきものとされていますが，先例により認められている例外的な場合があります（昭和31・12・4民事甲2709号回答）。

第17　戸籍訂正

> 56　養父母との協議離縁の届出により養子が縁組前の戸籍に復籍した後，その離縁届が受理される前日に養父が死亡していたことが判明したときは！

相談事例

　私は7年前（18歳のとき）に，子のいない知り合いの夫婦の養子となる縁組をして養親夫婦の戸籍に入籍しました。4年前に大学を卒業すると上京し，就職して以来，養父母の元を離れ単身生活をしています。ところが，1か月前に養父母から離縁の申出があったので，それを了承し，郵送されてきた離縁届書に署名・押印して返送しました。その届出が受理され，私は縁組前の氏に復し，縁組前の両親の戸籍に復籍しています。この度，養親の本籍地の市役所から，私と養親との離縁の届出による戸籍の記載後に，養父が届出の前日に既に死亡していることが判明したので，養父との協議離縁の戸籍記載は誤りであるから，家庭裁判所の許可を得て，戸籍訂正の申請をされたい旨の通知がありました。

　この家庭裁判所の許可とその許可に基づく戸籍訂正申請の手続は，どのようにするのですか。また，その戸籍訂正後，私の戸籍は，どうなるのでしょうか。

説　明

　協議離縁は，当事者の協議によって養親子関係を解消させる身分行為ですから，離縁について当事者の意思の合致が要件となります。この意思の合致は，離縁の届書を作成する時点だけでなく，届出の時においてもその意思を有していなければなりません。したがって，届出が受理され，戸籍の記載後に，届出の前日に当事者の一方が死亡して

いたことが判明した相談の事例のように，届出意思の有無について問題が生じたときは，原則として裁判によって解決されることになります。なお，この事例における戸籍訂正手続は，後述のとおりです。

1 協議離縁

協議による離縁は，縁組当事者の合意による離縁ですから，養親子関係を解消しようとする養親及び養子（養子が15歳未満の場合には離縁協議者，民811条2項）との間に，意思の合致が必要です。しかも，それは，協議離婚の場合と同様に，当事者自らの自由意思に基づくことが必要ですから，たとえ成年被後見人の場合であっても，後見人の同意は要しません（民812条で準用する民738条）。

また，協議離縁にあっては，法律上一定の離縁事由を必要としませんから，当事者間に離縁について合意があればよく，離縁をするに至った破綻原因や動機等は問いません。しかし，離縁の意思は，社会習俗的にみて承認される養親子関係を解消する意思であり，何らかの目的のために利用する便宜的な手立てとしてなされた離縁は，離縁の届出があっても無効です。もっとも，戸籍の実務上，届出の受理に当たっての市区町村長の審査は，いわゆる形式的審査にとどまり，届出が届出人の真意に基づくか否かの実質を審査するものではありません。したがって，届出後に届出の意思の有無について問題が生じた場合は，裁判によって解決されることになります（人訴2条3号，家事257条・277条・279条）。

2 協議離縁の無効

(1) 協議離縁は，その実質的要件である当事者間の離縁意思の合致を欠く場合，例えば，①当事者の不知の間に何人かが勝手に離縁届をしたとき，②前記1に述べたように，当事者が何らかの方便として離縁の届出をしたとき，③離縁の届書に署名押印した後，その届出が受

理される前に離縁意思を撤回したとき等は，いずれも無効とされます。このように協議離縁が無効である場合には，その無効を主張するについて利益を有する者は，離縁無効の訴えを提起することが認められます。その手続は，まず家庭裁判所に調停を申し立て，合意に相当する審判を得るか（家事257条・277条・279条），又は人事訴訟法（2条3号）による確定判決を得ることです。

(2) 協議離縁についての当事者の意思の合致は，離縁の届書を作成する時点だけでなく，届出時においても，その意思を有していなければなりません。しかし，相談の場合は，養父母と養子の協議離縁の届出が受理されて，戸籍の記載後に当事者のうち養父が届出前に既に死亡していたことが判明した事例です。したがって，この場合は，届出の意思の有無を問題にするまでもなく，届出時に意思を表明することができないことは明らかであり，養父との離縁の届出は，無効ということになりますから，家庭裁判所の許可を得て戸籍訂正をすることになります（戸114条）。

3 相談の場合の戸籍訂正

(1) 相談の事例のように，受理された協議離縁届に基づいて戸籍の記載がされた後に，当事者の一人である養父について，その届出が受理された前日に死亡した旨の届出がされ，戸籍の記載がされた場合の戸籍訂正の手続等についてです。この場合は，養子と養父との協議離縁の戸籍の記載が誤りであることは，戸籍面上明らかですから，戸籍法第114条の規定に基づく戸籍訂正をすべきです（死亡者との婚姻又は縁組の記載の訂正について昭和24・11・14民事甲2651号回答）。さらに，届出人等が訂正申請をしない場合は，前述のとおり離縁の届出が無効であることは戸籍面上明らかですから，市区町村長は管轄法務局の長の許可を得て，職権により戸籍訂正（戸24条2項）をすることもできます（昭和25・6・10民事甲1638号回答）。

(2) 相談者が，無効な創設的届出による戸籍記載の訂正として，戸籍法第114条の規定に基づき，家庭裁判所（家事226条3号）に戸籍訂正の許可審判を申し立て，その審判を得たときは，本籍地又は相談者の所在地の市区町村長に対し，審判の謄本及びその確定証明書を添付して戸籍訂正の申請をすることになります。この戸籍訂正申請により，届出前に死亡していた養父との離縁は無効として，その離縁事項は消除されますが，養母との離縁は有効であるため，離縁事項は養母とのみの離縁の記載に訂正されることになります。すなわち，養父を筆頭者とする戸籍中，養父の身分事項欄の協議離縁事項を消除し，養母の身分事項欄の協議離縁事項中「夫とともに」とあるのを消除します。また，養父母との離縁により復籍した養子については，死亡した養父との縁組は継続しており，縁組前の戸籍に復籍したのは誤りということになるので，養子は縁組中の戸籍に回復します（民816条1項）。つまり，養親と同一の戸籍にある養子の身分事項欄の協議離縁事項中，「養父○○○」とある記載及び縁組前の実方の戸籍に入籍につき除籍の記載を消除の上，同人を養親の戸籍の末尾に回復します（昭和62・10・1民二5000号通達第2の3(1)エ）。一方，養子の実方の戸籍については，養子の身分事項欄の協議離縁事項を消除した上，同人を消除することになります。

　なお，死亡した養父と離縁する場合は，家庭裁判所の許可を得て（民811条6項），死後離縁の届出をし（戸72条），その届出によって養子は縁組前の氏に復します〔注〕。

　　〔注〕　養親が死亡した後に養子が離縁をするときは，家庭裁判所の許可を得なければなりません（民811条6項）。この許可は，離縁が適法になされるための受理要件ですから，これを欠く届出は受理されません（民813条1項）が，誤って受理された場合は，離縁は届出によって成立し，もはや取消しの対象とはなりません（民813条2項）。

第17　戸籍訂正

　相談の事例は，養父母双方との協議離縁の届出による戸籍の記載後に，その受理前の時点で養父は既に死亡していたことが判明した場合であるため，その訂正方法は，原則として説明で述べたような訂正となります。

57 外国人女性の婚姻外の子を日本人夫婦間の嫡出子として虚偽の出生届がされ，夫婦の戸籍に入籍の記載がされている場合の戸籍訂正は！

[相談事例]

私の夫は，外資系の会社に勤務していますが，仕事で知り合った在日の外国人女性に頼まれて，3年前に同女が婚姻外に日本で出生した子を，私に無断で，私と夫との間に出生した嫡出子とする虚偽の出生届をし，現在，その子は私共夫婦の戸籍に在籍しています。最近，そのことを知り，夫に説明を求めたところ，仕事の関係上，断れない事情があったとのことでした。夫は，その後，会社の上司とも相談した結果，その戸籍の記載を元に戻すことで了解がとれたようです。そこで，この戸籍を訂正してもらうには，どのような手続が必要でしょうか。

[説　明]

外国人女性が婚姻外に出生した子について，虚偽の出生届により日本人夫婦の嫡出子として戸籍に記録（記載）されている場合の訂正は，戸籍法第113条の規定による戸籍訂正申請によるほか，親子関係不存在確認の裁判に基づく同法第116条の規定に基づく戸籍訂正申請により，子の戸籍の記録（記載）を全部消除します。

1　渉外的親子関係の存否確認

渉外的親子関係の存否確認については，法の適用に関する通則法（以下「通則法」という。）に直接の規定はありませんが，事案の類型に従って，できる限り通則法に定める準拠法を適用するのが相当と考

えられます。父母双方についての渉外的親子関係についての存在確認は，嫡出親子関係の成立の確認を求めることですから，これに関する準拠法を適用すべきであり，また，不存在確認はその否定ですから，裏返しに過ぎません。

相談の場合のように，戸籍に日本人夫婦の嫡出子として記録（記載）されている子の場合，その嫡出親子関係の不存在確認に関しては，嫡出親子関係の成立の準拠法のうち，その関係が成立するとされる準拠法は，父又は母の本国法の選択的連結により決定することになりますから（通則法28条），戸籍上の父母双方が日本人の場合は，その本国法である日本の民法において嫡出親子関係が成立しない事由があれば，嫡出親子関係の不存在確認がされることになります。

なお，渉外的親子関係存否確認事件に関する国際裁判管轄権については，子の福祉に着目し，子と最も密接な関係を有する地である子の住所地国にその管轄権を認める見解が有力です。審判例も，子の住所地が我が国にある場合には，我が国の裁判管轄権を肯定しています（最高裁判所事務総局編『渉外家事事件執務提要（下）』44頁・27頁）。

2　虚偽の出生届による戸籍の記載と訂正

(1)　虚偽の出生届により，真実の親子関係がないにもかかわらず，他人夫婦の子として戸籍に記載されている場合の訂正の必要性やその是正方法が問題とされるのは，戸籍が人の身分関係を登録・公証することを目的としている以上，その記録（記載）は，常に身分関係の実体と一致していることが要請されるからです。

相談の事例のように，子が戸籍上は日本人夫婦の嫡出子として記録（記載）されていても，真実は，外国人女性の婚姻外に出生した子であるとすれば，子について実母である外国人女性から改めて嫡出でない子（外国人）として出生届をすればよいようにも考えられます。しかし，戸籍の制度上，その出生届を市区町村長は受理することはでき

ません。なぜならば，その子については既に日本人夫婦の嫡出子として戸籍に記録（記載）されており，その記録（記載）をそのままにして，外国人母から出生した嫡出でない子の出生届とともに，外国人住民としての届出（住民基本台帳法21条・30条の45）を受理することは，戸籍制度及び外国人としての在留管理制度の建前に反することになるからです。

(2) 相談の場合は，虚偽の出生届により，真実の親子関係が存在しない日本人夫婦間の嫡出子として戸籍に記録（記載）されている場合の訂正に関する問題であり，戸籍の実務では，戸籍法第113条に定める戸籍訂正申請が認められています。すなわち，親子関係に関する戸籍の記載が，虚偽の出生届によってなされたものである場合は，その戸籍の記載はあくまでも実体に符合しない虚偽のものであり，法律上の親子関係を形成させるものではないとの理由から，確定判決を得るまでもなく戸籍法第113条の戸籍訂正手続によってすることができるとされています（東京家審昭和31・2・20家月8巻3号36頁，昭和32・12・14家庭甲129最高裁家庭局長回答，昭和34・11・27民事甲2675号回答，昭和38・7・1民事甲1838号回答，木村三男『戸籍届書の審査と受理Ⅱ』320頁以下参照）。

しかし，その一方において，親子関係を否定することとなるような戸籍の訂正は，身分関係に重大な影響を及ぼすことになるとして，身分関係の存否を確認する裁判を得た上，その確定判決に基づく戸籍法第116条の訂正手続によるべきである，とする見解があります。戸籍実務上の先例はこれを否定するものではありませんから，同条の規定による訂正申請があれば，これを受理することになります。

なお，戸籍法第113条による訂正許可の審判には既判力がない（身分関係は確定しない。）のに対して，同法第116条に規定する確定判決（又は審判）には第三者に対する関係でも既判力があります（実体的身

分関係が対世的に確定することから,「対世効」ともいわれている(人訴24条1項))から,後日,同一事項が訴訟上問題となっても,すべての者はこれに反する主張はできません。いずれの手続を採るかは,当事者が当該事件に関連する事情等を考慮した上,決定すべきことになります。

(3) 虚偽の出生届により戸籍に日本人夫婦間の嫡出子として記録(記載)されている相談における子については,前記のとおり①戸籍法第113条の戸籍訂正許可の審判に基づく戸籍訂正申請,又は②親子関係不存在確認の裁判に基づく同法第116条の戸籍訂正申請により,子の戸籍の記録(記載)を,下記のとおり全部消除することになります。

① 戸籍法第113条による戸籍訂正
(参考記載例195)
「出生による入籍の記載は錯誤につき平成弐拾六年五月拾日戸籍訂正許可の裁判確定同月弐拾六日甲野忠雄申請戸籍の記載全部消除㊞」

消　　除	【消除日】平成26年5月26日 【消除事項】戸籍の記録全部 【消除事由】出生による入籍の記録錯誤につき戸籍訂正許可の裁判確定 【裁判確定日】平成26年5月10日 【申請日】平成26年5月26日 【申請人】甲野忠雄

② 戸籍法第116条による戸籍訂正

(法定記載例206)

「平成弐拾六年七月七日甲野忠雄及び同人妻春子との親子関係不存在確認の裁判確定同月拾六日甲野忠雄申請消除㊞」

(注)　この記載をした後，事件本人の出生事項及び身分事項欄下部全欄に朱線を交差する。

　　　この訂正をした後，改めて出生届をすることになる。

| 消　　除 | 【消除日】平成２６年７月１６日
【消除事項】出生事項
【消除事由】甲野忠雄及び同人妻春子との親子関係不存在確認の裁判確定
【裁判確定日】平成２６年７月７日
【申請日】平成２６年７月１６日
【申請人】甲野忠雄
【従前の記録】
　【出生日】平成２３年３月４日
　【出生地】千葉県船橋市
　【届出日】平成２３年３月１０日
　【届出人】父 |

(注)　この記録をした後に「戸籍に記載されている者」欄に 消除 と記録する。

58 転籍届に添付した戸籍謄本に在籍者の記載遺漏があったため，転籍後の戸籍に遺漏者が生じているときは！

相談事例

昨年，現在の住所地・B市に家を新築して隣接の県のA市から転居して来ました。今後はこの地に永住するつもりでいるので，先日，本籍地のA市から戸籍謄本を取り寄せて，現住地のB市に転籍の届出を済ませています。ところが，必要があって転籍後の新戸籍の謄本を請求してみたところ，末っ子の三男（高校三年）の記載が漏れていることがわかりました。

この場合，どのように対処したらよいでしょうか。なお，転籍の届書に添付した戸籍謄本の内容はよく見ていませんでした。

説　明

転籍後の新戸籍にのみ記載遺漏が生じている場合は，届出人から正しい記載のある戸籍謄本を添付して追完届をすれば，これに基づいてB市の現在の戸籍に三男の記載がされます。

1　転籍の届書に添付する戸籍謄本

他の市区町村に本籍を移す，いわゆる管外転籍の届出をするときは，その届出を転籍する時点の本籍地（原籍地，相談の場合はA市）若しくは届出人の所在地（戸25条）又は転籍地（戸109条）のいずれかにする場合でも，現在戸籍の謄本を添付しなければなりません（戸108条2項）。これは，転籍地B市で新たに新戸籍を編製する際に，従前の戸籍の記載内容を知り，その新戸籍（転籍戸籍）に移記すべき事項（戸規37条・39条）を把握する資料として必要だからです。もし，その戸

籍謄本に誤記又は遺漏があるときは，転籍戸籍の記載との食い違いが生じることになります。

2　管外転籍の届出が転籍地にされた場合

　この転籍の届出を受理した転籍地Ｂ市では，添付された原籍地（Ａ市）の戸籍謄本を基に転籍戸籍を編製した後，その謄本を添付した転籍届書を原籍地Ａ市に送付すべきものとされています（大正9・1・20民事5705号回答）。これは，送付を受けた原籍地では，先の戸籍謄本（相談者が転籍届書に添付するためＡ市に交付請求し，郵送されたもの）の交付後，転籍地Ｂ市で転籍届が受理される日までの間に，入除籍者の有無等戸籍の変動がなかったかどうかにつき戸籍の原本と照合して調査をするとともに，原本の記載と相違があるときは，直ちに転籍地のＢ市長にその旨を通知します。その通知を受けたＢ市長は届出人に対しその旨の通知をして（戸24条1項），追完又は戸籍訂正等所要の手続等を促すことになります。

3　転籍戸籍にのみ記載（記録）遺漏者が生じた場合

(1)　相談の事例が，例えば，同籍者の記載の謄写を遺漏した戸籍謄本を添付した転籍届が転籍地Ｂ市になされ，これが受理されて転籍戸籍が編製されたために，遺漏者が生じた場合が考えられます。また，前記2のように，届出人が原籍地から戸籍謄本の交付を受けた後に転籍地に転籍の届出をするまでの間に，婚姻又は縁組により除籍されていた，かつての同籍者が，離婚又は離縁により復籍したようなときも，同じように転籍戸籍に遺漏者が生じます。

　このような場合は，転籍戸籍にのみ記載遺漏者が生じるわけですから，転籍届を受理した転籍地のＢ市長は，届書に不備があったものとして，届出人に対し正しい記載のある戸籍謄本を添付した追完届をするよう通知し，これに基づいて戸籍の記載をすることになります。

(2)　届出の追完は，基本の転籍の届書とは別個の届出の形式によっ

第17　戸籍訂正

てすることとされ（戸45条・44条，大正4・6・26民519号回答），不備のある届書自体に直接補記又は訂正をすべきでなく，不備のある届書はそのままにして，追完の届出によってすべきものです。つまり，追完は，基本の届書の受理後に追完届の形式によって届書の不備の箇所を補正する手続ですから，原則としては届書の受理後，戸籍の記載前に認められるものです。しかし，戸籍の記載後にも認められるいくつかの例外的な場合があり（『設題解説　戸籍実務の処理Ⅱ』第二章第三問9参照），相談の事例もその一つです（昭和25・7・19民事甲1953号回答）。

(3)　追完届においても，原則として届出に関する一般の規定が適用され，書面又は口頭（戸37条）によってしなければなりません。届出には，戸籍法第29条に定められているとおり，①届出事件を「追完届」，②届出の年月日，届出人の出生年月日，住所，戸籍の表示等を記載し，届出人がこれに署名し，印を押さなければなりません。そのほか，基本的届出事件の表示，事件本人の氏名，受理年月日及び追完の事由として，例えば「上記の転籍届書に添付した戸籍謄本に事件本人（甲野三郎）の記載が遺漏していたため，転籍戸籍に三郎が遺漏した」旨と追完する事項として「転籍戸籍に事件本人甲野三郎の記載をする」旨をそれぞれ記載する必要があります。また，この追完届書に添付する戸籍謄本は，記載遺漏となっていた者が正しく記載されているものでなければなりません。

この場合の戸籍の記載は，次の例によってなされます（『改訂第2版　注解コンピュータ記載例対照戸籍記載例集』（以下，『注コ』という）634頁）。

◎　戸籍記載例
（戸籍事項欄）
「平成弐拾七年拾月八日転籍追完届出㊞」

(遺漏者の身分事項欄)
「平成九年五月拾日東京都千代田区で出生同月弐拾日父届出入籍㊞
　平成弐拾七年拾月八日転籍追完届出記載㊞」
◎　コンピューターシステムによる証明書記載例
（戸籍事項欄）

追　　　完	【追完日】平成２７年１０月８日

（遺漏者の身分事項欄）

出　　　生	【出生日】平成９年５月１０日 【出生地】東京都千代田区 【届出日】平成９年５月２０日 【届出人】父
記　　　録	【記録日】平成２７年１０月８日 【記録事由】転籍追完の届出

（４）　なお，相談事例において，転籍戸籍に記載すべき相談者の三男を遺漏した原因が，転籍届を受理した転籍地・Ｂ市長の過誤により遺漏した場合であれば，Ｂ市長は遺漏した三男につき管轄局の長の許可を得て，職権で転籍戸籍の末尾に記載されることになります（戸24条2項）。この場合の戸籍の記載は，次のとおりです（前掲『注コ』573頁）。

◎　戸籍記載例
（事件本人の身分事項欄）
「転籍による戸籍の記載遺漏につき平成弐拾七年壱拾月四日許可同月八日記載㊞」

◎　コンピューターシステムによる証明書記載例
　（遺漏者の身分事項欄）

出　　生 記　　録	省略 【記録日】平成２７年１０月８日 【記録事由】転籍による戸籍の記載遺漏 【許可日】平成２７年１０月４日

> 59 戸籍上の父と子との親子関係がない場合，その戸籍を訂正する方法は！

相談事例

　私は，平成23年の4月から，勤め先の人事異動で，南米コロンビアに在る支社での勤務を続けていましたが，平成26年3月に3年振りに帰国し，本社勤務に復帰しています。4年前，妻は当時2歳だった長男の育児等もあり，私は単身で海外勤務を続けていましたので，お互いに国際電話で連絡を取り合うだけで，3年間は別居生活で終始しました。

　ところが，平成25年の8月に妻は他男との間に懐胎した男の子を出産していたことを，私は帰国して間もなく妻の告白によって知り，驚きました。戸籍の記載事項証明書を取り寄せてみると，その子は妻の出生届により私と妻の「二男」として記載されています。しかし，私とこの子との親子関係はないわけですから，まず，戸籍の記載を訂正したいと思いつつ，1年以上を経過してしまいました。現時点で戸籍を訂正してもらうには，どのような方法がありますか。

　また，訂正後の戸籍は，どのようになりますか。

説　明

　婚姻中に妻が懐胎し出生した子は，夫の子と推定され，夫婦の戸籍に入籍することになりますが，裁判により父子関係が否定された場合は，その裁判の謄本及び確定証明書を添付して，戸籍訂正申請をすることになります。その裁判手続としては，まず，夫から子が嫡出子であることを否認する手続がありますが，この嫡出否認の訴えは，夫が子の出生を知った時から1年以内に提起しないと否認権は消滅すると

いう制限があります。しかし，相談の場合のように，夫の子を懐胎し得ない事情の下に出生した子については，子自身及び父又は母並びに利害関係人から，いつでも親子関係不存在確認の訴えを提起することができます（なお，この裁判上の手続や戸籍訂正については，後記１及び２を参照願います。）。

1　親子関係不存在確認の裁判

(1)　父母が婚姻中に出生した子が，民法第772条の規定により嫡出の推定を受ける場合であっても，実際は母の夫によって懐胎されたものでないときは，嫡出であることを否認することができます（民774条）。この否認権は，夫（夫が死亡した場合は，人訴41条の規定により，その子のために相続権を害される者，その他夫の三親等内の血族）に限られ，提訴期間も夫が子の出生を知った時から１年以内とされているため（民777条），この提訴期間を経過した場合は，父子関係を否定することができないこととなります〔注〕。

(2)　しかし，嫡出の推定に関する民法第772条の規定は，夫婦が正常な婚姻関係にある場合に，夫の子を懐胎する確実性の度合いを基礎として設けられたものですから，母がその子を懐胎した当時，相談事例のように，夫が長期不在であったり，夫婦が事実上離婚状態にあった場合など，夫の子を懐胎し得ない事情の下に出生した子については，同条の嫡出推定の規定を適用すべきでないとされています（最判昭和44・5・29民集23巻6号1064頁）。したがって，形式的には嫡出の推定を受ける子であっても，上記のような場合には子及び父又は母並びに利害関係人からいつでも父子関係不存在確認の訴えを提起することができます（人訴2条2号）。なお，当事者は，実親子関係の主体である子及び父又は母であり（人訴12条），子は未成年であっても意思能力がある限り，訴訟能力を有するとされています（人訴13条。実務上は，

子が15歳以上の場合には意思能力を有するものとされているようです。『新版注釈民法(23)』119頁)。

(3) 親子関係不存在確認の訴えは，家事事件手続法第257条の規定に基づく調停前置主義により，訴えの提起者である父は，まず家庭裁判所に調停の申立てをしなければなりません。そして，調停委員会において当事者間の戸籍上の父子関係不存在についての合意が成立し，その不存在について争いがない場合は，家庭裁判所は必要な事実を調査し，かつ，調停委員の意見を聴いた上で，その合意が正当と認められる場合は，その旨の審判をすることができるとされています（家事277条)。この合意に相当する審判が確定した場合は，確定判決と同一の効力を有します（家事281条)。

2 戸籍訂正申請

父母の婚姻中に出生し，母からの出生届により夫婦の戸籍に入籍している子について，戸籍上の父から子を相手方として父子関係不存在確認の調停を申し立て，その合意に相当する審判が確定したときは，訴えを提起した父（相談者）から戸籍の訂正を申請しなければなりません。その申請は，裁判が確定した日から1か月以内にしなければならないとされています（戸116条1項・117条)。

ところで，相談事例のように父母が婚姻中に出生した子と父との親子関係不存在確認の裁判が確定しても，子が嫡出でない子として入籍すべき出生当時の母の戸籍（民790条2項，戸18条2項）は，子が現に在籍している戸籍ですから，子の氏及び戸籍に変動は生じません。この場合の訂正は，父母欄の父の氏名を消除し母の氏を記載して，父母との続柄を訂正します。出生の届出人は，届出資格を有する母ですから，出生事項の訂正を要しません。したがって，戸籍訂正申請の訂正の趣旨は，事件本人である子について，父の記載を消除し，父母との続柄「二男」を嫡出でない子としての続柄（母が分娩した嫡出でない

子の出生の順による。他に嫡出でない子がいなければ「長男」と表記する。）に訂正する旨を記載することになります。

〔注〕　嫡出否認権の行使については，法定期間の制限があり，その期間を経過すると，否認権は消滅します。夫がその子の嫡出性を否認するか否かを決するには，それなりの熟慮期間を必要とし，その期間がより長いと夫にとっては有利ですが，逆に，子にとっては身分関係の不安定な状況が続くわけですから不利となるわけです。そこで，民法第777条では両者の利害関係を考慮して，「夫が子の出生を知った時から１年以内」と規定しています。

　なお，この嫡出否認の出訴期間の起算点について，民法第777条の「夫が子の出生を知った時」とは，単に夫が妻の出産事実を知るのみならず，それが嫡出推定を受ける関係にあることをも知った時を意味すると解すべきである，とした審判例等があります（札幌家審昭和41・8・30家月19巻３号80頁，東京家審昭和42・2・18家月19巻９号76頁は夫が「否認すべき子の出生を知った時」と解するのが相当であるとしている。）。

戸籍訂正申請

東京都中央 ~~市区町村~~ 長 殿

平成27年 7月 16日申請

受付 平成27年 7月 16日 第 2481 号

戸籍調査 記載 記載調査 送付 住民票 記載 通知 附票 記載 通知

(一)	事件本人	本　籍	東京都千代田区平河町1丁目4番地
		筆頭者氏名	甲野　義太郎
(二)		住所及び世帯主氏名	東京都千代田区平河町1丁目4番3号　甲野春子
(三)		氏　名	甲野　啓太郎
		生年月日	平成26年 8月 4日
(四)		裁判の種類	親子関係不存在確認の審判
		裁判確定年月日	平成27年 7月 7日
(五)		訂正の趣旨	平成27年7月7日甲野義太郎との親子関係不存在確認の裁判が確定したので、上記甲野義太郎戸籍中事件本人甲野啓太郎について、父の記載を消除し、父母との続柄を「長男」と訂正する。
(六)		添付書類	審判書謄本、確定証明書
(七)	申請人	本　籍	東京都千代田区平河町1丁目4番地
		筆頭者氏名	甲野　義太郎
		住　所	東京都中央区月島2丁目13番6号
		署名押印	甲野　義太郎　㊞
		生年月日	昭和57年 6月 18日

(注) 事件本人又は申請人が二人以上であるときは、必要に応じ該当欄を区切って記載すること。

第17 戸籍訂正

子の出生当時の母の戸籍

本籍	東京都千代田区平河町一丁目四番地
氏名	甲野 義太郎

平成弐拾壱年壱月拾日編製㊞

平成弐拾六年八月四日東京都中央区で出生同月拾日母届出同月拾五日同区長から送付入籍㊞
平成弐拾七年七月七日甲野義太郎との親子関係不存在確認の裁判確定
同月拾六日同人申請父の記載消除父母との続柄訂正㊞

父	甲野 義太郎
母	甲野 梅子
	長男

出生 平成弐拾六年八月四日

啓太郎

297

子の出生当時の母の戸籍（訂正後）

	全 部 事 項 証 明
本　　籍 氏　　名	東京都千代田区平河町一丁目４番地 甲野　義太郎
戸籍事項 　編製事項	【編製日】平成２１年１月１０日
戸籍に記録されている者	【名】啓太郎 【生年月日】平成２６年８月４日 【父】 【母】甲野梅子 【続柄】長男
身分事項 　出　　生	【出生日】平成２６年８月４日 【出生地】東京都中央区 【届出日】平成２６年８月１０日 【届出人】母 【送付を受けた日】平成２６年８月１５日 【受理者】東京都中央区長
消　　除	【消除日】平成２７年７月１６日 【消除事項】父の氏名 【消除事由】甲野義太郎との親子関係不存在確認の 　　　裁判確定 【裁判確定日】平成２７年７月７日 【申請日】平成２７年７月１６日 【申請人】甲野義太郎 【関連訂正事項】父母との続柄 【従前の記録】 　　【父】甲野義太郎 　　【父母との続柄】二男
	以下余白

> 60　父母の離婚後300日以内に出生した子につき，母から誤って届出された嫡出でない子としての出生届が受理され，母の離婚後の戸籍に入籍の記載がされている場合の戸籍の訂正は！

【相談事例】

　私は，前夫と離婚する２年半ほど前から夫婦間に不和が生じ，事実上離婚をして別居状態が続いていました。その間に私は勤め先で親しくなった他男の子を懐胎したため，子の出生前に夫との婚姻を解消したいと考え，夫に会って事情を話し，離婚の届出を済ませました。離婚後，5か月ほど経過して男の子を出産したので，私の離婚後の本籍地の市役所で出生の届出をする際に，生まれた子は私の婚姻外に出生した子であり，「嫡出でない子」であろうと思い，届書にはそのように記載して提出し，それが受理されています。

　ところが，その後１週間ほど経ってから，子の出生届に関して市役所から通知があり「母の嫡出でない子としての出生届により，離婚後の母の戸籍に届出のとおり入籍の記載をしたが，出生子は嫡出の推定を受ける子であることが判明したので，嫡出子としての戸籍訂正を届出人から申請されたい。」という趣旨の書面でした。

　この場合の戸籍訂正申請とは，どのようにするのでしょうか。もし，私がその申請をしなかったら，戸籍はどのようになりますか。私としては，現在の戸籍の記載が事実と一致しているわけですから，このままにしておいてほしいのですが……。

【説　明】

　父母の離婚後300日以内の出生子につき，母から嫡出でないとし

ての出生届が受理され，母の離婚後の戸籍に入籍の記載がされている場合に，後日，母の前夫との親子関係不存在確認の裁判が確定したときは，子の戸籍の身分事項欄に記載されている出生事項はそのままとして，母の前夫の嫡出推定を受けないことを戸籍上明らかにするため，別行に上記の裁判が確定した旨を記載しておく取扱いです。

1　届出人に対する市役所からの通知の趣旨

　父母の離婚後300日以内に出生した子は，民法第772条の規定によって前夫の嫡出の推定を受けますから，父母の離婚の際の氏を称してその戸籍に入籍するのが正しいことになります（民790条1項ただし書，戸18条）。ところが，相談における場合は，子について，母からの嫡出でない子とする誤った出生届をしたところ，それが受理されて離婚後の母の戸籍に入籍の記載がされた後に，戸籍上，嫡出子の推定を受ける子であることが判明したということです。そこで，本籍地の市区町村長は，戸籍法第24条第1項の規定により，届出人である相談者に対し，嫡出子としての戸籍訂正の申請をすべき旨の通知をされたものです。この場合に，届出人が通知に応じて訂正申請をする場合は，家庭裁判所で訂正許可の審判を得て（家事226条3号・別表第一124項），戸籍法第113条の戸籍訂正申請をすることになります。この申請により，子は父母離婚の際の氏を称し，離婚当時の父母の戸籍に移記する訂正の処理がなされます。しかし，通知を受けた届出人が戸籍訂正の申請をしないときは，市区町村長は，管轄法務局の長の許可を得て，職権で母の前夫との嫡出子として戸籍の訂正をすることになります（昭和38・10・25民事甲3014号回答）。

2　嫡出推定の及ばない子

　ところで，夫婦の離婚後300日以内に出生し，民法第772条により嫡出の推定を受ける子であっても，実際は母の夫（前夫）によって懐胎

されたものでないときは，夫は，嫡出であることを否認することができます。この否認権は，原則として夫のみに限られており，当該子又は親権者である母からの訴えは認められていません（民774条）。

　しかし，嫡出推定に関する民法第772条の規定は，夫婦が正常な婚姻関係にある場合に夫の子を懐胎する確実性の度合いを基礎として設けられたものですから，妻がその子を懐胎した当時に夫婦が事実上離婚している場合や，夫の生死が3年以上も不明であったりした場合など，夫の子を懐胎し得ない事情の下に出生した子については，同条を適用すべきでないとされています（最判昭和44・5・29民集23巻6号1064頁）。したがって，形式的には嫡出の推定を受ける子の場合であっても，妻が夫の子を懐胎し得ないことが客観的に明白である場合には，民法第774条以下の嫡出否認の訴えによることなく，真実の父に対する認知の請求又は子からする母の前夫に対する親子関係不存在確認の訴えを提起することができることになります（大判昭和15・9・20民集19巻1596頁）。

　そして，これらの裁判が確定した場合は，前夫の子として既に戸籍に記載されている子については，戸籍法第116条の規定により戸籍訂正申請をすることになります。なお，子の出生届が未了の場合には，当該裁判の謄本を添付の上，直接，母の嫡出でない子又は後夫との嫡出子として出生届をすることができるとされています（昭和40・9・22民事甲2834号回答等）。

　相談の事例においても，2年半にわたり事実上の離婚状態にあった夫婦間において，子が婚姻解消後300日以内に出生している場合は，実質的には民法第772条の嫡出推定の規定は適用されないと解されていますので（前掲判例，昭和24年12月16日開催の最高裁家庭局・法務省民事局・東京家裁・東京法務局の4庁による第4回戸籍事務連絡協議会結論），嫡出否認の訴えによることなく親子関係不存在確認の訴えによ

ることができます(前掲・最判昭和44・5・29)。したがって,相談の事例のような場合において,親子関係不存在確認の確定判決(又は審判)を得たときは,通常は,これに基づく戸籍法第116条の戸籍訂正申請により所要の戸籍訂正をすることになります(昭和26・6・27民事甲1332号回答,昭和40・12・17民事甲3465号回答,昭和41・1・14民事甲248号回答)。

　もっとも,相談事例の場合は,子は,父子関係不存在確認の裁判が確定すると母の嫡出でない子として,出生当時の母の戸籍に入籍すべきことが明らかになりますが,既に嫡出でない子としての出生届により出生当時の母の戸籍に入籍しており,その記載は実体と合致していますから,子の氏及び戸籍に変動は生じないということができます。そこで,子について,前夫の嫡出の推定を受けないことを戸籍上明らかにするため,上記の訂正申請に基づいて,子の身分事項欄に父子関係不存在確認の裁判が確定したことを記載しておく取扱いが認められています(昭和43・9・18民事甲3047号回答)。

第17　戸籍訂正

戸籍訂正申請

東京都千代田 市区町村長 殿

平成27年9月8日申請

受付：平成27年9月8日　第1412号

戸籍調査／記載／記載調査／送付／住民票記載／通知／附票／記載／通知

(一)	事件本人	本　籍	東京都千代田区平河町一丁目10番地
		筆頭者氏名	甲野梅子
(二)		住所及び世帯主氏名	東京都千代田区九段南一丁目2番1号　甲野梅子
(三)		氏　名	甲野信夫
		生年月日	平成25年8月16日
(四)		裁判の種類	親子関係不存在確認の裁判
		裁判確定年月日	平成27年8月14日
(五)		訂正の趣旨	事件本人甲野信夫について、平成27年8月14日母甲野梅子の前夫乙川啓三との親子関係不存在確認の裁判が確定したので、上記甲野梅子戸籍中事件本人の身分事項欄にその旨補記する。
(六)		添付書類	裁判の謄本及び確定証明書 戸籍謄本
(七)	申請人	本　籍	㈠欄に同じ
		筆頭者氏名	㈠欄に同じ
		住　所	㈡欄に同じ
		署名押印	甲野梅子 ㊞
		生年月日	昭和60年12月4日

(注意) 事件本人又は申請人が二人以上であるときは、必要に応じ該当欄を区切って記載すること。

子の出生当時の母の戸籍中子の欄

本　籍	東京都千代田区平河町一丁目十番地
氏　名	甲野梅子

平成弐拾五年弐月弐拾八日編製㊞

平成弐拾五年八月拾六日東京都千代田区で出生同月弐拾七日母届出入籍㊞

平成弐拾七年八月拾四日乙川啓三との親子関係不存在確認の裁判確定同年九月八日母申請記載㊞

父	
母	甲野梅子
長男	

出生　平成弐拾五年八月拾六日

信夫

子の出生当時の母の戸籍中子の欄

	全 部 事 項 証 明

本　　籍	東京都千代田区平河町一丁目１０番地
氏　　名	甲野　梅子
戸籍事項 　編製事項	【編製日】平成２５年２月２８日

戸籍に記録されている者	【名】信夫 【生年月日】平成２５年８月１６日 【父】 【母】甲野梅子 【続柄】長男
身分事項 　出　　生	【出生日】平成２５年８月１６日 【出生地】東京都千代田区 【届出日】平成２５年８月２７日 【届出人】母 【特記事項】平成２７年８月１４日乙川啓三との親子関係不存在確認の裁判確定
訂　　正	【訂正日】平成２７年９月８日 【訂正事由】乙川啓三との親子関係不存在確認の裁判確定 【裁判確定日】平成２７年８月１４日 【申請日】平成２７年９月８日 【申請人】母 【記録の内容】 　【特記事項】平成２７年８月１４日乙川啓三との親子関係不存在確認の裁判確定
	以下余白

スポット　戸籍の実務　Ⅴ
──戸籍の窓口相談から──

定価：本体3,600円（税別）

| 平成28年11月1日　発行 | レジストラー・ブックス⑯ |

監　修　　木　村　三　男
著　者　　竹　澤　雅二郎
発行者　　尾　中　哲　夫

発行所　　日本加除出版株式会社
本　　社　郵便番号 171-8516
　　　　　東京都豊島区南長崎３丁目16番６号
　　　　　ＴＥＬ　（03）3953 - 5757（代表）
　　　　　　　　　（03）3952 - 5759（編集）
　　　　　ＦＡＸ　（03）3953 - 5772
　　　　　ＵＲＬ　http://www.kajo.co.jp/
営業部　　郵便番号 171-8516
　　　　　東京都豊島区南長崎３丁目16番６号
　　　　　ＴＥＬ　（03）3953 - 5642
　　　　　ＦＡＸ　（03）3953 - 2061

組版　㈱郁文　／　印刷・製本　㈱倉田印刷

落丁本・乱丁本は本社でお取替えいたします。
Ⓒ Masajirou Takezawa 2016
Printed in Japan
ISBN978-4-8178-4345-6 C3032 ¥3600E

JCOPY　〈出版者著作権管理機構　委託出版物〉

本書を無断で複写複製（電子化を含む）することは、著作権法上の例外を除き、禁じられています。複写される場合は、そのつど事前に出版者著作権管理機構（JCOPY）の許諾を得てください。
また本書を代行業者等の第三者に依頼してスキャンやデジタル化することは、たとえ個人や家庭内での利用であっても一切認められておりません。

〈JCOPY〉　ＨＰ：http://www.jcopy.or.jp/, e-mail：info@jcopy.or.jp
　　　　　電話：03-3513-6969, FAX：03-3513-6979

**戸籍実務の取扱いを
一問一答でまとめあげた体系的解説書**

改訂 設題解説 戸籍実務の処理

- 実務の基本をおさえるのに最適な設問と簡潔な回答。
- 法令・先例・判例等の根拠が明確に示された具体的な解説で「間違いのない実務」に役立つ。

レジストラー・ブックス126
Ⅲ 出生・認知編　　　木村三男 監修　竹澤雅二郎・荒木文明 著
2009年12月刊 A5判 428頁 本体4,000円+税 978-4-8178-3846-9 商品番号：41126 略号：設出

レジストラー・ブックス123
Ⅳ 養子縁組・養子離縁編
　　　木村三男 監修　横塚繁・竹澤雅二郎・荒木文明 著
2008年12月刊 A5判 512頁 本体4,095円+税 978-4-8178-0323-8 商品番号：41123 略号：設縁

レジストラー・ブックス131
Ⅴ 婚姻・離婚編(1)婚姻　　木村三男 監修　横塚繁・竹澤雅二郎 著
2011年8月刊 A5判 432頁 本体4,000円+税 978-4-8178-3943-5 商品番号：41131 略号：設婚

レジストラー・ブックス135
Ⅴ 婚姻・離婚編(2)離婚　　　　木村三男 監修　神崎輝明 著
2012年11月刊 A5判 424頁 本体3,900円+税 978-4-8178-4042-4 商品番号：41135 略号：設離

レジストラー・ブックス136
Ⅵ 親権・未成年後見編　　木村三男 監修　竹澤雅二郎・荒木文明 著
2013年6月刊 A5判 368頁 本体3,700円+税 978-4-8178-4091-2 商品番号：41136 略号：設親

レジストラー・ブックス139
Ⅶ 死亡・失踪・復氏・姻族関係終了・推定相続人廃除編
　　　　　　　　　　　　　　木村三男 監修　竹澤雅二郎 著
2014年5月刊 A5判 400頁 本体4,000円+税 978-4-8178-4159-9 商品番号：41139 略号：設推

レジストラー・ブックス141
Ⅷ 入籍・分籍・国籍の得喪編
　　　　　　　　　　木村三男 監修　竹澤雅二郎・山本正之 著
2014年11月刊 A5判 472頁 本体4,000円+税 978-4-8178-4198-8 商品番号：41141 略号：設国

レジストラー・ブックス143
Ⅸ 氏名の変更・転籍・就籍編　　木村三男 監修　竹澤雅二郎 著
2015年8月刊 A5判 404頁 本体4,200円+税 978-4-8178-4249-7 商品番号：41143 略号：設氏

レジストラー・ブックス145
ⅩⅠ 戸籍訂正各論編(1)出生(上) 職権・訂正許可・嫡出否認
　　　　　　　　　　木村三男 監修　竹澤雅二郎・神崎輝明 著
2016年5月刊 A5判 348頁 本体3,600円+税 978-4-8178-4306-7 商品番号：41145 略号：設訂出上

レジストラー・ブックス146
ⅩⅡ 戸籍訂正各論編(2)出生(下) 親子関係存否確認
　　　　　　　　　　木村三男 監修　竹澤雅二郎・神崎輝明 著
2016年8月刊 A5判 468頁 本体4,800円+税 978-4-8178-4328-9 商品番号：41146 略号：設訂出下

日本加除出版　〒171-8516 東京都豊島区南長崎3丁目16番6号
TEL (03)3953-5642　FAX (03)3953-2061 （営業部）
http://www.kajo.co.jp/

既存の解説が少なく希少性の高い分野を、
Q&A形式で信頼のある執筆陣が解説

レジストラー・ブックス

設題解説 渉外 戸籍実務の処理

渉外戸籍実務研究会 著

- 基本から複雑な事例までを網羅。
- 渉外身分変動における法の適用について、現行実務の解釈がわかる。
- 実務における指針となる、専門性の高い内容。

レジストラー・ブックス137
改訂 Ⅰ 総論・通則 編(設問数:**83**問)
2013年9月刊 A5判 404頁 定価4,536円(本体4,200円) ISBN978-4-8178-4110-0 商品番号:41137 略号:設渉総

レジストラー・ブックス140
改訂 Ⅱ 婚姻 編(設問数:**134**問)
2014年8月刊 A5判 444頁 定価4,320円(本体4,000円) ISBN978-4-8178-4181-0 商品番号:41140 略号:設渉婚

レジストラー・ブックス115
Ⅲ 離婚 編(設問数:**108**問)
2006年6月刊 A5判 380頁 定価4,104円(本体3,800円) ISBN978-4-8178-0315-3 商品番号:41115 略号:設渉離

レジストラー・ブックス118
Ⅳ 出生・認知 編(設問数:**121**問)
2007年7月刊 A5判 448頁 定価4,320円(本体4,000円) ISBN978-4-8178-0318-4 商品番号:41118 略号:設渉出

レジストラー・ブックス122
Ⅴ 養子縁組 編(設問数:**119**問)
2008年8月刊 A5判 424頁 定価4,104円(本体3,800円) ISBN978-4-8178-0322-1 商品番号:41122 略号:設渉養

レジストラー・ブックス125
Ⅵ 養子離縁 編(設問数:**86**問)
特別養子縁組・離縁及び断絶型養子縁組 編(設問数:**32**問)
2009年9月刊 A5判 460頁 定価4,320円(本体4,000円) ISBN978-4-8178-3832-2 商品番号:41125 略号:設渉縁

レジストラー・ブックス129
Ⅶ 親権・後見・死亡・国籍の得喪・氏の変更等 編(設問数:**148**問)
2010年12月刊 A5判 496頁 定価4,320円(本体4,000円) ISBN978-4-8178-3900-8 商品番号:41129 略号:設渉親

レジストラー・ブックス132
Ⅷ 戸籍訂正・追完 編(1)(設問数:**61**問)
2012年2月刊 A5判 448頁 定価4,320円(本体4,000円) ISBN978-4-8178-3977-0 商品番号:41132 略号:設渉訂1

レジストラー・ブックス134
Ⅸ 戸籍訂正・追完 編(2)(設問数:**53**問)
2012年9月刊 A5判 408頁 定価4,212円(本体3,900円) ISBN978-4-8178-4020-2 商品番号:41134 略号:設渉訂2

日本加除出版
〒171-8516 東京都豊島区南長崎3丁目16番6号
TEL(03)3953-5642 FAX(03)3953-2061 (営業部)
http://www.kajo.co.jp/

**戸籍届出の適正処理に必携！
9年ぶり、待望の改訂版！**

REGISTRAR BOOKS 142・144

改訂
事例解説 **戸籍実務の知識**
関連する届出が同時にされた場合の処理

木村三男 編著

上巻　2015年5月刊　A5判　392頁　本体4,000円+税　978-4-8178-4228-2　商品番号:41142　略号:実知上
下巻　2015年11月刊　A5判　384頁　本体3,800円+税　978-4-8178-4269-5　商品番号:41144　略号:実知下

**初版刊行以降の関連法令等の改正に合わせて
全面的な見直しと共に必要な箇所を修正！**

★「戸籍法の一部を改正する法律」(平成19年法律第35号)による戸籍の創設的届出である認知、縁組、離縁、婚姻又は離婚の届出についての本人確認、及びこれらの届出に対する不受理申出制度の法制化。
★「家事事件手続法」(平成23年法律第52号)・「法の適用に関する通則法」(平成18年法律第78号)の施行。

本書の特徴

・届出の受理・処理の順序及び処理のあり方等について、事例・戸籍記載例を用いてわかりやすく解説。
・届出が同時にされた場合において、いずれの届出を先に受理し、どのような順序で処理するのが適当か、各種届出ごとの具体的な事例と詳述な解説により、適切な処理方法が身に付く。
・巻末に参考資料として「先例集（上巻・下巻共通）」を収録。

▼

**事務処理上の効率化を図る！
経験の少ない担当者の不安を解消！**

日本加除出版

〒171-8516　東京都豊島区南長崎3丁目16番6号
TEL (03)3953-5642　FAX (03)3953-2061 (営業部)
http://www.kajo.co.jp/